국제바칼로레아의
모든 것

왜 세계는 IB에 주목하는가

국제 바칼로레아의 모든 것

후쿠타 세이지(福田誠治) 지음
교육을바꾸는사람들 옮김 | 박하식 감수

교육을바꾸는사람들

IB교육에 대한 국내에서의 관심과 이해
일본교육의 신(新) '메이지 유신'을 또 바라만 봐야 하나?

−박하식(충남삼성고 교장)

2010년 12월 31일은 경기외국어고등학교(이하 경기외고)가 한국 학교로서는 최초로 IB(International Baccalaureate, 국제바칼로레아) 인증을받은 날이다. 그날은 내가 2008년 9월에 명지외국어고등학교(현 경기외고)에 부임하면서부터 시작한 IB도입의 노력이 결실을 맺은 날이기에내 기억에 깊이 각인되어 있다. IB를 도입하고자 했던 이유는 단지 경기외고의 발전을 위해서만은 아니었다. 교육열은 세계 최고 수준이고 경제나 대중문화 측면에서도 세계적으로 비중 있는 나라가 되었으면서도세계 교육의 흐름에 대해서는 너무나도 무관심한 우리나라에 세계 교육의 도도한 흐름을 알려야 한다는 내 나름의 사명감이 있었기 때문이다.

IB본부에서 개최하는 연례 국제컨퍼런스에 참석할 때마다 그런 생각이 더욱 간절해졌다. 미국이나 유럽은 물론 아시아·태평양의 많은국가도 자국의 교육이 세계적 흐름에서 뒤처지지 않도록 하려는 열기가 국제회의장에서 피부로 느껴졌다. IB 관련 국제컨퍼런스는 교육학자들을 위한 세미나가 아니라 각국의 학교에서 학생들을 직접 지도하는 선생님들이 모여 교육을 진지하게 논의하고 정보를 나누는 자리이다. 매년 열리는 이 모임을 통해서 아시아·태평양 지역의 많은 나라들은 세계 교육에 대한 노하우(know-how)와 글로벌 네트워크(global network)를 쌓아가고 있다. 나는 그런 자리에 참가할 때마다 대한민국 교사의 한 사람으로 자존심이 상하는 느낌을 받았고, 우리나라 학교에서도 얼마든지 IB교육을 도입하여 잘 해낼 수 있다는 것을 꼭 입증해 보이고 싶었다. 경기외고 IB인증은 그러한 염원의 결실인 셈이었다.

이후 나는 다른 외고나 국제고 또는 우수학생들이 있는 전국 단위의 유명 자사고(자율형 사립고), 혁신적인 공립고 등에서 IB도입 추진 소식이 전해지기를 내심 기대했었다. 그러나 몇 년이 지나도록 두 번째 IB인증 소식은 들려오지 않았다. 물론 IB도입이 지지부진한 이유를 모르는 바 아니었다. IB의 불모지에 IB를 정착시키느라 겪었던 어려움이 한둘이 아니었기 때문이다. 특히 IB도입을 어렵게 만들었던 여러 장애요인 중 결정적인 세 가지 난관이 여전히 존속하고 있었다.

첫째, 고등학교에서 IB교육을 할 수 있는 언어는 영어, 프랑스어, 스페인어 세 가지로 제한되어 있다. 따라서 우리나라에서 IB교육을 하려면 영어로 교과수업을 할 수 있는 교사, 영어로 진행되는 수업을 따라올 수 있는 학생들이 확보되어야 한다. IB교육이 주로 각 나라에 있는 국제학교 중심으로 이루어져온 이유가 여기에 있다. 경기외고에서 IB를 도입할 수 있었던 것도 영어 의사소통능력을 갖춘 학생들과 영어로 수업을 할 수 있는 교사들이 있었기 때문이다.

둘째, IBDP(International Baccalaureate Diploma Programme, 국제바칼로레아 학위과정) 인증학교와 학생들은 일반 교육비 외에 IB교육을 위한 추가비용을 부담한다. 학교는 연회비를 납부해야 하고 학생들은 수강과목에 대한 등록비와 인증시험 응시료를 납부해야 하기 때문이다. 국내고교의 경우 IBDP프로그램은 전교생이 아닌 일부 학생만 참여하게 되므로 이 비용을 학교의 일반예산으로 지출할 수 없다. 결국 IBDP 운영에 필요한 비용은 IB수강학생이 전액 부담해야 하는데 이 비용이 결코 만만치 않다.

셋째, IBDP를 도입하고 나서 졸업생을 배출하기까지 5년이라는 긴 시간이 소요된다. 적어도 5년 이상의 중장기교육계획을 바탕으로 하여 추진될 때 비로소 성공적인 실천을 기약할 수 있다. 즉, IB도입 결정을 한 초기단계에는 관심학교(Interested School)로 불리고 이후 후보학교(Candidate School)가 된다. 이 단계에서 철저한 준비를 통해 IBDP 인증학교(IB World School)가 되는데, 여기에 걸리는 시간이 최소 2년 반이다. 그리고 IBDP는 우리나라 고교학령으로 볼 때 2학년과 3학년 과정이다. 따라서 인증을 받았다고 바로 IB교육을 시작할 수 있는 것이 아니라 이듬해 입학한 1학년 학생이 2학년에 진급하면서부터 시작하게 되며, 2년간 교육을 마치고 시험에 통과해야 비로소 IB디플로마(학위)를 받을 수 있다. 따라서 IB도입 의사결정부터 IB 첫 졸업생을 배출할 때까지 약 5년 정도가 소요된다. 이 5년 동안 일관된 학교정책이 유지되어야 하고, 이를 추진하는 학교의 책임자와 실무담당 교사로 이루어지는 IB교육팀이 안정적으로 운영되어야만 한다. 이러한 요건들 외에도 제도적으로 풀어야 할 과제가 한둘이 아니다. 따라서 학교경영자가 고교에서 IB도입을 추진한다는 것이 결코 쉬운 일은 아니다. 2010년에 IB 관련 연구가 있었음에도 불구하고 도입을 위한 노력이 답보상태였던 이유가 바로 여기에 있다.

2016년 3월 국내의 한 언론에서 일본 공교육의 IB도입 기사를 보도하기 시작했다. IBDP도입에 대한 일본 내의 움직임이나 IB교육언어의 일본어 번역에 관한 IB본부와의 협의과정도 자세히 안내되었다. 일본은 문부과학성이 IBO(International Baccalaureate Organization, 국제바칼로레아기구) 본부와 직접 협상하여 IBDP도입에 가장 큰 장애였던 언어문제를 일본어로 바꿀 수 있도록 한 협의문을 2013년 발표하였다. 이와 함께 일본 교육의 근본적인 개선과 국제화를 위하여 2018년까지 일본의 200개 고교에 IB과정을 도입한다는 야심찬 계획을 발표하였다.

이후 국내에서도 제주교육청을 중심으로 IB도입이 주요 의제로 부상하였고, 2017년에는 충남교육청, 대구교육청과 함께 IBO본부에 IB과정의 한글화를 제안하여 본격적으로 논의되는 단계로까지 진전되었다. 또 일본의 움직임에 자극을 받은 제주 및 대구 교육청은 고등학교만이 아니라 초등학교용 IB과정인 PYP(Primary Years Programme), 중학교용 IB과정인 MYP(Middle Years Programme)까지 도입하려는 움직임도 보이고 있다.

IB교육이 우리나라 교육에 긍정적이고 바람직한 영향을 미칠 것이라는 확신을 갖고 있는 본인으로서는 이런 현상이 정말 반가운 일이 아닐 수 없으나 우려되는 면도 적지 않다. 현재 우리나라에서 논의되고 있는 IB는 IB의 교육철학과 학교경영 원칙을 단지 교육정책과 교육방법의 하나로 보려는 경향이 있다. 아직 IB에 대한 이해가 충분하지 않고 IB에 대한 연구와 관심이 숙성되지 않은 상태라는 말이다. 달리 말하면, 우리

사회의 IB에 대한 관심과 이해의 정도가 일천하다. 일본은 정부 차원에서 본격적으로 IB를 도입하기로 결정하기 전에 이미 상당한 수준으로 IB를 실천하고 연구해왔으며, 2013년의 문부과학성 발표 후에도 일본의 IB교육 방향에 관한 연구가 계속되고 있다는 점을 눈여겨 볼 필요가 있다.

오랫동안 IB의 연구와 현장을 오가며 쓴 이 책은 일본 교육에서 IB를 왜, 누가, 어떻게 도입하고 실천해가는가를 역사적·교육철학적·교육과정의 측면에서 자세하게 다루고 있어 IB도입에 관심이 있는 교육관계자에게 실질적인 안내서가 되고 있다. 그리고 장차 IB교육서비스를 받게 될 학부모나 일반인들에게도 IB를 이해하는 데 유익한 지침서가 되어줄 것이라고 생각한다. 또 독자들은 일본이 IB를 도입하려고 하는 이유가 지금의 학교교육을 개혁하기 위한 것이 아니라 글로벌사회에 필요한 인재를 키우기 위한 것임을, 달리 말하자면 장기적인 국가프로젝트임도 함께 깨닫게 될 것이다.

나는 일본의 교육현장에서 일어나고 있는 IB도입의 실제 모습을 보고 배우기 위해서 2018년 4월 동경가쿠게이(学芸)대학 부속국제중등학교와 츠쿠바국립대학 부속고등학교를 방문했었다. IB도입을 선도하고 있고 일본어로 IB를 지도하고 배울 수 있는 길이 열려 있음에도 불구하고 일본에서 IB교육을 실천해가는 것이 쉬워 보이지는 않았다. 그래서 일본의 IB교육 도입과 확산에 중요한 역할을 하고 계신 동경가쿠게이(学芸)대학교의 데구치(出口)총장님을 뵙고 인터뷰를 요청했다. 일본의 고등학교에서 IB를 도입하고 실천하는 것이 쉬워 보이지 않는데 굳이 IB를 도입하려는 이유가 무엇인지를 질문했다. 데구치 총장님은 그 이유를 다음과 같이 다섯 가지로 말씀해주셨다.

첫째, 일본의 초등학교, 중학교, 고등학교를 글로벌화하기 위해서입니다.

둘째, 일본의 초등학교, 중학교, 고등학교 학생들이 외국문화 수용에 소극적이어서 학생들을 적극적인 글로벌 미래인재로 육성하기 위해서입니다.

셋째, 지금 이 시점에서 일본의 교육이 변하지 않으면 그동안 과학 분야에서 받아왔던 노벨상 수상자는 더는 나오지 않을 것입니다.

넷째, 일본학생들이 과업수행능력은 우수하나 창조력이 부족한데, 이 문제를 극복하여 창조적인 인재로 육성하여 지식과 정보를 만들어낼 수 있도록 하기 위해서입니다.

다섯째, 일본의 초등학교, 중학교, 고등학교에서 IB를 통해 변화를 일으키고, 이 변화가 결실을 맺기 위해서 대학교 입학제도도 많은 개선과 개혁을 이루어가고 있는 상황입니다.

총장님의 말씀에서 19세기 중엽 메이지유신을 통해 근대화에서 우리나라와 큰 격차를 보였던 이웃나라 일본이 또다시 우리나라와의 엄청난 교육격차를 만들 수 있는 본격적인 움직임을 시작하고 있음을 보게 된다. 일본의 저명한 교육학자이자 권위자이신 데구치 총장님은 겸손하게도 이런 격려의 말씀을 덧붙이셨다. "이제 한국에서 IB를 도입한다고 하는데 한국이 IB를 도입하면 아마 일본보다 훨씬 잘 운영될 것 같아 걱정도 되고 기대도 됩니다."

"동질성을 중시하는 일본인으로서는 좀처럼 이해하기 힘들 것이다. 대량생산의 시기에 일본인은 그 분야의 세계적인 권위자였고, 동질성은 중요한 가치로 여겨졌다. 그러나 현대사회는 동일한 물건의 대량생산이 필요치 않으며, 모든 사람이 제각기 다른 것을 추구하는 다양성의 사회다. 이 분야에서는 각자 처한 상황과 필요에 딱 들어맞는 것을 만드는 기술을 확보하고 있는 미국이 다른 나라보다 뛰어날 것이다."[1]

－인텔 부사장 에이브러햄 밀러

현재 일본의 교육은 메이지유신에 버금가는 격동기에 있다. 서양보다 4반세기 늦었지만, 세계적인 흐름으로 인해 교육개혁의 방향은 어느 정도 정해져 있다. 일본 근대화 100년간 '국민을 만든다.'로 대변되는 교육제도는 국경을 초월한 세계화시대와 더는 부합하지 않기 때문에 현 교육개혁의 움직임을 중단할 수는 없다. 2020년에는 일본의 대학입시가 완전히 달라질 것이다. 이에 따라 학습지도요령과 교사자격 및 교원양성 제도도 바뀐다. 다시 말해서, 탐구형 학습이라고도 하는 능동적 학습(active learning), 혁신적이고 창의적인 학습, 지역의 교재 등을 이용하여 개별 학생에 맞게 지도하는 맞춤형 학습이 가능한 교사들로 바뀌어갈 것이다.

사회심리학 연구자인 레온 만(Leon Mann)은 '신데렐라의 야심적인 언니들이 좌절했던 것처럼 특정 사이즈의 구두가 모두에게 맞을 리 없다.'[2]라는 재미있는 비유를 들고 있다. 1920년대에 일어났던 국제신교육(国際新教育)운동의 표어로 '아이 중심주의'라든지 '행함으로써 배운다.'라는 말이 유명했는데, 여기에는 '학교에 아이를 맞추는 것이 아니라 발에 구두를 맞추는 것처럼 아이에게 학교를 맞추는 것이다.'라는 언급도 있다. 일본이나 동아시아 국가에서는 위화감이 느껴질 법한 이러한 교육방법이 미국이나 유럽에서는 쉽게 융화되고 있는 것 같다.

세계의 초·중등학교를 취재한 카와소에 케이코에 의하면 수업스타일과 학습방법은 큰 틀에서 다음 두 가지 유형으로 나뉜다고 한다. 한 가지는 '백점만점'을 목표로 답이 하나인, 암기를 통해 지식을 주입하는 유형과 나머지 한 가지는 '원점부터 시작하는 것'으로 답이 반드시 하나일 필요가 없는, 사고형·창조형 유형이 그것이다. 다만 이 두 가지 유형은 양 극단으로 나뉘어 있는 것이 아니라 '둘 중 하나의 경향이 더 강할 뿐'이다.

'중국, 싱가포르 등 아시아의 많은 초·중등학교는 전자(백점만점형)의 경향이 강하고, 미국과 유럽, 호주는 후자(원점사고형)의 경향이 강하다. 부연하자면, 백점만점형 수업은 교과서가 중심이고 교사의 설명 위주로 진행되는 데 반해, 원점사고형 수업은 유인물을 많이 사용하고 교사는 코디네이터 역할을 하며 학생의 발언 위주로 수업이 진행된다.'³ 학습하는 자세에 있어서도 '백점만점형 수업은 숙제나 테스트가 많고, 교과서를 중심으로 진행되기 때문에 예습과 복습도 필요하며, 서로 순위 경쟁을 하는 경향이 강하다. 한편, 원점사고형 수업은 학교·학급·개인의 순위가 나오더라도 '개인존중'이라는 기본 전제 때문인지 순위에는 그다지 신경을 쓰지 않는다.'⁴

'주입식 수업이 초·중등학교에서는 효과가 있지만, 창의성이나 호기심을 떨어뜨린다는 판단 하에 싱가포르는 정부 차원에서 2005년 전후부터 소위 학력편차치(偏差値, 표준점수에서 환산된 수치. 일본의 교육제도에서 학력편차치는 학교 및 학생 간 서열을 객관적으로 평가하기 위한 자료로 활용되지만, 서열화를 부추겨 차별과 계급화를 심화시킨다는 비난을 받고 있다-옮긴이) 기반의 학력 중시에서 교육의 질 향상으로 지침을 바꾸려는 움직임을 보이고 있다.⁵ 이런 배경에는 세계화 및 이에 대응하는 교육 본연의 기능에 대한 모색이 있었으며, 이때 참고한 모델이 국제학교(International School)이다.

국제학교는 발족 당시에만 하더라도 고국을 떠나 국제기구에 근무하게 된 직원의 자녀들에 대한 교육을 담당했다. 국제학교가 지향하는 바는 진보주의 교육(존 듀이의 경험주의 및 실용주의를 이론적 토대로 18세기 미국에서 일어난 교육개혁운동)이었다. 국제학교의 확대는 제2차 세계대전 후에 찾아온 냉전의 산물로 볼 수 있다. 즉, 구(舊)식민지국가를 포함한 여러 국가에서 국제학교가 서구식 정치엘리트를 선발·양성하는 기관으로 발전한 것이다. 바로 여기에서 과거 제국주의시대의 종주국과 식민지 사이에 교육이라는 연결고리가 생겨났고, 이 교육모델이 '영국공립학교의 전통'[6]이다. 하지만 교육커리큘럼은 서구의 전통적 교양교육에 기반을 두면서도 국제이해와 세계평화 및 지구의 환경보전 등 국경을 초월한 국제인의 양성을 과제로 삼았다.

최근에는 국제학교의 교육이 공립학교의 교육프로그램으로도 평가받고 있다. 이민을 비롯한 다양한 인종·민족·문화가 공존하는 북미의 공립학교에서 영어로 수업을 진행하고 대학에 진학할 수 있는 질 좋고 학문적인(academic) 수업을 제공하는 프로그램으로 발전한 것이다. 이는 현재의 세계경제 속에서 또 영어의 독점적 지위를 배경으로 국제적 경제인 육성의 교육모델로도 주목받고 있다. 그러나 일본의 대부분의 학교는 이러한 움직임에 전혀 영향 받지 않았다. 영어와도 식민주의와도 연관이 없었기 때문이다. 그럼에도 불구하고 세계화는 여전히 진행 중이다.

지금으로부터 20년도 더 전인 1992년 5월 세계화의 실태를 파악하기 위해 세계 각지를 찾아다니던 언론인 토마스 프리드먼(Thomas Friedman)이 아이치현(愛知県)의 도요타공장을 방문하게 되었다. 공장에서는 고급차 렉서스를 66명의 노동자와 310대의 로봇이 매일 300대씩 조립하고 있었다. 프리드먼은 "인간이 하는 일이라고는 품질관리뿐인 것 같다."[7]라고 말했다. 그곳에서 전 세계로 렉서스가 수출되고 있었던 것이다. 그날 밤 프리드먼은 신칸센(新幹線, 일본의 고속철도 - 옮긴이)을 타고 초밥을 먹으며 일간지 헤럴드트리뷴(Herald Tribune)을 펼쳤다. 신문을 펼치자마자 중동 팔레스타인 난민의 이스라엘 귀환을 둘러싼 기사가 눈에 들어온다.

선진국에 사는 수백만의 사람들은 물질적 향상과 근대화에 대한 모색을 이어가고, 세계화 시스템의 특징인 새로운 시장과 기술에 대한 접근을 '경제적인 툴(tool)'[8]로 사용할 수 있다. 세계화는 적군과 아군의 구별 없이 국경도 문화도 초월해서 빛나는 하나의 가치를 전 세계로 넓혀 가지만, 이와 동시에 이미 절반의 세계에서는 토지·문화·민족의 상징인 올리브나무의 소유권을 둘러싸고 서로 경쟁하고 있다. 전통에 가치가 있는 것은 분명한 사실이다. 하지만 전통의 가치를 지키려 해도, 또한 세계화의 흐름을 거스르는 역류(逆流)의 소용돌이가 다발적으로 발생한다고 해도, '세계는 점점 더 평평해지고 하나가 되고 있다'는 것이 토마스 프리드먼의 지적이다. 인간의 의식이 그렇게 간단히 바뀌지는 않지만 인간의 납득 여부와는 무관하게 세계화는 착실하게 진행되고 있다.

지금 왜 IB(국제바칼로레아)인가?

이제 일본도 그간 통용되던 개인과 학교 간의 학력(学力)서열화, 학력(学力)평가, 학력(学歷), 취업대책 등의 학교교육이 크게 달라지는 시대에 직면했다. 이는 글로벌 경제전쟁 속에서 새로운 능력 및 학력(学力)이 주목받고 있기 때문이다. 국제적으로 학교교육에 관한 근본적이고 명확한 변화는 30년 전부터 시작되었다.

피터 드러커(Peter Ferdinand Drucker)가 자신의 저서에서 처음으로 '지식경제(knowledge economy)'의 도래를 예측하고, 지식기반경제를 움직이는 사람들을 '지식노동자(knowledge worker)'[9]라고 부른 것은 1969년의 일이었다. 1970년대 오일쇼크 이후 세계의 제조업은 크게 변화했다. 제조업체들은 기획·설계·마케팅은 본국에 남겨두고 생산라인의 공장은 해외로 이전했다. 그러나 오늘날 대부분의 다국적기업은 그마저도 해외로 이전시키는 경우가 일반적이다.

1995년 WTO(World Trade Organization, 세계무역기구)의 설립 이후 지적 재산이나 학교교육조차도 지적 서비스산업의 일부로 간주되어 국가 간 무역의 대상이 되었다. 그러나 이로 인한 가장 큰 변화는 금융 자유화를 인정한 것이었다. 그 후 20년간 세계경제의 조직적 변화가 이루어졌고 학교교육제도가 변했다. 특히, 대학이 크게 재편되면서 선진국에서는 교육의 역점을 지식의 전달자에서 지식의 생산자로 이동시켰다. 교육의 규범이 국민형성에서 개인의 능력형성으로, 즉 학교의 평균점에서 개개인의 다양한 능력평가로, 또 지식을 전달하고 정답을 찾는 수업에서 깊이 생각하고 탐구하는 수업으로 변화한 것이다.

일본은 선진국들의 이런 전환에 대해 교육의 연구분야는 물론 교육현장에서도 거의 이해하지 못했다. 그나마 조금이라도 변한 점이 있다면 2006년 1월 문부과학성이 PISA(Programme for International Student Assessment, 국제학업성취도평가)형 독해력을 학교교육에 도입했다는 것이다. 이로써 일본의 교육현장에서도 교과마다 습득한 지식을 분명한 언어로 설명하고 표현하는 교육으로의 전환이 이루어졌다.

근래 들어 국제적으로 주목받는 IB(International Baccalaureate, 국제바칼로레아)는 원래는 유럽의 여러 국가에서 일부 엘리트만을 위한 입시 커리큘럼을 확대하던 것에서 탈피해, 소위 입시경쟁형의 교육에서 인생을 위한 배움으로 개혁하고자 했던 움직임이었다. 이 움직임은 1960년대라는 세계적 커리큘럼 개혁기에 시작되어 1970년대에 본격적으로 실시되었다. IB커리큘럼의 전체 구조는 1990년대에 명문화 되었지만 서구지역에서는 이것이 그다지 특별할 것도 없었다.

IB커리큘럼은 미국에서는 고품질의 학교교육으로 받아들여지고 있다. 즉, IB를 도입한 학교는 고학력을 얻을 수 있다고 인식되는 것이다. 이 때문에 사회적으로 학력차별이나 학력의 양극화가 일어난다고 지적받기도 한다. 그러나 이는 일본에서처럼 동일한 척도로 측정한 점수의 양극화는 아니다. 미국에서는 이것이 '창조적 클래스'[10]의 출현으로 받아들여지고 있다. 다시 말해서, 정해진 지식 및 기능을 습득하고 이를 하향식(Top-down)으로 주어진 대로 반복하는 인간과 이와는 대조적으로, 습득한 지식이나 기능을 현장에 맞게 적용하고 새로운 것을 만들어갈 수 있는 인간으로 전혀 다르게 양극화된다는 것이다. 이렇게 본다면 IB를 도입한 학교들이 질 좋은 교육의 방향으로 움직이는 것 또한 자연스러운 변화라고 할 수 있다.

그러나 이 경우 국제교육에는 심각한 문제가 발생한다. 예를 들면, 국제학교 학생들 중 제3세계 문화권 아이들은 '창조적 클래스'로 대체될 수도 있다. 다문화 속에서 국제성을 추구해온 국제학교는 '글로벌 스탠다드(Global Standard)'라는 표준적인(monoculture) 학력보증을 추구하게 될 것이다. 또 국제이해·세계평화·환경보전을 목표로 하는 국제인의 양성은 어느덧 본래의 교육목적에서 벗어나 전 세계로 이동하는 '국제 커뮤니티'[11]를 담당할 세계 수준의 글로벌 엘리트교육으로 변질되고 말 것이다.

IB는 유럽형 국제표준커리큘럼이지만 탐구형 학습(inquiry-based learning)으로 변해가는 중이며, 교과가 확실하게 정해지지 않은 수업에서부터 학교교육이 시작된다. 국제학교는 '아이들은 현재의 어른들이 상상할 수 없는 미래세계에서 살아간다.'를 모토로 한다. 이러한 교육관은 단지 기존의 지식을 전달하는 것이 아니라 지식을 스스로 구성한다는 구성주의(constructivism) 교육철학에 바탕을 두고 있다. 즉, 지식이나 기능은 배우려고 하는 자가 스스로 탐구하고 이해하고 평가하고 이를 사용하면서 사회적으로 확인하는 일련의 과정을 통해 자신의 것으로 획득해간다는 것이다. 또한 지식이나 기능은 다양한 형태로 표현되는 것으로서 획일적이고 단순한 방법으로는 측정할 수 없다. 교사는 학생의 학습을 지원하거나 방향성을 부여하는 촉진자가 된다. 구성주의는 북유럽 여러 국가의 교육원리로서 국가규모로 실현되어왔다. 오늘날에는 EU(European Union, 유럽연합)와 OECD(Organization for Economic Cooperation and Development, 경제협력개발기구), 그리고 선진국보다는 개발도상국의 교육에 큰 영향력을 행사하는 세계은행 (World Bank)의 교육방향과 일치한다. 그러나 이러한 구성주의 교육은 일본의 현 초·중·고등학교 교육과는 거리가 있다.

대개 사립학교는 고액의 수업료로 질 좋은 교육을 실현한다는 것이 일반적인 인식이다. 오늘날 미국에서는 공적 자금을 투입해서 공립학교에 IB커리큘럼을 도입하고 빈곤계층 아이들도 상위클래스의 대학에 진학할 수 있도록 지원하려고 노력하는 것 같다. '학습의 질을 높이는' 교육프로그램으로 IB커리큘럼이 고려되고 있는 것이다.

그런데 만약 일본에서도 글로벌교육의 세계표준이 형성된다면 학생의 학습을 지원하는 학교교육을 무시할 수 없게 된다. 이러한 의미에서 IB커리큘럼은 전통적인 일본의 교육을 크게 바꿔놓을 가능성이 있다. 이럴 경우 그 결론을 무조건적으로 받아들이기보다는 세계표준의 형성과정에 적극적으로 관여하면서 지금까지 발전시켜온 일본교육의 장점을 계속 이어나갈 수 있도록 그 역할을 수행하는 편이 일본의 교육관계자에게는 더 의미가 있을 것이다.

필자는 지난 10년 동안 핀란드교육을 일본에 소개해왔다. 핀란드에서는 '사회적 구성주의'가 지적 행위의 원칙으로 정해져 있어서 주입식 교육은 부정된다. 다시 말해서, 아이들 개개인이 사회와 연계되어 지식이나 기능을 탐구하고 습득해간다. 따라서 아이들마다 지식이나 기능이 다른 것은 당연하며 서로 비교하거나 점수로 경쟁시키지도 않는다. 교사의 역할도 한 명 한 명의 아이들을 지원하는 것이다. 교사마다 하는 일이 다르기 때문에 어떤 교사가 더 좋은지도 판단하지 않는다. 타인과 비교하는 기존의 시험은 고교 이후의 경쟁에서 이기기 위한 것일 뿐 학교교육 도중에 경쟁해서는 안 된다. 핀란드교육의 이러한 특징을 일본인들이 납득하기는 쉽지 않을 것이다.

오랜 기간에 걸쳐 청년실업문제와 맞서 싸워온 OECD(경제협력개발기구)는 교육의 목적은 계속 학습해나가는 개인을 육성하는 것이며, 학생은 자신의 인생을 자각하고 의욕적으로 배워야 함을 거듭 주장하고 있다. OECD가 주장하는 세계화의 관점에서 보면 학교는 아직 개방되지 않았고, 일본의 학습지도요령이나 검정교과서 또는 대학입시 등의 독점적 교육시스템은 무역장벽이나 국가규제와 그리 다른 것이 아니다. 농산물이나 의약품 또는 간호노동자의 국제적인 개방압력은 조만간 학교교육에도 들이닥쳐서 국제표준과 함께 교원양성이나 교원임용에까지 국가독점의 장벽이 사라지게 될 것이다. 이러한 전망은 토플(Test of English as a Foreign Language, TOEFL), 토익(Test of English for

International Communication, TOEIC), 유학, 국제학교의 형태로 이미 실현되고 있다.

물론, '그런 일이 과연 모든 국민에게 가능할까?' '경제적으로 풍족한 사람들에게만 약속되는 것은 아닐까?' 하는 의문이 들 것이다. 이 점에 대해 이 책에서 아주 자세하게 다룰 수는 없지만, 이것을 사회 전체에 보급하기 위해서는 평생학습제도·구성주의·복지사회의 세 가지 조합이 필요할 것이다. 바꾸어 말하면, 이 세 가지는 '언제 어디서든지 학습할 수 있기 때문에 서로 경쟁할 필요가 없다(평생학습제도).' '사람들은 저마다 다른 생각을 하며 지식도 각자 다르다(구성주의).' '자기 책임을 사회가 지지하여 누구도 인생의 실패자가 되지 않는다(복지사회).'라는 것이다. 일본인은 연구를 통해 하이브리드(hybrid)를 만드는 것과 팀워크(teamwork)로 일을 끝까지 완수하는 능력에 있어서 뛰어나다. 또한 절대적 신에게 이끌리는 종교 간의 첨예한 대립과도 일정한 거리를 둘 수 있다. 여기에 커뮤니케이션 능력을 더해서 이질적인 집단을 한 방향으로 나아가도록 설득할 수 있는 사회성을 갖추기만 한다면 일본인은 당장이라도 세계 속에 우뚝 설 수 있을 것이다.

대학입시제도개혁에서 볼 수 있듯이 일본의 교육을 갈라파고스 섬과 같은 고립으로부터 탈출시키려는 시도는 이미 시작되었다. 예컨대, IB 커리큘럼과 같이 국제학교의 교육이 여러 문제점을 안고 있다는 것을 인식하면서도 우리는 일본의 교육이 더는 고립되지 않도록 그 방향으로 나아가야만 한다. IB는 일본이 풍요로운 선진국으로서 살아갈 자세가 되어있는지를 묻고 있다.

일본은 한때 '이 혹성(일본)에는 영어만 있는 것이 아니다.'라는 텔레비전 광고로 야유를 받기도 했지만, 그동안은 자국어인 일본어의 벽에 둘러싸여 고립된 노동시장을 유지해왔다. 세계화가 진행되면서 그 벽은 영어에 의해 무너질 것이며, 이와 동시에 교육 또한 '사고력'을 육성하는 교육으로 바뀌어갈 것이다. '도구로서의 영어'라는 발상은 영어권 원어민의 흉내내기가 아니라 일본문화를 기반으로 지금까지 영어권에는 없었던 생각까지도 영어로 표현하고 그들과 교류할 수 있는 힘이다. 이제 일본의 교육은 새로운 발걸음을 막 내딛으려 하고 있다.

목차

3장 지식기반경제에 대응한 IB커리큘럼

4장 PYP(초등학교용 커리큘럼)

1장

\

대학입시는
어떻게
변할까

International Baccalaureate

현재 일본에서는 '고대접속(고교·대학연계)'이라는 과제를 필두로 해서 학교교육의 내용과 방법을 근본적으로 바꾸려는 논의가 한창 진행 중이다(현재는 고등학교의 교과내용, 대학입시를 위한 학습내용, 대학의 커리큘럼, 사회에서 필요한 내용이 각기 다르지만, 2021년 입시부터는 이를 통합하여 고교와 대학을 연계시키고자 하는데 이 개혁을 고대접속이라 일컬음-옮긴이). 관련 위원회는 2015(平成27)년 3월 5일, 4월 23일, 6월 18일, 7월 13일, 8월 5일, 8월 27일에 걸쳐 빠르게 진행상황을 발표하고 있으며, 9월 15일에는 고대접속(고교·대학연계)시스템 개혁회의의 '중간정리'가 발표되었다. 발표된 자료[1]를 토대로 개혁상황을 정리하고, 이와 더불어 세계동향에 맞춰 일본이 나아가야 할 방향을 전하고자 한다.

3단계 테스트로 실시된다

일본 정부는 대학입시를 '고교기초학력진단테스트', '대학입학공통시험', '대학입학자 선발'의 3단계로 바꾸려고 한다. 고교기초학력진단테스트는 고등학교의 졸업 '자격'에 해당되며 학교에서 배운 교과지식 및

표1-1 입시관련 개혁 연도

2015 (H27) 년도	2016 (H28)	2017 (H29)	2018 (H30)	2019 (H31)	2020 (H32)	2021 (H33)	2022 (H34)	2023 (H35)	2024 (H36)	2025 (H37)	2026 (H38)	2027 (H39)
당시 중학교 1학년	→	→	→	고2 때, 기초학력진단테스트	고3 때, 대학입학공통시험							
	학습지도요령 개정	신(新)학습지도요령 주지	신(新)학습지도요령에 기반한 교과서 작성·채택·공급			신(新)학습지도요령 실시 (신(新)학력에 기반한 수업)						
국립대학 제2기 중기목표 (종료)	국립대학 제3기 중기목표 (대학재편, 교원양성 및 인문·사회계의 정리) / (신(新)학력에 대응할 수 있는 교원양성)					국립대학 제4기 중기목표 (신(新)학력에 기반한 수업)						

기능을 폭넓게 측정한다. 대학입학공통시험은 대학입학희망자만 응시하며, 대학입학의 자격이 있는지 없는지를 측정하게 된다. 현재 고려되는 것은 교과의 영역을 넘은 실천적인 능력, 이른바 역량(competence, 컴피턴스)까지 측정하는 것이다. 마지막으로, 대학입학자 선발은 대학이 독자적으로 지원자 중에서 입학자를 선발한다. 이는 특정 학부 및 학과에서 학습할 내용에 걸맞은 준비가 되었는지, 즉 입학정책에서 요구하는 수준에 도달했는지를 확인하는 것이다.

그렇다면 이것이 언제부터 실시될까? 2015년 당시 중학교 1학년이 고등학교 2학년(2019년)이 될 때부터 고등학교 기초학력진단테스트가, 이들이 고등학교 3학년(2020년)이 될 때부터 대학입학공통시험이 실시된다. 서술식 문제는 처음에는 단문으로 시작하고, 4~6년 후(2024~2026년)에는 장문으로 전환하여 새로운 시험제도를 완성할 예정이다.

고교기초학력진단테스트란

고교기초학력진단테스트는 지금까지 학교에서 시행해온 교과시험이다. 문부과학성에 따르면 이는 '학생 스스로가 고교교육에서의 학습도달도를 파악하고 자신의 학력을 객관적으로 인지하도록 한다. 이를 통해 학습의욕을 환기하고 학습개선을 도모한다.'라고 되어 있다. 즉, 장래의 진학이나 취직에 필요한 지식과 기능이 갖춰져 있는지를 확인하는 것이다. 이 테스트는 무엇보다 '지식 및 기능'의 확실한 습득을 확인하는 내용이다. 당초 설명에 따르면 국어종합·수학1·세계사·현대사회·물리기초·커뮤니케이션 영어1 등이 고교 필수이수과목으로 정해졌다고 한다. 2015년 6월에는 국어·수학·영어 세 과목이 정해졌다고 신문에 보도된 바 있다.

응답방식은 다지선택을 원칙으로 하지만 서술형을 지향하고 있다. 초·중등학교에서 실시되는 전국 학력 및 학습상황 조사, 소위 전국학력 테스트의 A문제와 B문제의 고교판으로 보아도 무방하다. 성적평가는 각자의 정답률과 함께 10단계 이상의 단계로 표시되며 고등학교 2학년과 3학년을 대상으로 연 2회 실시한다.

대학입학공통시험이란

문부과학성에 의하면 대학입학공통시험은 단순히 지식 및 기능만을 평가하는 것이 아니라 그것을 활용해서 스스로 과제를 발견하고 해결을 위해 탐구하며 그 성과물을 표현하는 데 필요한 사고력·판단력·표현력 등의 능력을 중점적으로 평가한다고 정의되어 있다. 위와 같은 역량을 평가하는 것으로 보아 이는 OECD의 PISA(국제학업성취도평가)문제를 모델로 삼고 있음을 알 수 있다. 시험문제는 '교과형', 교과통합적인 '통합형', 교과를 초월한 '종합형'이 조합되어 출제된다. 응답방식은 다지선택뿐만 아니라 서술식도 도입된다. 시작 당시에는 단문이었으나 유럽형 장문으로 변경하는 것도 고려중이다. 성적평가는 단계별로 표시된다.

이 시험은 대담한 구상을 바탕으로 하고 있다. 즉, 교과통합적인 학력 및 교과초월적인 학력을 측정하는 것으로 대학에서 학업을 계속 이어나갈 수 있는 능력까지도 측정한다. 게다가 '학교교육 – 대학교육 – 직장을 일관하는 지력(知力)'인 역량도 측정한다. 역량의 육성이라는 입장에서 보면 이 대학입시개혁은 학습지도요령 및 교사자격제도에도 영향을 미치지 않을 수 없는 삼위일체의 개혁이 될 것이다.

측정되는 역량은 교과의 틀 안에서 보자면 지리역사는 '역사적 사고력'이라는 틀에서 출제된다. 이 경우에도 고교교과에는 없는 영역으로 '정보활용력'에 관한 테스트가 추가된다. 교과의 틀을 거의 남기지 않은 예로는 2015년 3월 5일 개최된 '고대접속(고교·대학연계)시스템 개혁회의'에서 배포된 자료 3-2의 내용 중 「교과형·통합형·종합형에 대해서」라는 부분을 보면 된다.

다음과 같이 6가지 영역의 사고력·표현력·판단력이 제시되어 있다.

(1) 독해력, 요약능력, 표현력, 커뮤니케이션능력 등을 포함하는 '언어'에 관한 사고력·표현력·판단력

(2) 통계적 사고력, 논리적 사고력, 그림이나 그래프를 그릴 수 있는 능력 등을 포함하는 '수(数)'에 관한 사고력·표현력·판단력

(3) 모델을 만들어서 설명하는 능력, 계획을 세우는 능력, 추상화하는 능력, 대략적으로 추정하는 능력 등을 포함하는 '과학'과 관련된 사고력·표현력·판단력

(4) 합리적 사고력, 역사나 사회의 문제를 구체적으로 정하고 논의의 초점을 정하는 능력, 모순점을 밝히는 능력 등을 포함하는 '사회'에 관한 사고력·표현력·판단력

(5) 답이 없는 문제의 답을 발견하는 능력, 문제의 구조를 정의하는 능력, 문제해결 과정을 문맥에 따라 결정하는 능력 등을 포함하는 '문제발견 및

해결능력'

(6) 정보를 수집하고 정리하고 표현하고 정확하게 전달하는 능력 등을 포함하는 '정보활용력'

논의는 여기까지 진행되었지만 그 후에 열린 문부과학성 회의에서 출제영역은 과목마다 설정하는 것으로 결론을 내린 것 같다. 단, 응답양식은 짧은 서술형에서 유럽의 작문형으로 바꾸어나갈 전망이다.

유럽의 대학은 학문중심적 대학(university, 연구대학)과 직업계 대학(university college, 전문직대학, 과학기술전문학교)으로 나눠져 있다. 연구대학은 보통 5년제인데 볼로냐 프로세스(Bologna Process, 유럽 공통의 고등교육에 대한 학위인정의 질과 수준을 결정하는 프로그램)로 학사(3년)와 석사(2년)로 구분된다. 대학입학공통시험에 상응하는 것은 유럽에서는 중등교육자격시험(예컨대, GCSE, Baccalaureate, Abitur 등)이다. 이 시험에 합격하는 것이 학문중심적인 대학에 입학하기 위한 필요조건이다. 시험은 학문중심적인 교과마다 논문형식으로 답해야 하며 몇 시간에 걸쳐 진행된다.

일본의 대학은 연구중심의 대학과 실용 위주의 대학이 혼재하는 상황이라서 대학입학시험에서는 역량을 측정하는 것이 더 적합할 것으로 보인다. 문부과학성의 설명에 따르면, 대학에서 학습할 수 있는 수학능력을 확인하고 싶은 사람은 어느 누구나(사회인 포함) 응시가 가능하기 때문에 이번 대학입학공통시험은 세기의 큰 구상이 될 것이라고 한다.

점수에서 단계평가로 전환

지금까지의 대학입학시험은 동일한 문제를 풀고 그 점수로 수험생의 순위를 매기는 방식이었다. 사실, 문제의 출제방식과 배점에 따라 그 결과가 달라지는데도 일본에서는 같은 조건에서의 경쟁만을 공평하다고 여긴다. 같은 조건에서 경쟁이 이루어지지 않으면 불공평하다거나 심지어 부정 혹은 사기라고까지 생각한다. 이런 이유로 인해 일본에서는 일제히 획일적인 시험을 시행할 수밖에 없었다. 수십만 명 혹은 백만 명 규모로 동일한 문제를 풀게 되면, 확보할 수 있는 시간도 제한적이고 다양한 능력을 가진 수험생 전원에게 의미 있는 출제를 할 수 있는 영역 또한 제한된다. 한정된 조건 안에서 순위가 매겨져 결과적으로 1점 차의 점수로 입시결과가 결정되고 마는 것이다. 게다가 이 방법에서 '공평성'은 동일한 시험 이외는 보장되지 않는다. 즉, 다른 시험문제와 다른 채점기준에서는 점수에 변동이 생길 수 있으며 시험결과까지도 달라질 수 있는 것이다.

이에 따라 제기된 방식이 바로 CBT(Computer-Based Testing, 컴퓨터 기반시험)와 IRT(Item Response Theory, 문항반응이론) 방식이다. 이는 평가 단계별로 다른 과제를 부여하고 그 과제를 완수하면 평가된 능력의 수준이 인정되는 방식이다.

문부과학성의 관련 위원회에서 소개된 예시는 시력검사(그림1-1)였다. IRT(문항반응이론) 방식의 경우 이 시력검사와 같이 어떤 크기가 안정적으로 보이는지를 측정한다. 총점제 방식에서는 몇 개가 보이는지를 측정한다. 시력을 측정하는 경우 무엇이 보이는지가 중요하지 몇 개

그림 1-1 시력검사표

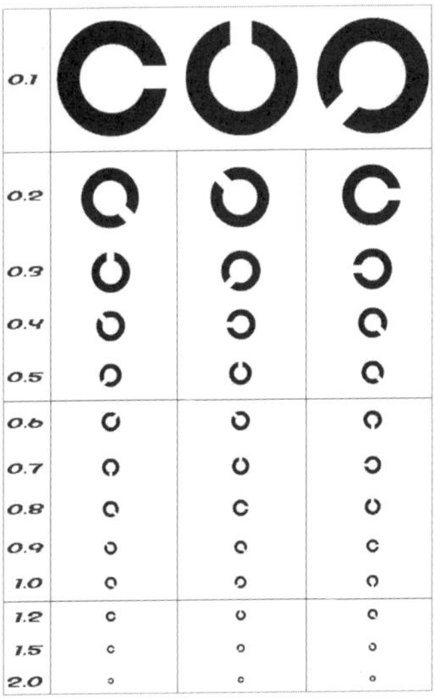

가 보이는지는 그다지 중요하지 않다. 전부 보여주고 100점 만점으로 채점할 필요는 없다는 얘기다.

평의회가 개발한 능력평가로서의 IRT 방식은 이미 몇 가지 정착된 예가 있다. 가장 규모가 큰 예는 CEFR(Common European Framework of Reference for Language, 유럽언어공통참조기준)이다. 원래 유럽평의회는 냉전체제에서 난민들의 언어문제를 다루기 시작했다가 그 이후 이민 차별대책으로 바꾸어 이주노동자의 취직대책으로서 언어문제를 중시해왔다. CEFR(유럽언어공통참조기준)은 20년 이상의 실천과 연구결과로 2001년에 공개되었다. 현재는 38개 언어에 적용되고 있다. 표1-2는 영국문화원(British Council)이 작성한 '유럽언어공통참조기준(CEFR)' '인터넷기반토플(TOEFL IBT)' '영검(영어능력검정시험)'의 대조표이다.

표1-2 언어능력 단계 대조표

유럽언어공통참조기준(CEFR)	TOEFL IBT	영어능력 검정시험
C2 듣거나 읽은 거의 모든 것을 쉽게 이해할 수 있다. 다양한 구어나 문장으로 얻은 정보를 정리하고, 근거도 논점도 일관된 방법으로 재구성할 수 있다. 자연스럽고 유창하고 정확하게 자기표현을 할 수 있다.		
C1 다양한 종류의 수준 높은 내용의 꽤 긴 문장을 이해하고 함의를 파악할 수 있다. 머릿속으로 언어를 떠올리고 있다는 인상을 주지 않고, 유창하고 자연스럽게 자기표현을 할 수 있다. 사회생활을 하기 위해서 또 학문이나 직업상의 목적으로 언어를 유창하고 효과적으로 이용할 수 있다. 복잡한 화제에 대해서 정확하고도 명확하게 구체적인 문장을 만들 수 있다.	110-120	1급
B2 자기 전문분야의 기술적인 논의까지도 포함해서 추상적인 화제든 구체적인 화제든 복잡한 문장의 핵심내용을 이해할 수 있다. 모국어 화자와도 긴장하지 않고 편하게 대화할 정도로 표현이 유창하고 자연스럽다. 폭넓은 화제에 대해서 명확하고 자세한 문장을 만들 수 있다.	87-109	준1급
B1 표준적인 말투라면 일, 학교, 오락 등에서 흔히 마주칠 수 있는 가까운 화제의 요점을 이해할 수 있다. 그 언어가 사용되는 지역에 있을 때 일어날 수 있는 대부분의 사태에 대처할 수 있다. 익숙한 화제나 개인적으로 관심 있는 화제에 대해서 조리 있고 간단한 문장을 만들 수 있다.	57-86	2급
A2 아주 기본적인 개인정보나 가족, 쇼핑, 거주지역의 지리, 일 등 직접적으로 관계있는 분야에 대해서는 관련된 문장이나 자주 사용되는 표현을 이해할 수 있다. 주변의 간단하고 일상적인 사건에 대해서 단순하고 직접적인 정보교환이 가능하다.	40-56	준2급
A1 구체적인 요구를 충족시키기 위해 자주 사용되는 일상적인 표현을 이해하고 사용할 수 있다. 자신 및 타인을 소개할 수 있고, 거주지역이나 지인, 갖고 있는 물건 등의 개인적인 정보에 대해 질문을 하거나 대답할 수 있다. 만약, 상대가 천천히 정확하게 말해주면 간단한 대화도 가능하다.		3급, 4급

영국문화원(British Council) 홈페이지 참조

IRT방식의 장점은 '도달도평가'이기 때문에 지정된 단계에 이미 도달했으면 따로 시험준비를 하지 않아도 된다는 것이다. 예를 들면, 현재의 센터입시(대학입시)에서는 센터입시의 득점으로 지망학교가 결정된다는 심리가 작용해서 대학이 독자적으로 2차시험을 설정한다고 해도 유명무실한 것이 되고 만다. 즉, 센터입시 이후에 측정되는 능력에는 눈길조차 주지 않는 사회구조가 정착된 것이다.

CBT(컴퓨터기반시험)

CBT(Computer-Based Testing, 컴퓨터기반시험)는 과제의 관리와 배포, 응답의 즉시 회수, 대량의 문제를 한 번에 처리, 비밀유지의 용이성 등 여러 가지 장점이 있다. 또한 다른 시험문제로도 비교가 가능하고 여러 번 응시할 수도 있다. 동영상이나 음성, 도표 등 다양한 데이터를 사용할 수도 있고 출제내용의 폭이 넓어서 다양한 능력을 측정할 수도 있다. 응답을 워드프로세서로 입력하면 채점을 기계적으로 처리할 수 있는 부분도 있고, 원거리 채점자가 서로 다른 시간에 문장문제를 채점하는 것도 가능하다.

또한 CBT는 IRT(문항반응이론) 방식을 활용할 수도 있다. 즉, 수험생 개인의 수준에 맞춘 '적응형 테스트'를 실시할 수 있다. 예를 들어, 과제를 완수하고 다음 단계로 나아가는 소프트웨어를 만들면 동일 시간 내에 수험생 개개인의 능력에 맞추어 다른 난이도의 문제를 제공할 수 있다. IRT-CBT 방식의 시험문제는 재사용을 위해 비공개를 원칙으로 한다. 이는 평가단계를 특정하는 테스트이기 때문에 다른 시험문제와도 비교가 가능하며, 여러 번 응시할 수 있어 계속적·반복적 학력평가가 가능하다.

CBT의 예로 OECD의 PISA(국제학업성취도평가) 2012의 문제해결력 예제를 살펴보자. 이 예제는 인터넷에 공개되어 있기 때문에 쉽게 체험

그림1-2 PISA 2012 문제해결예제 '청소로봇'

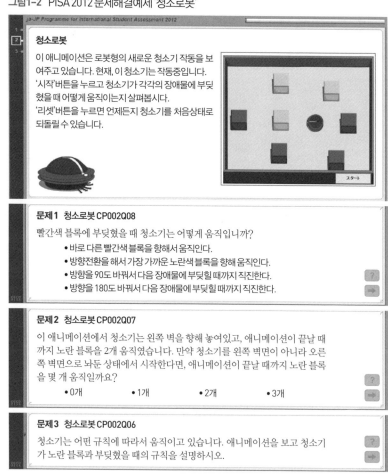

할 수 있다.[2]

'청소로봇'은 시작버튼을 누르면 움직이기 시작한다. 노란 블록에 부딪혔을 때와 빨간 블록에 부딪혔을 때 그 이후의 움직임은 서로 다르다.

그림 1-3 PISA 2012 문제해결예제 '도로지도'

ja-JP Programme for International Student Assessment 2012

도로지도

이 지도는 시내 몇 개의 마을을 연결하는 도로망을 보여주고 있습니다. 지도상의 숫자는 오전 7시 현재 각 도로의 이동에 걸리는 시간(단위: 분)을 나타내고 있습니다. 도로를 클릭해서 통과할 길을 생각해봅시다. 클릭한 도로는 파란색으로 표시되고, 이동에 걸리는 시간의 합계가 '합계시간' 란에 표시됩니다.
선택한 도로를 한 번 더 클릭하면 선택하지 않은 상태로 돌아갈 수 있습니다. '리셋' 버튼을 클릭하면 처음상태로 돌아갈 수 있습니다.

合計時間 0 分   リセット

문제 1 도로지도 CP007Q01

겐지는 아오야마 마을에서 시라사키 마을로 가고자 합니다. 그리고 최대한 빨리 도착하고자 합니다. 최단 몇 분 안에 도착할 수 있을까요?

• 20분   • 21분   • 24분   • 28분

문제 2 도로지도 CP007Q02

마리는 가와니시 마을에서 미즈카미 마을로 가고자 합니다. 최단 31분 걸립니다. 이 때 통과할 도로를 클릭하고 파란색으로 표시하세요.

문제 3 도로지도 CP007Q03

토오루는 마쓰다 마을에, 마리는 다케시다 마을에, 다케시는 우메미야 마을에 살고 있습니다. 세 명은 어떤 마을에서 만나려고 하는데, 세 명 모두 만나러 가는 길에 15분 이상의 시간이 걸리는 건 원하지 않는다고 합니다. 어떤 마을에서 만나면 좋을까요?

이 문제는 바로 이 규칙을 찾아내는 것이다. 문제 1은 '빨간 블록에 부딪
혔을 때 청소기는 어떻게 움직입니까?'라는 질문에 4개의 선택지가 있
다. 문제 2는 '이 애니메이션에서 청소기는 처음 왼쪽 벽을 향해 놓여있
고, 애니메이션이 끝날 때까지 노란 블록을 2개 움직였습니다. 만약 청

그림1-4 PISA 2013 문제해결예제 '에어컨'

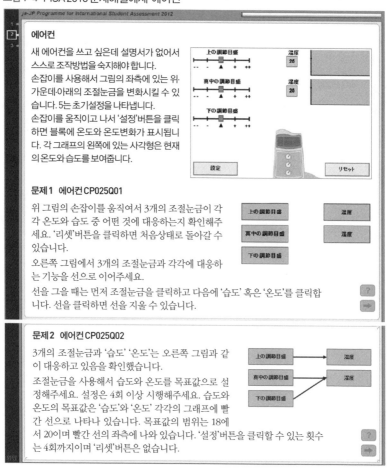

그림 1-5 PISA 2012 문제해결예제 '표'

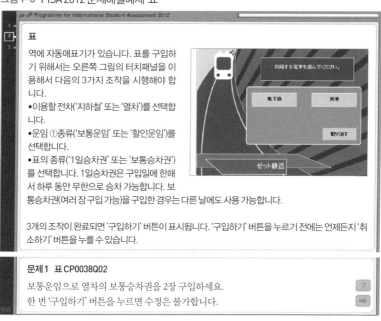

표

역에 자동매표기가 있습니다. 표를 구입하기 위해서는 오른쪽 그림의 터치패널을 이용해서 다음의 3가지 조작을 시행해야 합니다.

• 이용할 전차('지하철' 또는 '열차')를 선택합니다.

• 운임 ①종류('보통운임' 또는 '할인운임')를 선택합니다.

• 표의 종류('1일승차권' 또는 '보통승차권')를 선택합니다. 1일승차권은 구입일에 한해서 하루 동안 무한으로 승차 가능합니다. 보통승차권(여러 장 구입 가능)을 구입한 경우는 다른 날에도 사용 가능합니다.

3개의 조작이 완료되면 '구입하기' 버튼이 표시됩니다. '구입하기' 버튼을 누르기 전에는 언제든지 '취소하기' 버튼을 누를 수 있습니다.

문제 1　표 CP0038Q02

보통운임으로 열차의 보통승차권을 2장 구입하세요.
한 번 '구입하기' 버튼을 누르면 수정은 불가합니다.

소기를 왼쪽 벽면이 아니라 오른쪽 벽면으로 놔둔 상태에서 시작한다면, 애니메이션이 끝날 때까지 노란 블록을 몇 개 움직일까요?'라는 질문에 4개의 선택지가 있다. 문제 3은 '청소기는 어떤 규칙에 따라 움직이고 있습니다. 애니메이션을 보고 청소기가 노란 블록과 부딪혔을 때의 규칙을 설명하시오.'라는 질문에 서술식 응답을 하게 되어있다. 이 '청소로봇' 문제는 2015년 3월 5일에 개최된 고대접속(고교·대학 연계) 시스템 개혁회의에서 배포된 참고자료 3에 수록되어 있다.

'도로지도'는 16군데의 지점을 연결하는 도로를 조합해서 이동하는 경우 그 조합방식과 소요시간을 묻는 문제이다. 도로를 선택하면 소요시간이 표시되고 여러 도로를 선택하면 소요시간이 합계되는 구조이다.

표1-3　문제해결능력에 관한 PISA 설문과 성취도 수준

성취도 수준	각 수준에 해당하는 학생의 특징	출제 난이도
레벨 6 이상 (683점~)	다양한 문제상황에서 사고의 논리정연한 심상 모형을 전개하고, 복잡한 문제를 효과적으로 해결할 수 있다. 복잡하고 유연한, 여러 절차로 구성된 계획을 작성하고 그 계획을 실행함에 있어 지속적으로 관찰하며 결론에 도달할 수 있다.	(701점) 청소로봇 문제 3 (완전 정답)
레벨 5 (618점~)	복잡한 문제상황을 체계적으로 탐구하고, 관련된 정보가 어떻게 구성돼 있는지를 이해할 수 있다. 예기치 못한 문제를 발견한 경우 재빨리 계획을 변경하거나 원래로 돌아갈 수 있다.	(672점) 에어컨 문제 2 (완전 정답) (638점) 표 문제 2 (완전 정답)
레벨 4 (553점~)	약간 복잡한 문제상황을 집중적으로 탐구할 수 있다. 문제해결에 필요한, 상황의 구성요소 간 관계를 이해한다. 관찰결과에 따라 계획을 수정하거나 언제든지 다시 목표를 수정할 수 있다.	(592점) 에어컨 문제 2 (부분 정답) (579점) 표 문제 3 (559점) 청소로봇 문제 2
레벨 3 (488점~)	몇 개의 다른 형식으로 제시되는 정보들을 처리할 수 있다. 문제상황을 탐구하고 구성요소의 단순한 관계를 추론할 수 있다. 사전에 계획하거나 전개과정을 관찰할 필요성을 이해하고, 필요한 경우 다른 방법을 시도해볼 수 있다.	(523점) 에어컨 문제 1 (완전 정답) (492점) 에어컨 문제 1 (부분 정답) (490점) 청소로봇 문제 1
레벨 2 (423점~)	낯선 문제상황을 탐구하고 그 일부를 이해할 수 있다. 하위목표에 도달하기 위해 한 번에 하나의 절차를 계획하고 실행하며, 해결에 이르는 과정을 어느 정도 관찰할 수 있다.	(453점) 표 문제 2 (부분 정답) (446점) 도로지도 문제 2
레벨 1 (358점~)	제한된 방법으로 문제상황을 탐구할 수는 있지만, 이전과 매우 비슷한 상황을 관찰하는 경우에 한한다. 사전에 계획을 세우거나 하위목표를 설정하지 못하는 경향이 있다.	(414점) 청소로봇 문제 3 (부분 정답) (408점) 도로지도 문제 3
레벨 1 미만		(340점) 도로지도 문제 1

득점은 그 득점의 설문을 풀 수 있는 확률이 0.62로 설정되어 있다.
국립교육정책연구소「OECD 국제학업성취도평가(PISA) 2012년 문제해결능력조사-국제결과의 개요」2014. 14.

'에어컨'은 리모컨의 온도조절 버튼 명칭표시가 지워져서 알 수 없는 상황에서 각 버튼의 기능을 알아내고 필요한 설정을 하는 과제이다.

'표'는 필요한 조작을 하면서 지정된 매수의 표를 사는 문제이다.

OECD의 PISA(국제학업성취도평가)도 IRT(문항방식이론)를 전제로 작성되었으며 득점분포가 통제되어 있다. 성취도 레벨과 득점을 연관시켜서 통계처리하는 방법은 20년 가까이 이용되어왔다. 예를 들어, 15세 아동(일본에서는 고등학교 1학년이 7월에 응시)에 대한 2012년의 CBT(컴퓨터기반시험) 결과는 표 1-3에 정리되어 있다.

각 대학의 응모

문부과학성은 '일반입시·추천입시·AO(지원자의 성격이나 적성에 대해 다면평가를 시행하는)입시의 구분을 폐지한다.'라고 명기하고 있다. 앞으로의 대학입시는 '고교기초학력진단테스트'와 '대학입학공통시험'의 결과를 바탕으로 지원할 대학을 결정하고, 대학마다 '입학자 선발과정'을 치른다. 각 대학이 선발에 어느 정도 시간을 들여서 종합적으로 합격자를 선발하는 방식을 취하기 때문에 대학입시 전체가 일종의 'AO입시' 형태로 진행된다고 볼 수 있다. 대학별 입학자 선발을 점수 순이 아닌, 대학에서의 학습능력 및 학습내용과 더불어 구체화한다. 즉, 일본의 대학입시개혁은 고교와 대학의 교육이 직장까지 이어질 수 있도록 교육을 전면적으로 개혁해 일본의 학력을 바꾸어나가려는 것이다. 결과적으로 일본의 직장도 '세계에서 통용될 수 있기를' 기대하고 있다.

미국은 대학별 입학시험은 없고 SAT(Scholastic Aptitude Test, 대학

입학자격시험)성적, 고교성적증명서, 자기소개서, 고교교사나 지원대학의 졸업자가 직접 면접한 추천서 등을 종합적으로 판단해서 입학이 결정된다. 이 작업은 대개 학부 및 학과로부터 독립된 입학처(Admission Office)에서 몇 개월에 걸쳐 진행된다. 일본에서도 입학정책을 문부과학성이 통제하고 점수로 서열을 정하는 현행 선발방식을 변경하려는 움직임이 일고 있다.

왜 역량인가

호주에서는 역량을 주로 competency(컴피턴시)라 하고 미국에서는 competency(컴피턴시)와 competence(컴피턴스)의 사용이 혼재되어 있다. 유럽에서는 competence(컴피턴스)라는 용어를 사용하여 영어 이외 언어와의 대응관계를 유지한다.

역량에 주목한 것은 직업교육과 기업교육에서였다. 이는 특히 간호사 양성 혹은 어학능력 배양이라는 세계적인 흐름에서 시작되었다. 설령, 높은 수준의 지식을 머릿속에 가득 채워 넣었다 하더라도 이를 활용할 수 없다면 무용지물이기 때문이다.

1990년대 들어 지식기반경제이론이 정비되고 평생학습제도가 갖춰짐에 따라 사회적으로 갑자기 역량에 시선이 쏠렸다. 『학습하는 조직』 『학습하는 학교』라는 제목의 책이 출판계에 유행할 정도였다. 일본식 경영은 '지식창조기업(knowledge creating company)'으로 최근 20년 동안 서구에서 재평가되고 있다.

대형 공장은 포드방식으로 불리는데 이는 전체를 정해진 동작으로 분업해서 저비용으로 대량생산을 가능하게 하려는 의도에서 시작되었다. 이 방식에서 작업의 이상적인 과정을 결정하는 것은 최고경영진(Top)이며, 이를 하향식(Top-down)으로 사원들에게 엄밀히 지키게 함으로써 일탈하지 않도록 관리하는 것이 기업의 활동이었다. 일본학교에서는 교과·학년에 학력형성이 분업화되어 있어서 이러한 포드방식이 아직까지도 적용되고 있다.

일단 이 방식이 확립되고 소득수준이 향상되면 선진국의 '노동집약형 제조업'에서는 노동력이 싼 외국으로 공장을 이전하기 때문에 선진국의 미숙련 노동자는 실직할 수밖에 없다. 이러한 논의가[3] 1990년대에 OECD에서 이루어지고 있었다. 이렇게 되면 선진국은 지식이나 기능을 활용하여 새로운 지식을 만들어내는 방식의 기업활동으로 전환해야만 한다. 높은 수준의 지식을 사용하여 생산하고, 생산하면서 더욱 고도의 지식을 만들어나가는 식으로 깊이 있게 연구·개발해서 이를 제품화하는 능력이 선진국의 경제적 관심의 초점이 된 것이다.

1990년대 전반 호주에서는 새로운 직장의 논리를 학교교육에까지 관철시키려는 움직임이 있었다. 주(州)마다 독자적으로 갖고 있던 학습지도요령을 연방교육부가 역량(competency, 컴피턴시)으로 통일했다. 이 선진적인 시도는 호주교육연구소(Australian Council for Educational Research, ACER)에 의해 개념화되어 이 연구소를 중심으로 한 컨소시엄이 1997년 OECD의 PISA(국제학업성취도평가)를 맡게 되었다. OECD가 실시하는 테스트라면 중립적이고 공정한 기구에서 맡게 될 것이라고 생각하는 것이 일반적이겠지만 실제로는 영리사업의 입찰명단에 올라간 것이었다. 게다가 당시 OECD 교육국장은 멜버른대학의 교수인 배리

표 1-4 핵심역량Key Competencies와 Key Competences(세계표준학력의제기)

OECD의 DeSeCo 「핵심역량(key competencies)」(2005년)	유럽의회 및 유럽연합이사회 「평생학습을 위한 핵심역량(key competences) 참조기준」 (2006년)
① 도구를 상호작용적으로 사용할 것 1-A 언어·상징·텍스트를 상호교류적으로 사용 1-B 지식과 정보를 상호교류적으로 사용 1-C 기술을 상호교류적으로 사용 ② 이질적 집단에서 상호교류할 것 2-A 타인과 좋은 관계를 맺음 2-B 팀을 조직해서 협동하고 일함 2-C 갈등을 관리하고 해결함 ③ 자율적으로 행동할 것 3-A 전체 상황 안에서 행동함 3-B 인생설계와 개인의 계획을 세우고 실행함 3-C 권리·이해·한계·요구를 지키고 이를 주장함	① 모국어 커뮤니케이션 ② 외국어 커뮤니케이션 ③ 수학적 역량, 과학 및 기술 분야의 기초역량 ④ 디지털 역량 ⑤ 학습방법 습득 ⑥ 사회적·시민적 역량 ⑦ 주도적이고 기업가적인 감각 ⑧ 문화의 자각과 표현

DeSeCo. The Definition and Selection of Key Competencies: Executive Summary, final report. DeSeCo, 2005.
Recommendation of the European Parliament and of the Council of 18 December 2006 on key competences for lifelong learning. 2006/962/EC. Official Journal of the European Union, 30.12.2006, L394/10.

맥고였다. 맥고 교수는 이후 '21세기 스킬(skill)' 구축에도 참여하였다.

더욱이 호주연방정부는 연방의 학교교육을 IB커리큘럼에 의지하고 있고, 반대로 호주교육연구소는 각 국의 국제학교(International School)에 학년테스트를 제공하는 관계가 형성되어 있었다. 멜버른대학은 아시아·태평양지구에서는 손꼽을 만큼 훌륭한 IB교원양성대학이다. 즉, IB커리큘럼은 역량기반(competence-based)교육을 실시하면서 유럽식 국제표준커리큘럼을 완성시켰다고 할 수 있다.

2005년 OECD는 「핵심역량의 정의 및 선택(DeSeCo)」 계획의 최종 보고서를 작성해서 '핵심역량(key competencies)'을 정의했다. 그 해에 EU유럽위원회 및 유럽평의회는 '유럽의 평생학습 핵심역량(key competences)'을 확정하였고, 다음 해인 2006년 유럽의회와 유럽평의회는 이를 '유럽의 평생학습 핵심역량 참조기준'으로 공표하였다.

선진국의 기업활동 방식도 변하고 있다. 잔업도 마다하지 않고 끈기 있게 열심히 장시간 노동함으로써 비용을 삭감하던 방식에서 창조적으로 일해서 연구·개발비를 삭감하는 방식으로 변화한 것이다. 이전의 학문을 바탕으로 한 교과지식 중심의 학교교육, 연구역량을 몸에 익히는 대학교육, 높은 수준의 지식을 사용하고 아이디어를 주고받는 직장, 이 3자 간의 차이를 좁히는 첫 단추가 바로 역량(competence, 컴피턴스)인 것이다.

현장으로부터 학력과 수업을 구성한다

지금까지의 학교수업은 학문을 기반으로 정해진 교과에 따라 지식과 기능을 가르치는 것이었다. 이 성과는 대학입시까지는 통용되는 구조로 이어졌지만, 사회에도 통용되는지의 관점에서는 평가되지 않았다. 일본의 영어교육이 그 좋은 예로 학교에서의 영어성적은 좋았지만 사회에서는 사용할 수 없다는 비판이 오랫동안 반복되어왔다.

학력은 대개 연령순으로 발달하고 발휘된다고 여겨진다(그림 1-6). 그런데 지난 20여 년 사이에 그와는 전혀 다른 방향으로 학력이 규정되는 사태가 유럽을 무대로 발생했다(그림 1-8). 미국의 공세로 1995년 1월 1일 WTO(세계무역기구)가 발족했는데, 이는 금융자유화를 촉

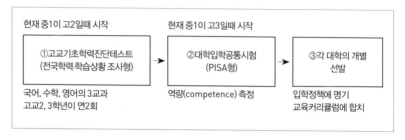

그림1-6 고교졸업에서 대학입학까지의 흐름(3단계 테스트)

그림1-7 프런트-엔드 모델(Front-End Model)의 학교교육제도(사회로 진출)

그림1-8 학교·대학·직장에 일관된 능력 평가(직장에서 학력이 제기된다)

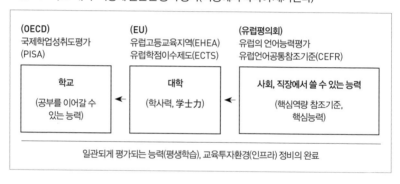

구하고 지적 재산권을 설정하며 교육을 포함하는 모든 서비스를 이익 행위로 상품화하려는 움직임이었다. 1990년대 중반 EU(유럽연합)와 OECD(경제협력개발기구)에서 뚜렷해진 '지식기반경제론'과 '평생학습제도'가 연동되면서 학교·대학·직장에서 통일된 능력평가가 추구되었던 것이다. 그 결과 학교와 사회를 나누는 '프런트-엔드 모델(Front-

End Model)'(그림 1-7)은 완전히 붕괴되었다. 200여 년에 걸친 의무교육제도의 역사는 성인으로서 사회에 진출할 수 있도록 보통수준의 학력을 공통으로 육성하는 것이 목표였다. 전통적인 교육제도는 '사회진출을 통해 완성되는 학력' '평등한 사회인과 국민의 육성'이 목표였다. 그런데 이는 평생학습을 확산시키는 결과를 낳았다.

사회나 직장에서 능력을 규정하는 가장 훌륭한 기준의 예는 표 1-2의 '외국어 학습·교수·평가를 위한 유럽언어공통참조기준(CEFR)'이다. 이는 난민이나 이주노동자에 대한 정책을 시행해온 유럽평의회가 20년에 걸친 연구 및 검증을 거쳐 2001년에 공개한 것으로 현재는 38개 언어에 적용되고 있다. 대학의 어학수업과 평가도 이 기준에 따라 진행되고 있다.

유럽의 교육에는 한 가지 더 큰 변화가 있었는데 바로 '볼로냐 프로세스'라고 불리는 것이다. 2005년 무렵부터 유럽의 대학교육이 격변했는데 그 발단은 볼로냐 선언(1990년)이었다. 이것은 이후 EU의 정책으로 리스본 전략(2000년)에도 도입되어 '2010년까지 EU를 세계에서 가장 경쟁력 있고 역동적인 지식기반 경제공간으로 만든다.'라는 발표를 하기에 이른다. 그 이후에도 유럽고등교육지역(EHEA)과 유럽학점이수제도(ECTS)를 구축해서 학생이나 연구자를 유연하게 이동하도록 하기 위해 권역 내의 대학에 유럽학점이수제도(ECTS)를 설정하기로 했다. 즉, 지금까지는 과목명은 대학이 정하고 성적 및 평가는 해당 교수가 했는데, 이것을 국제적으로 표준화하려고 한 것이다. 이에 따라 유럽에서는 수업 구성이나 평가의 권한이 각 대학과 교수로부터 사회적으로 통일된 기준으로 이행되는 현상이 일어났다.

향후의 과제는 무엇인가

사고방식을 학습한다든지 의문을 가지고 곰곰이 생각한다든지 다른 사람과 교류해서 전체를 잘 정리한다든지 하는 것 등을 부모나 교사는 육아과정 혹은 학교교육 속에서 자연스럽게 가르쳐왔다. 교과지식이 나 기능은 교과서·교재·문제집 형태의 이른바 교육과정으로 형성되어 있다. 그런데 이 교육과정과 병행해서 자연스럽게 가르쳐온 또 다른 교육과정이 현실에는 존재한다. 이를 교육학에서는 '잠재적인 교육 과정(hidden curriculum)'이라고 부른다. 이것을 가시화한 것이 역량 (competence)의 측정인 것이다. '저 아이는 머리가 좋다'라는 평가를 분석해서 '어떤 것을 할 수 있으므로 머리가 좋다'라는 식으로 역량을 추출하고, 이 역량을 개별적으로 혹은 종합적으로 육성할 수 있는 교육 활동을 체계화하는 것이 현재 과제로 남아있다.

대학에서는 학사력(学士力, 대학의 학사학위에 준하는 능력 - 옮긴이)에 주목하며 액티브러닝(active learning, 능동적 학습)이 학사력의 육성에 주효하다는 분위기가 형성되어 있다. 핀란드에서는 초·중등학교에서 이미 30%의 수업이 워크숍 형태, 소위 탐구형 수업이라는 액티브러닝으로 구성되어 있고 이는 2016년에 시작된 신(新)학습지도요령에서 더욱 확대될 방침이다. IB에서는 개념을 우선적으로 강조하는 방법, 지식론 (Theory of Knowledge), 과제논문, 사회활동, 10가지 학습자상(learner profile IB), 평가루브릭(항목별 평가기준)이라는 장치가 치밀하게 설계되어 있다. 생각하는 수업의 역사를 되돌아보면 일본에서도 수도방식(水道方式, 1958년경에 만들어진 일본 수학교육의 한 방법으로 산수에 강해지도록 한 방식 - 옮긴이)이나 극지방식(極地方式, 높은 수준의 과학을 모두에게 쉽게 가르치자는 모토의 일본 과학교육의 한 방법 - 옮긴이), 작문 및 철자법 교육 등의 수업 방법도 제기되어왔다. 그렇다면 현대의 일본에는 무엇이 필요할까?

일본 정부나 경제계가 해결해야 할 문제는 첫째, 노동인구의 감소이다. 2013년 약 8천만 명이었던 생산연령인구는 2060년에는 약 4천만 명으로 반감될 것이다. 일본의 1인당 노동생산성은 2012년에 G7(Group of 7, 미국, 일본, 영국, 프랑스, 독일, 이탈리아, 캐나다 등 7개 선진국을 통상 G7이라고 함 - 옮긴이) 중 최하위를 기록했는데 계속 하락 중이다. 또한 1993년 세계 2위였던 1인당 GDP(Gross Domestic Product, 국내총생산 - 옮긴이)도 2012년에는 10위로 후퇴했다. 이러한 이유 때문에 일본의 정·재계는 1인당 노동생산성을 높이기 위해서는 지금까지의 전통적인 교과학력과는 전혀 다른 새로운 능력이 필요하다고 판단한 것 같다.

일본 정부는 소위 '양다리형' 학력을 추구하게 될 것이다. 다시 말해서 ①교과학력, 즉 종래의 지식 및 기능을 중시하지만 활용능력을 더 중시하는 것 ②교과통합적 또는 교과를 초월한 역량, 특히 대학에서는 학사력(学士力)이라는 형태로 직장과 직결되는 능력을 확립하는 것이다. 당초 인격형성 분야에 있었던 특별활동도 사용하고, 교과를 종합하는 활용능력에 주목하며, 국제표준척도에 맞춰 의식적으로 역량을 육성하는 방향의 교육으로 변해나갈 수밖에 없다. 이것이 현재 일본의 상황이다.

이는 선진국의 산업을 유지하고 높은 생활수준을 지키려는 것으로 이미 20년 전에 OECD가 연 지평이기도 하다. 오랜 망상을 완전히 떨쳐버려서든 아니면 새로운 거품을 기대해서든 그 어느 쪽이든 일본의 교육계는 글로벌한 교육과제에 가까스로 이르렀다고 할 수 있다.

2장

국제바칼로레아
(IB)의 역사

International Baccalaureate

지금은 시험지향 커리큘럼(examination-oriented curriculum)의 전통이 너무나 강해서 이를 도저히 무너뜨릴 수 없을 지경이다. 이에 우리는 시험제도의 개혁에서 그 해결방안을 찾기로 했다. 그것은 바로 커리큘럼이나 교육방법을 토대로 근본적인 판단을 내리고, 이와 더불어 새로운 커리큘럼의 수요에 응할 수 있는 시험제도를 고안하려는 노력이다.[1]

－알렉 피터슨

누가 왜 국제바칼로레아(International Baccalaureate, 이하 IB)라는 시스템을 고안했는지 먼저 그 역사를 자세히 살펴보자. 역사를 알면 일본이 어떤 부분을 왜 바꿔야 하는지에 대해 생각해볼 수 있고, 동시에 IB의 부족한 점을 통찰하는 계기가 될 수도 있다.

　IB의 역사는 1960년대 알렉 피터슨(Alec Peterson)이라는 교육학자를 중심으로 전개되었다. 그는 '옥스퍼드대학 교육학부장, 유나이티드월드칼리지(United World College, UWC) 후원자, 국제학교시험연맹(ISES)

의 지도자'²라는 중요한 위치에 있었고, 교육실천가이자 교육연구자로서 이론과 실천을 모두 파악할 수 있었다. 한 개인이 교육 전체 및 통합적인 능력형성을 기획하고, 학교교육에 종합성·전체성을 부여했다는 것은 오늘날 교육제도의 운용에서 보면 극히 드문 일이다. 더욱이 IB의 시스템은 매우 매력적인 구색을 갖추고 있었다.

바칼로레아란

프랑스의 바칼로레아(Baccalaureate)는 표 2-1과 같이 역사가 깊다. 1808년 3월 7일 대학의 등급과 이를 달성하는 수단 중 하나로 창설되어 이듬해 1809년부터 실시되었다. 시험과목은 그리스어, 라틴어문헌, 수사학, 역사, 지리, 철학이었다. 당시의 황제는 나폴레옹 보나파르트(Napoleon Bonaparte)였다. 1809년에 실시된 최초의 바칼로레아에서는 31명이 합격해서 문학, 과학, 의학, 법학, 논리학 분야에서 학사(bachelier)를 취득했으며 대학입학 또는 수험자격을 인정받게 되었다.

그 후 프랑스의 바칼로레아는 시험 종류가 다양하게 변화했고 수험생 수도 크게 증가했다. 또한 전체 학생을 대상으로 학력을 측정해서 국가의 전반적인 학력 향상을 꾀하려는 목적으로 그 성격이 변했다. 프랑스의 바칼로레아는 1960년부터 1980년까지 20여 년에 걸쳐 중등교육의 4학년을 대상으로 실시함으로써 전기중등교육의 효과를 확인하는 시험으로 점차 자리 잡게 되었다. 1989년 교육기본법에서는 바칼로레아 합격자 비율을 각 세대의 80%로 하는 것이 명기되었으며, 1990년 사회주의정권의 교육부장관이었던 장 피에르 슈베느망(Jean-Pierre

표2-1 프랑스 바칼로레아의 역사

1808년	바칼로레아 창설. 구두식 시험(spoken test)만 있었음
1821년	자연과학 바칼로레아 신설. 인문계와 자연과학계 두 계열로 나뉨
1830년	필기시험 도입. 프랑스어 작문과 고전어 번역
1840년	라틴어 작문
1853년	현대외국어 시험 도입
1864년	철학에세이 추가
1902년	시험 유형이나 결과에 상관없이 바칼로레아에 합격한 사람 전원에게 동등한 권리가 주어짐
1921년	과목별 바칼로레아(일반 바칼로레아) 신설
1946년	산업기술 분야 신설
1953년	경제기술 분야 신설
1969년	기술 바칼로레아 신설
1986년	직업 바칼로레아 신설

Francoise Martin-van der Haegen and Michele Deane. The French baccalaureates. In Graham Philips and Tim Pound (eds) *The Baccalaureate: A Model for Curriculum Reform*, London: Kogan Page, 2003, 80. 등을 참고해서 작성

Chevènement)은 합격률 80%를 교육정책의 목표로 정했다. 그림 2-1 에서와 같이 바칼로레아의 합격률은 크게 증가하고 있다.

이와 같이 프랑스의 바칼로레아는 교육의 질을 추구하면서도 평등과 민주주의를 중시하며, 사회 전체의 질을 유지하기 위한 수단으로도 이용되어왔다. 최근 들어 중학교에서는 '발견학습', 보통과(普通科)고등

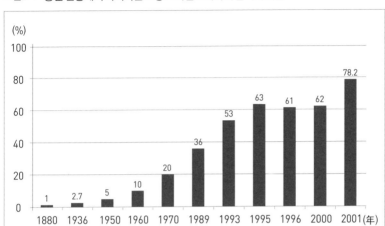

그림2-1 동일 연령에서 차지하는 프랑스 바칼로레아의 합격자 비율

Françoise Martin-van der Haegen and Michèle Deane. The French baccalaureates. In Graham Phillips and Tim Pound (eds) The Baccalaureate: A Model for Curriculum Reform. London: Kogan Page, 2003. 79.

학교에서는 교과통합적인 '개인별 과제학습(TPE)'이 중요시되면서 바칼로레아의 출제양식도 변하고 있다.

영국에서는 바칼로레아라는 명칭으로 중등교육의 학문코스(course)와 직업코스의 통합을 구상한 적이 있다. 이것은 1990년경의 일로 노동당 정권이 집권하기 전 노동당의 싱크탱크(IPPR)에서 교육정책제안「교육 및 훈련 보고 제1권(Education and Training Paper No.1)」을 작성했을 때의 일이다. '지적(知的) 스터디(study, 學修)와 실천적 스터디를 개선·개방하기 위한 가장 좋은 방법은 만 18세 단계에서 공통 자격(unified qualification)을 만들어내는 것이다.'[3]

국제학교의 시작

국제학교는 스위스의 제네바에서 시작되었다. 1920년 제네바에 국제연맹본부가 개설되고 1921년에는 국제노동기구(International Labour Organization, ILO)본부가 창설되었다. 세계 각지에서 부임해온 이곳의 직원들은 가족과 동반했고, '제네바 국제학교(Ecolint)'는 그 자녀들을 수용하기 위해 1924년 개교했다. 그 해 조금 늦게 '요코하마 국제학교(YIS)'도 개교했다. 이 학교는 세계에서 두 번째 국제학교로 불린다. 실은 국제학교라고 불리기 전인 1872년 요코하마에 '성 모르(Saint Maur) 학교'가 가톨릭을 기반으로 한 대학예비학교로 문을 열었다. 이 학교는 아시아에서 최초이자 세계에서 세 번째 국제학교이다. 이 학교는 현재도 운영되고 있으며 IB를 채택하고 있다.

국제연맹은 제1차 세계대전에 대한 반성의 의미로 구성된 조직이며, 같은 맥락에서 1920년경 국제신교육운동(國際新敎育運動)이 시작되었다. 이것은 「아이 중심주의」라는 슬로건 아래 '국가를 위한 아이들이 아니라 아이들을 위한 학교'를 목표로 했다. 이 원리는 제네바 국제학교에도 적용되어 '학교의 목적은 국제신교육운동의 진보주의 교육원리를 바탕으로 한 국제교육을 제공하는 것이다.'⁴라고 표현되어 있다.

그러나 제네바 국제학교의 교사들은 아이들의 귀국에 대비하여 대학입시의 대책마련에 쫓기게 되었다. 마찬가지로 학기시험도 대학입시의 유형을 따르고 있었다. 제네바 국제학교는 아이들의 출신학교를 고려해서 다음 네 가지 유형의 국가별 시험을 준비했다. 즉, 영국의 일반교육수료자격시험(GCE), 미국의 대학과목선이수제(AP), 프랑스의 바칼로레아(Baccalaureate), 스위스의 수료자격시험(matura)이었다.[5] 하지만 학생을 네 그룹으로 나누어 수업하는 것은 비효율적이었고 교사의 수도 부족했다.

원래 국제교류를 하지 않는 국제학교는 의미가 없었으므로 국경을 넘어 이동하는 차세대 아이들을 위한 '공통교육제도'의 구축이 시작되었다. 이를 가능케 한 제네바 국제학교의 교사들은 이미 이동능력과 2, 3개국 언어는 물론 국가·문화·민족·인종의 벽을 극복한 사람들이었다. 하지만 당장 급한 일은 독일의 아비투어(Abitur), 스위스의 마투라(matura) 등 중등교육수료자격시험의 대책을 마련하는 것이었다. 결국 1925년이 되어서야 비로소 최초의 국제학교 졸업시험이 준비되었다. 이사회(Board of Governors)의 지시로 학교장 폴 메이호퍼(Paul Meyhoffer)가 프랑스, 스위스, 영국 등 17개국의 지도자들에게 '국제중등학교졸업자격시험'을 만들도록 요청했으나, 당시에는 국제학교의 숫자도 국가 간 이동을 원하는 학생들도 아주 적었기 때문에 공통시험은 관심 밖의 문제였다. 또한 미국은 국제연맹에 가입하지도 않았고, 더구나 국제교육보다는 미국인의 교육을 중시하고 있었기 때문에 국제학교에 대한 관심이 매우 낮았다.

1929년부터 1949년까지 마리-테레제 모레트(Marie - Thérèse Maurett)가 제네바 국제학교의 교장을 맡았다. 제네바 국제학교의 교사들은 1934년에 'ISA(International Schools Association, 국제학교협회)'를 설립하는 등 다양한 노력을 기울였다.

제2차 세계대전 이후 제네바의 국제연맹본부는 국제연합유럽본부로 변경됐다. 제네바 국제학교가 이 건물과 아주 가까웠기 때문에 각국의 국제부 직원 및 공무원, 유럽원자핵연구기구(CERN) 연구자의 자녀들이 이 학교에 많이 다니게 되었다. 2007년 당시 재학생은 875명, 출신국은 87개국, 모국어는 105종류로 소개되고 있다. 저명한 졸업생으로는 정치가 인디라 간디와 정신과의사 카미야 미에코 등이 있다. 카미야는 국제적인 감각까지 겸비해서 연합군 최고사령관 총사령부(GHQ)와 문부성의 절충을 혼자 도맡았다고도 한다.

알렉 피터슨의 등장

IBO(International Baccalaureate Organization, 국제바칼로레아기구)의 초대 대표를 역임한 알렉 피터슨(Alec Peterson)은 1908년 영국 에든버러 출생으로 동아시아 지리를 전공했지만, 제2차 세계대전 중에는 정보국 소속으로 선전 임무를 맡았다. 그의 임무 수행은 특히 동남아시아에서 큰 효과가 있었다. 이때 마운트 바텐 경(卿)과의 외교도 성공적이었다고 한다. 마운트 바텐 경은 1943~1946년 동남아시아 방면 연합군 최고사령관으로 대일작전을 지휘했던 인물이다.[6]

1954년 말라야(Malaya) 정보서비스의 근무를 마치고 귀국한 후, 피터슨은 슈롭셔 주(州) 공립중학교 교장으로 취임했다. 그는 전쟁을 직접 겪으면서 국제이해의 필요성을 절감했다. 이후 도버 칼리지(Dover College)의 교장을 역임했으며 국제 후기중등교육으로서 국제 대학입시준비과정인 「국제 식스스 폼(Sixth Form)」을 구상했다.

UN국제학교와 유럽학교의 설립

UN(United Nations, 국제연합)이 설립되고 아시아 및 미국의 구(舊) 식민지 여러 국가가 점차로 독립하면서 수많은 국가에서 상호 국제교류의 필요성이 증대했다. 또 유럽에서는 유럽공동체가 형성되면서 서로 국경을 넘나들기 시작했다.

1947년 뉴욕에 UN직원의 자녀들을 위해 '세계에 이로운 시민 육성'을 목적으로 UN국제학교(United Nations International School, UNIS)가 설립되었다. 국가 간 대립의 무대가 되는 지리와 역사에 관해서는 제네바 국제학교의 교장이었던 마리-테레제 모레트가 시사한 대로 유네스코(UNESCO, 국제연합교육과학문화기구)가 중립적인 커리큘럼을 제공하고자 했다.[7] 모레트는 강력한 교회조직조차도 어쩔 수 없었던 '아이들을 분단된 국가의 구성원을 넘어서 인류 전체의 구성원이 되도록 교육하는[8] 것'을 목적으로 한 커리큘럼을 제공했다.

1949년 4월 4일 북대서양조약이 체결되었고, 영국과 프랑스가 주체가 되어 북대서양조약기구(NATO)의 군대가 탄생했다. 이 경우에도 마찬가지로 다국적군 본부 직원들을 위한 국제학교의 필요성이 제기되었다. NATO는 '영국과 프랑스를 주축으로 해서 미국을 끌어들여 러시아를 고립시키고 독일을 제지한다.'라고 그 성격이 규정되어 있다.

같은 해인 1949년 국제학교장회의(Conference of Principals of International Schools)가 개최되었고, 1951년부터는 이것이 국제학교회의(Conference of Internationally-minded Schools)로 바뀌었다.[9] 예를 들면, 1952년에는 유럽방위공동체(EDC)가 창설되었으나 서독의

군비(軍備)강화에 반대하는 프랑스와 네덜란드 때문에 군사적 측면의 통합은 수포로 돌아갔다.

이와는 대조적으로 크게 진전된 것은 경제관계였다. 1950년 5월 9일 프랑스 외무장관 슈만이 유럽석탄철강공동체(ECSC) 구상을 발표했다. 이어서 1951년 4월 18일에는 프랑스, 서독, 네덜란드, 벨기에, 룩셈부르크, 이탈리아 6개국이 유럽석탄철강공동체(ECSC) 설립조약에 조인했다.

1953년 9월 25일에는 룩셈부르크에 'ECSC 교육 및 가족문제 협의회'가 설립되었고, 국제학교 설립이 진행되었다. 그리고 1953년 10월 4일 초등교육 전문의 룩셈부르크교가 개교했고, 이는 최초의 유럽학교(European Schools)가 되었다. 1953년 12월 11일 유럽평의회는 '대학 입학으로 이어지는 학위(전문과정 수료자격) 호환에 관한 유럽조약'을 채택했으며,[10] 이는 3개국이 비준하고 1954년 4월 20일에 발효되었다. 이 조약은 공인된 학위만 있으면 대학입학의 자격을 갖추었다고 인정하는 것이나, 실제로 대학이 입학을 허가하는지 여부는 확실치 않았다.

또한 유럽평의회는 1953년부터 1958년에 걸쳐 역사학자들의 연차회의를 개최하고, 역사교과서 내 유럽에 관한 내용에 대한 의견을 나눴으며 실제 사용되는 역사교과서를 서로 교환해서 평가했다.[11] 이와 같이 유럽평의회는 역사교육과 언어적인 문제에 있어서 중심 역할을 수행하고 있었다.

1957년에는 유럽경제공동체(EEC), 유럽원자력공동체(Euratom)가 창설되었다. 이 해에 '유럽학교 규약'과 '유럽바칼로레아 규약'이라는 유럽학교에 관한 두 개의 규약이 조인되었다. 그러나 실상은 수업에 사

표2-2 유럽학교의 개교 연도

연도	국가명	학교명
1953	룩셈부르크	룩셈부르크교(Luxembourg)
1958	벨기에	브뤼셀 제1교(Burssels Ⅰ)
1960	벨기에	몰교(Mol)
	이탈리아	바레즈교(Varese)
1962	서독	카를스루에교(Karlsruhe)
1963	네덜란드	버겐교(Bergen)
1976	벨기에	브뤼셀 제2교(Burssels Ⅱ)
1977	서독	뮌헨교(Munich)
1978	영국	컬햄교(Culham)

용되는 언어에 따라 학생들이 구분되는 '같은 지붕 아래 다른 학교들'[12]
의 양상을 띠고 있었다.

제2차 세계대전 이후의 교육동향

제2차 세계대전 이후 수많은 국제기구가 설립되면서 그 직원들의 자녀
를 위한 국제학교가 많이 세워지게 되었다. 또한 경제성장과 함께 후기
중등교육과 고등교육의 확대 경향이 나타나기 시작했다.

일본은 미국을 주체로 한 연합군의 점령정책에 따라 교육개혁이 극
적으로 이루어졌고, 1947년에는 6·3·3제의 교육 대중화제도가 시작
되었다. 하지만 유럽은 구시대의 낡은 학교제도들이 여전히 남아 있었

고, 특히 후기중등교육과 대학은 일부 엘리트에게만 가능한 것이었다. 영국 노동당은 '중등교육을 모두의 것으로'라는 슬로건을 내세워 일반교육과 직업교육이 일체화된 종합학교(comprehensive school)를 추진했다.

산업의 고도화와 중등교육의 확대는 자본주의의 주요한 과제였다. 그러던 1957년 소련이 인류 최초의 인공위성 스푸트니크를 쏘아 올렸다. 이른바 '스푸트니크 쇼크'였다.

1960년대 교육개혁은 경제개발을 위한 내정의 핵심이 되었다. 그런데 1950년대 후반부터 1960년대 초반에 걸쳐 런던, 파리 등 국제도시에 국제학교가 개설되기 시작했고, 그 당시에는 그다지 관심이 높지 않았던 국제적인 대학입시가 화제에 오르기 시작했다.

1951년에는 제네바 국제학교 교사들의 노력이 결실을 맺어 교내에 '국제학교협회(ISA)'가 설립되었다. 이 협회는 1952년 유네스코(UNESCO)회관에서 유네스코와 공동으로 회의를 개최했고, 이후에는 유네스코 자문위원회에 준하는 비정부기구(NGO)로 인정받게 되었다.[13] 이것이 제네바 국제학교, 나아가서는 IB(국제바칼로레아)와 유네스코 간 밀접한 관계의 시초였다.

제네바 국제학교는 1954년 '역사교육' 커리큘럼에 대한 연구를 이끌었고, 국제학교의 공통된 커리큘럼과 중등교육수료자격시험을 검토하기 시작했다. 1955년 이후에 유럽공동체학교(European Community Schools)의 창설자인 반 호테(Van Houtte)가 당시 제네바 국제학교에서 활동 중이던 국제학교협회에 국제시험이라는 아이디어를 제안했다.

영국 Sixth Form 개혁안–클라우저 보고서

1957년 알렉 피터슨은 벨기에에서 시행된 NATO 주최 국제교육회의에서 커트 한(Kurt Hahn)을 우연히 만났다. 이 만남은 이후 매우 중요한 관계를 형성하는 계기가 되었다.

1958년 4월 옥스퍼드대학 교육학부는 굴벤키안 재단으로부터 영국의 '대학입학준비과정(Sixth Form)' 커리큘럼 개혁의 가능성을 연구하는 데 필요한 자금을 지원받았다. 피터슨이 옥스퍼드대학으로 이직했고, 옥스퍼드대학에서는 그를 위원장으로 임명해서 외국의 후기중등교육과 대학입학시험제도의 검토에 착수했다. 굴벤키안 재단은 포르투갈 리스본의 아르메니아인 실업가 칼루스트 굴벤키안의 유산을 바탕으로 예술·과학·교육 발전에 이바지하는 것을 목적으로 했다.

후기중등교육개혁은 국가차원의 과제이기도 했다. 특히 영국에서는 Sixth Form(식스스 폼)이라 불렸으며, 이 명칭대로 제도적으로도 확실하게 정착된 상태는 아니었다. Sixth Form이란 일반중등학교 졸업 후 대학진학용 GCE(일반교육수료자격시험) – A레벨 시험대책에 편성된 속칭 '제6학년'을 일컫는 말로, 예비학교이면서 제도적으로는 후기중등교육에 해당된다. 즉, 7~11세(5년제 초등학교)와 12~16세(5년제 중학교) 이후 17세(lower sixth), 18세(upper sixth)의 2, 3년간을 의미한다.

1959년 정부기관은 클라우저 보고서를 작성하고 있었다.[14] 당시의 교육과제는 교육 확대기, 특히 중등교육확대에 대응하기 위한 후기중등교육개혁이었다. 하지만 보고서는 대중화에 대한 대응보다는 전통적 방식으로 교육의 질을 유지해야 하며, 깊이 있게 사고하는 사고력 중심의 교육을 위해서는 교과목을 제한해서 심층적으로 학습해야 한다는 주장을 담고 있었다. 이 보고서에서 주목할 점은 교과지식을 얕고 넓게 채워 넣는 것으로는 이후의 고등교육에 별로 효과가 없으므로 학생들 스스로 보다 깊이 있고 전문적으로 학습해야 한다고 주장했다는 것이다.

클라우저 보고서는 다음과 같이 기술하고 있다.

- 일반적으로 지적인 측면에서 향상될수록 학생들은 '교과지향적'이 되기 쉽다. … 전문화는 Sixth Form의 증거이며, Sixth Form이 남학생의 '교과지향적' 현상의 증거라는 것은 충분히 확인할 수 있을 것이다.[15]
- 오늘날 전인교육은 저학년에서만 가능하다. … 문제는 전문화가 바람직한지 아닌지가 아니라 언제 이것을 시작할 것인가이다.[16]
- 혹자는 교육이 성공했는지의 여부는 결국 학생이 '알고 있는 것'으로 결정된다고 말한다. 시민이라면 모두가 '꼭 알아두어야 하는 것'이 있지만, 그것이 '기초적인 읽기 · 쓰기 · 계산'은 아니다. … 현실세계를 살아가는 데 필요한 지식을 획득하는 것 그 자체는 교육의 불완전한 테스트, 특히 17~18세 학생들에 대해서는 한심할 정도로 부족한 테스트에 지나지 않는다. 지금까지 말해왔듯이 교육과정은 빈 항아리를 채우는 것이 아니라 불을 켜는 것이다. 학생들이 스스로 생각할 수 있도록 가르쳤는지가 중요하며, 학생의 뇌를 생활 속의 여러 문제나 기회에 적용할 수 있도록 이에 대한 관심을 불러일으키는 것이 교육의 올바른 테스트이다. 이럴 때 비로소 살아 있는 지식이 습득되는 것이다.[17]
- 교과지식을 충분히 숙달했다는 기쁨을 누릴 때 친구들도 마찬가지로 똑

같은 기쁨을 누린다는 것, 관심을 갖고 집중하면 그 이면의 것을 발견할 수 있다는 것을 알 수 있다. 이러한 지적(知的) 과정을 거치게 되면 설령 마지막 학년에 교육의 폭이 다소 좁아질지라도 Sixth Form의 마지막 단계에서는 교육의 폭을 넓히고 한층 심화시킬 수 있을 것이다.[18]

영국 Sixth Form 개혁안 – 옥스퍼드 보고서

옥스퍼드대학의 보고서는 클라우저 보고서가 발표된 그 이듬해인 1960년에 제출되었다. 위원장이었던 알렉 피터슨의 의견이 강하게 반영되었으리란 것을 쉽게 추측할 수 있다.

옥스퍼드 보고서는 첫째, 후기중등교육에서 교과목의 수를 늘려야 한다고 주장했다. 이와 더불어 문과계열과 이과계열의 엄밀한 구분을 없앨 것을 제안하며 시대의 흐름에 따라 대중화를 시도했다. 조사 당시 잉글랜드와 웨일스의 Sixth Form은 세 교과를 선택하는 교육에 한정되어 있었고, 게다가 3분의 1의 학교에서는 이과계열과 문과계열 중 어느 하나를 선택하는 것이 불가능했다.[19]

대신에 문과계열과 이과계열로 엄밀히 구분하지 않는 새로운 Sixth Form은 가능했다. 즉 5그룹 중 3그룹에서, 3교과에서 A레벨을 달성하는 것으로 정하고, 5그룹을 논문(General Paper), 수학, 자연과학, 사회과학(역사·지리·경제), 언어로 정했다. 이와 함께 시사, 일반지식, 영어의 효용이라는 논문은 Sixth Form의 커리큘럼을 확장하는 데 직접적인 영향을 미치지 않았을지는 모르지만, 선택된 과목군의 범위 내에서 더 나은 교육을 촉진한다는 의미가 있었다.[20]

둘째, 옥스퍼드 보고서는 클라우저 보고서와 마찬가지로 전문화를 통한 탐구적 학습을 중시하면서 모든 전공에 통용되는, 교과지향을 초월한 일반적인 이해력을 다음과 같이 주장하고 있다.

- 일반교육에 관한 유럽형 Sixth Form프로그램의 큰 결함은 교육을 사고력의 발달보다는 대량의 지식습득이라는 검증되지 않은 가정에 의거해 왔다는 것이다. 이러한 비판은 '진부하거나 틀렸다고 생각할 수 있다'라는 말처럼 교육학적으로 상투적인 말들이 되풀이되어온 특징이 있다. 몽테뉴가 300년 전에도 지적했지만, 여전히 오늘날 영국에서도 유럽에서도 모든 교육학자가 가슴에 손을 얹고 "단순한 정보전달은 하지 않겠습니다."라고 서약한다. 그러나 이러한 서약과는 별개로 오류에 쉽게 빠지곤 한다. 예를 들어, Sixth Form에서의 역사 프랑스어 실러버스(syllabus, 교수요목)는 세계사를 넓게 개관하는 수업으로서 역사적인 사고(思考)를 경험하는 것보다는 사실에 관한 여러 지식이 '일반문화'의 전제라는 근거 위에 정당화되고 있다. 이 교과의 최근 구두시험의 엄격한 기준은 이를 넓혀가고 있다. 마찬가지로 독일의 중등교육수료자격시험에서의 교과목 수는 '일반교양이란 모든 것에 통용될 수 있는 무언가를 안다'는 의미라는 견해의 영향인 것 같다.

클라우저 보고서는 한 절(386)에서는 교육을 '실제 지식의 습득'으로 입증하는 것에 대해 비난하면서도 다른 절(378)에서는 '인간의 지식이 확장되면 전문화는 불가피하다'라는 일반적인 주장을 되풀이하고 있다. 일반교육(general education)을 일반적 지식(general knowledge)이라는 용어와 동일시하는 것을 멈추지 않는 한, 우리는 일반교육과 전문분야

(specialized field)에 필요한 기능이나 이해를 서로 결부시키는 문제를 해결할 수 없다.

예를 들어, 위트레히트 조약이 체결된 연도나 싱가포르의 위도, 니트로글리세린의 화학식, 4중주 작곡가 등을 모른다고 해서 그 사람이 일반교육을 못 받은 사람으로 여겨지는 것은 아니다. 반면, 예술에 아무런 관심을 나타내지 않고, 미적 판단을 수반한 윤리를 거부하고, 아시아 정치지도자들의 행동을 마치 19세기의 영국의회를 보는 것 같다고 해석하거나, 신의 존재는 과학적으로 반증되지 않았다고 말한다면 그 사람은 일반교육을 받지 않은 사람이라고 할 수 있다.

따라서 Sixth Form의 커리큘럼은 폭넓은 표면적 지식이 아니라 이해(understanding)의 발달 정도로 일반교육을 파악하는 것으로, 졸업시점에는 주요대학의 스터디(studies, 学修)에서 가급적 많은 가능성을 자유롭게 선택할 수 있게 다양한 과목에서 충분한 기능·지식·이해를 제공하도록 고안되어야 한다.[21]

• 전문화라는 기술의 발전은 영국 Sixth Form제도의 최고의 장점이지만, 범위의 협소성과 배타성은 가장 큰 단점이라 할 수 있다. 성인의 공부 분야를 제한하는 장점에 대해 연령별로 확실히 하고 있는 것은 다음과 같다.

(1) 실제로 여러 어려운 문제에 집중할 필요성이 있거나 애매하지 않은 다양한 가치를 받아들임으로써 발휘되는 지적인 발돋움과 도전이다.

(2) 이러한 과정이 잘 이루어진 경험에서 얻는 성취감은 진정한 지적 발달에 큰 자극을 줄 수 있다. 이것은 협의의 교육지향을 뛰어넘는 것으로 지식의 원천을 한결같이 추구함으로써 솟아나는 샘물[22]인 것이다.

(3) 진정한 비판적 태도가 길러질 수 있는 한정된 분야에서는 교사의 경험에 어느 정도 좌우되는 전문적 학습에 의해서만 이것이 가능하다는 것이다. 역사교사나 문학교사의 방식에는 전혀 동의하지 않으면서 수학교사의 약간은 불명확한 해결책을 간파하는 것, 이것은 아주 중요한 경험이다. 그러나 이러한 태도는 충분한 지식이나 문제의 이해에 의거하지 않는 한 단순한 가능성에 불과하다. 그리고 이는 전문적인 코스에서만 가능한 것이다.[23]

즉, 옥스퍼드대학 보고서는 기초지식을 많이 쌓는다고 해서 일반교육이 성립될 수 있는 것은 아니라고 경고한 것이다. 이러한 입장은 IB학위과정(최종 2학년)의 과목 설정에 큰 영향을 끼쳤다. 다시 말해서, 알렉 피터슨은 과도한 전문화를 인정하지 않았고, 폭넓고 종합적인 과목의 균형이 가장 바람직하다고 결론을 내렸다. 이는 일반교양을 중시하는 유럽대륙의 교육원칙과도 일치한다.

이러한 입장은 IB학위과정의 특징 중 하나를 만들어냈고, 이 대목에서 우리는 알렉 피터슨이 제네바에 호출된 까닭을 이해할 수 있게 된다. 즉, 제네바의 국제학교협회(ISA) 측은 옥스퍼드대학과 관계를 맺음으로써 프랑스 교육부와 일정한 거리를 유지할 수 있을 거라고 판단했을 것이다.

옥스퍼드 보고서는 또한 '옥스퍼드·캠브리지 대학입시상설위원회'의 설치를 제안한다. 이후에 옥스퍼드대학 측은 유럽평의회와 교섭해서 가맹국의 후기중등교육 커리큘럼 및 시험의 비교연구에 관한 프로젝트를 제창하였다. 이 안건이 받아들여짐에 따라서 각국의 교육부와 제네바의 국제학교협회의 협력으로 홀(W. D. Hall) 박사가 이끄는 비교 연구가 진행되었다.[24] 이것은 「커리큘럼 및 시험에 관한 옥스퍼드 유럽 연구회의(OSESCE)」로 알려져 있으며 보고서는 유럽평의회에서 출판 되었다.

알렉 피터슨의 고교교육론

1962년 여름에 알렉 피터슨은 머천트테일러스쿨(Merchant Taylors School)의 역사교사로서, 이후에는 애틀랜틱칼리지의 교감인 로버트 블랙번(Robert Blackbourn)과 함께 학문중심적 커리큘럼, 이른바 지적 (知的) 교과와 관련된 작업에 집중했다. 또한 각국의 중등교육수료자격 제도를 연구했다.

나중에 다룰 애틀랜틱칼리지에서는 출신국의 시험별로 교사를 나눌 일은 거의 없다고 판단하고 있었다. 그 이유는 나라마다 차이가 너무 심 하고 구분하는 데 비용이 들뿐더러 대학의 설립 취지와도 맞지 않고, 또 공통언어로 진행하는 수업을 도입할 수도 없기 때문이었다.[25]

피터슨은 연구대학(아카데믹) 입학 직전 2년 동안을 IB로 간주했다. 이 과정은 최후의 일반교육이자 최초의 교육지향형 전문화라는 성격 을 띠었고 그 모델은 유럽의 전통인 서독의 아비투어(Abitur), 스위스 의 마튜리테(maturite, 마투라matura와도 같음 - 옮긴이), 영국의 지씨이 (GCE), 프랑스의 바칼로레아(baccalaureate)의 네 가지였다. 북미의 고 등학교 학위에 요구되는 것은 물로 희석한 것 같은 지적 조건에 지나지 않고, 대학과목선이수제(AP Program)는 카페테리아형 커리큘럼에 포함된 몇 가지 학술과제 요소를 쌓을 수 있게 시험해보는 제도로, 요컨대 체계적이지 않고 무차별적인 학습이라서 논할 가치가 없다고 판단한 것 같다.

중구난방의 교과단위제가 아니라 2년에 걸쳐 일반교육을 시행하는, 전문적이지만 공통의 토대가 되는 교양을 몸에 익히는, 어떤 교과에서도 2년이라는 시간이 걸리는 교육이라는 점이 IB학위과정의 두 번째 특징으로 실현되고 있다.

검토모델로 참고한 위의 네 가지 모델 중에서 영국의 GCE는 앞으로 대학에서 전공할 3교과로 한정되었는데, 피터슨은 일반과목의 이수가 수업시간의 3분의 1밖에 안 되는 것은 너무 적다고 생각했다.[26] 프랑스의 바칼로레아와 독일의 아비투어는 주전공과 부전공에 따라 시간배분을 바꾸는 등 주요과목을 이수하면서 복수의 전공을 선택할 수 있도록 했고 이를 위해 교과는 각각 다른 레벨이 설정되어 있었다. 하지만 이 당시 확 바뀌어버린 북미의 사정은 조금 더 복잡했다(이에 대해서는 뒷부분에서 다루기로 한다).

피터슨은 연구대학 준비 외에도 실용학문 및 직업교육도 도입해서 후기중등교육학교를 더욱 확대해야 한다고 주장했는데, 이런 점에서 보면 그는 교육의 대중화를 도모한 사람이었다. 영국의 Sixth Form 교육양식은 전문화되어 있을 뿐만 아니라 전문화에 대한 지나친 조기선택과 균형의 결여로 인해 일반교육을 제공(provide a general education)하는 데 실패하고 있었다.

그러나 클라우저 보고서(1959년)에 의하면 13, 14세에 효과적인 선택을 하는 학생은 5분의 4에 달했다고 한다. 우리는 '학문분야로 나아가지 않을 사람들(non-scholars)'이라는 훨씬 큰 집단의 커리큘럼 방식으로 나아가야 한다. 1946년 이후 대부분의 지방교육당국은 중등학교의 종류에 따라서 '학문분야로 나아갈 자(scholars)'와 '그렇지 않은 자(non-scholars)'를 구분해왔다.[27]

일본의 상황에 빗대어 표현하자면, 진학반과 취업반이라는 문제에 당면한 것이다. 그러나 알렉 피터슨은 전문화야말로 지식을 탐구하는 능력을 몸에 익히는 것이라고 생각했다. 의미면에서는 학문적(아카데믹) 커리큘럼을 중시하는 것이기 때문이다. 다음의 말을 비판적으로 보자면, 이는 아이의 의사와 상관없이 아이 스스로 심화학습을 하도록 유도하는 것이 교육이라고 판단한 증거일 것이다. "협소한 동질 영역의 공부에 이미 어릴 적부터 국수주의적으로 전문화하는 영국의 Sixth Form방식은 뿌리 깊은 '아이 중심' 사상을 보여주고 있다."[28] 알렉 피터슨은 위와 같이 생각하고 있었다.

애틀랜틱칼리지(Atlantic College)의 창설

여기에 커트 한이라는 폴란드계 독일인이 등장하는데[29] 그는 교육론을 저술하지 않았기 때문에 그의 행동으로 교육철학을 추측하는 수밖에 없다. 1920년 독일 바덴뷔르템베르크 주의 살렘학교(Salem School) 교장에 취임했을 때 그는 제1차 세계대전에서 적군과 아군으로 나뉘어 싸웠던 독일과 영국의 아이들을 모았다. 그러나 히틀러와 대립했다는 이유로 1932년에 체포되고 만다. 영국 수상인 램지 맥도널드(Ramsay Macdonald)가 개입한 덕에 그는 영국으로 추방될 수 있었는데, 여기서 그가 영국 수상과 아주 친밀한 관계였음을 알 수 있다.

1934년 커트 한은 영국 북스코틀랜드에 고든스타운학교(Gordonstoun School)를 설립했다. 이 학교는 지금도 국제학교로 존속되고 있으며 영국의 찰스 황태자도 입학했었다. 덧붙이자면, 2014년 당시 학생 수는 575명(남자 344명, 여자 231명)이었고, 이 중에서 기숙사생은 8세 이상이 453명이었다. 비용은 식비와 기숙사비를 포함해서 1년에 한화로 대략 300만원에서 500만원이었다.[30]

커트 한의 교육모델은 프랑스의 '국가'와 영국의 '공립진보주의학교(British public and progressive schools)' 특히, 세실 레디의 '애보츠홈(Reddie's Abbotsholme)'이었다고 한다.[31] 이 학교는 19세기 말에서 20세기 초반 독일에서 고조된 전원교육숙운동(田園敎育塾運動)의 영향을 받아 1889년 영국의 애보츠홈에 창립된 전원 기숙사제 학교이다. 당시 학교에는 남학생밖에 없었다. 이러한 양식이 이후 '유나이티드월드칼리지(United World College, UWC)'를 구성하게 된다.

커트 한의 교육원칙을 알렉 피터슨은 다음과 같이 요약하고 있다.

① 공통작업을 분담해서 수행하는 일은 청년들에게 중요한 경험이다.
② 그 작업을 효과적으로 수행하는 기능을 진지하게 훈련하는 것이 중요하다.
③ 그 작업에 필요한 서비스에 관여하는 것이 중요하다.
④ 다른 문화의 청년들과 상호 이해하는 것이 중요하다.[32]

시간이 흘러 1957년 커트 한은 파리에 본부를 둔 NATO방위학교(NATO Defence College)에서 처음 강연을 했다. 그는 공군사령관 로렌스 다발(Lawrance Darvall) 경이 초대 교장을 맡은 그 학교에서 과거의 적이었던 독일인, 프랑스인, 미국인, 영국인이 '한 데 모여 있는' 것을 보고 깊은 감동을 받았다고 한다.[33] 그래서 그는 대서양 동맹국들의 청년[34]을 모아 비(非)군사학교를 세울 생각을 했는데, 그건 아마도 공산주의에 빠져 있던 청년들에 대한 걱정 때문이었던 것 같다. 커트 한은 1957년 벨기에에서 개최된 국제회의에서 알렉 피터슨과의 만남을 가졌다. 커트 한의 동조자들은 주로 영국에 있었지만 그는 독일과 스칸디나비아와도 밀접한 관계를 유지하고 있었다.[35]

1958년 커트 한은 해군 소장 데스몬드 호어(Desmond Hoare)에게 새로운 학교의 초대 교장을 맡아줄 것을 부탁했고, 세간의 예상과 달리 그는 이를 수락했다.[36] 커트 한은 학교를 세울 장소로는 스코틀랜드가 좋을 것 같다며 적당한 성을 찾고 있었다. 하지만 커트 한의 생각과 달리 데스몬드 호어는 '방문자를 고려해서 런던에 가까울 것' '대학 및 산업에 근접할 것' '실제로 적극적인 구조활동의 기회가 있을 것'을 주장했다.[37] 이에 따라 학교는 대서양에 인접한 웨일스의 남해안에 있는 카디프 교외의 세인트도나트성으로 결정되었다. 애틀랜틱칼리지(Atlantic College)라는 명칭은 대서양에서 따온 것이다. 여기에는 데스몬드 호어의 신념인 '바다는 교육자다'라는 의미가 담겨 있다. 또한, 당시 1981년까지 20년 동안 해난 및 낭떠러지에서의 구조활동으로 '190명의 생명을 구했다'라고도 전해진다.[38]

1961년 봄에 로버트 블랙번이 교감으로 임명됐다. 1962년 1월 1일 데스몬드 호어는 영국 해군(Royal Navy)을 제대하고, 부인 나오미와 3명의 자녀를 데리고 이곳으로 이사 왔다. 그해 4월까지 총 400명의 응시자 중에서 11명의 교사가 채용되었다. 설립 당시의 학생 구성은 62명의 남학생으로만 이루어졌는데, 구체적으로는 브라질인 1명, 독일인 7명, 스코틀랜드인 9명, 그리스인 1명, 스웨덴인 2명, 캐나다인 3명, 덴마크인 2명, 잉글랜드인 15명, 북아일랜드인 1명, 미국인 8명, 프랑스인 3명, 노르웨이인 1명, 웨일스인 7명, 네덜란드인 1명, 스위스인 1명이었다.[39]

몇 주에 걸쳐서 애틀랜틱칼리지가 설립된 이후 쿠바 미사일 위기가 발생했다. 바로 그 시기에 대학이 설립된 것이었다. 1962년에서 1969년은 서독정부, 영국정부, 포드재단, 그 밖의 사기업 스폰서들로부터 자금을 얻어 학교를 운영했다.

커리큘럼은 영국의 Sixth Form에 맞춰 GCE – A레벨을 대응시켰다. 시험을 치르는 세 교과는 고급과정(higher courses)으로 이루어졌지만, 균형을 맞추기 위해 세 교과의 표준과정(subsidiary courses)이 마련되었다. 애틀랜틱칼리지의 졸업자격은 (a)모국어 과정 (b)제1외국어(외국인 학생에게는 영어) 과정 (c)언어와 문학 교과군 중에서 선택해서 심층적으로 학습하는 과정 (d)사회연구 교과군 중에서 선택하는 과정 (e)수학과 과학 교과군 중에서 선택하는 과정 (f)예술과 공예군(arts and crafts group) 중에서 선택하는 과정 (h)전체 학생 대상의 필수 종교교육, 철학, 시사문제 수업과정으로 구성되었다.[40]

한편, 개교 직전 여름에 이 학교를 방문해서 블랙번과 함께 커리큘럼 연구를 진행했던 피터슨이 교과군의 구성방식과 고급 및 표준의 두 레벨 수업에 집중했던 내용을 IB커리큘럼에도 적용했다는 것은 쉽게 추측할 수 있다.

학생들 중에는 NATO를 넘어 폴란드와 체코슬로바키아 출신도 생겼으며, 1967년에는 여학생이 처음으로 입학했다. 그들은 교직원 숙소에 머물렀다. 정식으로 여학생의 입학을 인정한 것은 1970년부터였다.[41]

IB에 관한 역사 연구자에 의하면 이 애틀랜틱칼리지는 평화교육에 전념하고(commit to education for peace) 교육과정의 초점을 IB에 놓고서 서서히 영국의 A레벨 시험에서 IB시험으로 바꾸어 갔다[42]고 한다.

유나이티드월드칼리지(United World College, UWC)

1962년 애틀랜틱칼리지의 창설과 함께 유나이티드월드칼리지(United World College, UWC)가 설립되었고, 본부는 런던에 위치하고 있다. 애틀랜틱칼리지의 성공을 본받아 다른 여러 국가에서도 이와 같은 대학을 설립하기 위해 각국의 저명한 사람들을 모은 국제평의원회가 설치되었다. 초대 회장은 1967년부터 1978년까지 마운트바텐 경(Lord Mountbatten)이었다. 마운트바텐 경은 1969년에 커리큘럼 개혁을 주장하고, 그때까지 영국의 GCE - A레벨 시험과 표준레벨의 교육을 하고 있었던 애틀랜틱칼리지는 1971년에 영국의 시험제도를 버리고 당시로서는 그다지 인정받지 못했던 IB를 채택하기로 했다.[43] 마운트바텐 경은 빅토리아 여왕의 증손자로 영국 왕실의 일원이었으며 찰스 황태자의 큰아버지이다. 그는 1979년 IRA 테러로 살해당했다.

1971년에 유나이티드월드칼리지(UWC)의 두 번째 학교로 싱가포르 국제학교가 개교했는데, 학교 이름을 UWC로 변경한 것은 1975년이다. 이보다 더 빠른 UWC의 정식회원이면서 동시에 IB커리큘럼의 도입을 시도한 학교는 바로 피어슨칼리지(Pearson College)이다. 이 대학은 노벨평화상 수상자이며 캐나다 수상을 맡았던 레스터 피어슨(Lester Pearson)이 애틀랜틱칼리지를 모델로 캐나다 정부와 기업의 협찬을 받아 1974년에 벤쿠버 섬의 빅토리아 교외에 설립한 학교다. 이 학교는 하나의 공동체로 운영되고 있다. 학생 기숙사는 '하우스'로 불리는 다섯 동이 있고, 그중 한 건물은 일본 정부와 기업(경단련)의 지원을 받아 세워져 '재팬하우스(Japan House)'라는 이름이 붙여졌다.

그 이후 국제평의원회 회장으로는 1978년 영국의 찰스 황태자, 1995년 넬슨 만델라 전(前) 남아메리카공화국 대통령, 현재는 누르 전(前) 요르단 왕비가 맡고 있다. 5년마다 평의원회가 개최되어 UWC의 위상을 높이고 있으며, 일본에서는 경단련이 1972년 9월 'UWC 일본 국내위원회'를 설립해서 유학생들을 해외에 파견하고 있다.

UWC는 아주 강한 정치력을 가지고 있었고, IB의 보급에 큰 힘이 되었다고 할 수 있다. 또한 제네바 국제학교 UWC는 프랑스정부와 유네스코(UNESCO), 유럽평의회와 밀접한 관계를 형성하고 있었다. 애틀랜틱칼리지는 영국정부와 독일(서독)정부와 밀접한 관계에 있었으며, 저명한 사람들을 움직여 세계의 정치 및 경제에 영향력을 행사하고 있었다. 이 두 가지가 가능했기 때문에 IB라는 가교(bridge)가 형성되어 국제표준 대학입시가 만들어지게 된 것이다. 다시 말해서, 마치 '맥도날드와 콜라'처럼 서로의 브랜드를 향상시키는 상부상조 관계를 형성해서 오늘날까지 이어지고 있는 것이다. 표 2-3에서와 같이 UWC 국제학교의 소재지를 보면 제국주의시대의 종주국이 식민지 엘리트를 육성했던 것 같은 구조도 확실하게 볼 수 있다.

표2-3 UWC 가입학교 일람

설립연도	학교명	소재지
1962	애틀랜틱칼리지	영국 남 웨일스 1972년에 IB커리큘럼으로 변경
1963	워터포드 캄라바(UWCSA)	남아프리카 스와질란드 왕국, 음바바네 시 1981년에 UWC에 가입
1971	UWC 동남아시아(UWCSEA)	싱가포르 1975년에 UWCSEA로 학교명 변경 1981년에 IB 도입
1974	피어슨칼리지 (UWC of the Pacific: PC)	캐나다, 브리티시콜롬비아주, 빅토리아시 1974년 설립 당초부터 IB커리큘럼 사용
1982	미국칼리지(UWC-USA)	뉴멕시코 주, 몬테즈마 시
1982	아드리아틱칼리지 (UWC of the Adriatic)	이탈리아, 트리에스테 근교의 두이노
1986	시몬 볼리바르 농업칼리지 UWC (Simon Bolivar UWC of Agriculture)	베네수엘라, 바리나스 시 1988년에 UWC 가입, 2012년 5월 31일 폐교
1992	홍콩칼리지 (UWC of Hong Kong)	홍콩 중국어 학습이 장려되고 있음
1995	북유럽 적십자칼리지(UWCRCN)	노르웨이, 플레케피요르
1997	마힌드라칼리지 (Mahindra UWC of India)	인도, 뭄바이시 교외 부네
2006	모스타르칼리지 (UWC in Mostar)	보스니아 헤르체코비나, 모스타르
2006	코스타리카칼리지 (UWC Costa Rica)	코스타리카, 산타아나 시

국제대학입시의 시동

유네스코는 주로 국제이해교육이라는 관점에서 국제공통커리큘럼과 국제바칼로레아(IB)에 주목했다. 1961년 제네바 국제학교의 영어교육 주임 데스몬드 콜 베이커(Desmond Cole Baker)를 비롯한 위원들이 '모든 국가에서 시행되고, 어떤 국가에서나 인정되는 대학입시'라는 아이디어를 구체적인 안건으로 정리했다.[44] 그러나 그들은 국제학교협회(ISA)가 국제학교(international and extra-national schools)의 조사를 막시작했을 무렵, 수많은 실러버스(syllabus, 교수요목)들이 실시되고 있다는 사실을 알게 됐다고 한다.[45] 시험과목의 선택과 그 방법의 연계는 결코 쉽지 않았다.

1962년 유네스코 총회 결의 중 '국제이해교육' 항목에서 '사람들 사이에 평화와 상호 존중 및 이해의 이념을 촉구하고, 다양한 국가 간 청년들의 교류를 도모하는 것이 기본 수단'[46]이라고 적시되었다. 이 문구는 1964년 결의에서도 반복되어 유네스코 안에 정착되었다. 당사자인 알렉 피터슨에 의하면 국제바칼로레아(IB)라는 아이디어는 '제네바 국제학교'의 교사들에 의해 최초로 고안되어 1962년 '국제학교협회(ISA)'에 의해 제기되었다고 한다.[47]

1961년에는 콜 베이커가 제네바 국제학교의 영어부문 학장이 되었다. 당시 제네바 국제학교는 영어와 프랑스어 계열의 두 가지 수업을 병행하고 있었다. 콜 베이커는 아일랜드 출신이었는데 그 당시 스리랑카, 인도, 미얀마 등에 전운(戰雲)이 감돌았기 때문에 평화에 대한 염원이 특히 강했다.

1962년에는 밥 리치(Bob Leach)가 교사로 채용되었다. 그는 미국인 퀘이커교도로 애틀랜틱칼리지의 교사였지만, 제네바 국제학교로 온 뒤부터는 열심히 국제학교협회에서 활동했다. 아이디어맨이었던 그는 국제학교의 사회과 교사들에게 '동서 문화의 상호 이해'라는 프로젝트를 제안했고, 그와 관련하여 유네스코로부터 자금 원조를 받게 되었다. 콜 베이커와 밥 리치는 IB를 탄생시킨 역사적인 국제회의의 주역이라 할 수 있다.

피터슨이 쓴 다른 기록에 의하면 1962년 제네바 국제학교의 사회과 교사들이 주관하여 국제시험에 관한 작은 회의가 열렸고, 여기서 밥 리치가 의장을 맡아 'IB(International Baccalaureate, 국제바칼로레아)'라는 용어를 처음으로 사용했다고 한다.[48] 당시 회의에 출석했던 콜 베이커는 다음과 같이 회상한다. '제네바에서 국제학교협회는 국제학교의 역사교육에 관한 회의를 개최했고, 이 회의가 한창 진행되었을 때 국제대학입시를 고려해야 한다는 의견이 나왔다.'[49]

피터슨은 더욱 자세하게 다음과 같은 내용도 기록했다. 유네스코는 '동서 문화의 상호 이해'라는 주요 프로젝트를 추진하고 있었는데, 이때 국제학교협회의 지원을 받을 수 있었던 밥 리치는 'IB를 준비하는 데 알맞은 국제학교의 사회과 프로그램'을 개발하는 회의비용으로 유네스코로부터 2천5백 달러의 자금을 얻었다. 회의에 참가한 교사 대부분이 제네바 국제학교의 교사들이었지만, 여기에는 유네스코와 유럽 학교 교사들도 있었다. 이러한 이유로 밥 리치는 자신이 IB의 창립자라고 주장한다. 그러나 대부분의 교사들은 그를 IB의 창립자 중 한 명일 뿐이라고 생각했다.[50]

이야기를 종합해보면, 1961년경 국제대학입시라는 아이디어가 제네바에서 구체화되어 1962년에는 많은 사람의 합의까지 얻게 되었고, 밥 리치라는 인물이 IB라는 용어를 처음으로 사용했다. 당시에는 커리큘럼 개발을 위한 자금도 없었고 학교로부터 물질적인 지원도 없었지만, 제네바 국제학교의 교사들은 헌신적인 노력을 했던 것으로 보인다. 사회과에 관한 '국제학교협회' 회의는 기본 표준을 확립하기 위한 첫 번째 단계로서 '사회과 합동시험'의 가능성을 개척하고자 했고, 이 목적으로 유네스코는 적은 금액이지만 워크숍 개최에 재원을 제공했다.[51] 그 덕분에 1962년 국제회의가 개최될 수 있었다.

국제대학입시의 준비기

1963년 국제학교협회(ISA)에 대해 미국정부가 설립한 20세기기금(Twentieth Century Fund)은 7만5천 달러의 자금을 제공하고,[52] 3년여에 걸쳐 국제학교에 공통 커리큘럼 및 시험을 개발하는 조직을 확립하기로 결정했다. 이때 시험개발조직을 국제학교협회와는 다른 조직으로 발족시키기로 했는데, 자금부족으로 인해 이 결정은 영어만 인쇄되었을 뿐이라고 한다.[53] 명칭은 스위스 민법에 준하도록 국제학교시험연맹(International Schools Examination Syndicate, ISES)으로 정해졌다.

포드재단은 뉴욕 UN국제학교(UNIS)의 교사를 구하는 데 수백만 달러의 자금을 제공하고 있었기 때문에 1964년 초반에 콜 베이커와 제네바 국제학교의 교사들이 포드재단에 조사비를 요청하기로 했다. 이에 국제학교시험연맹이사회(ISES Council)와 국제학교 학교장 데스몬드 콜(Descmond Cole),[54] 대학입시인정프로그램 이사장 할란 핸슨(Harlan (Harpo) Hanson)이 협력하게 되었다.[55]

포드재단의 컨설턴트는 프랭크 보울스(Frank Bowles)와 랄프 타일러(Ralph Tyler)였다. 프랭크 보울스는 1963년 유네스코에 고등교육에 대한 접근과 관련한 대규모 연구를 제안했는데 그 결과 국가별로 고등교육에 큰 차이가 있다는 사실을 발견했다.[56] 랄프 타일러는 교육학을 전공하는 시카고대학 부교수로 특히 커리큘럼의 발전과 학습심리학에 관심이 있었다. 그는 교육목표분류학 연구자인 벤자민 블룸(Benjamin Samuel Bloom) 교수와 가까운 위치에서 활동했다. 랄프 타일러야말로 피터슨에 대한 자금제공을 보증하는 인물이었다.

IBO(국제바칼로레아기구)의 전신

1964년 유네스코 총회 결의 가운데 '고등교육' 항목에는 '사회적·경제적 진보를 가속하는 시점에서 고등교육의 발전을 위한 국제협동을 촉진한다.'라는 언급이 있으며 그 수단 중 하나로 '과목별 성적증명서, 디플로마(학위), 단위의 비교와 인정에 관한 개선·개혁의 가능성을 연구 및 조사할 것'[57]이라고 언급되어 있다. 그 당시 사무총장은 고등교육 입학에 관한 문제를 국제증명서 개발로 해결해야 할 필요성을 지적했다. 결의문에는 국제학교협회와의 협동이 계속된다고도 명기되어 있다. 「유네스코 교육연감 1964년판」의 마지막 장(章)은 '국제학교'로 되어 있는데, 50개의 국제학교와 국제학교협회를 소개하는 한편 '국제학교는 그 목적과 기본적 전제가 애매하다.'[58]라고 평가되어 있다.

같은 해 스위스의 모든 국제학교에서 공통현대사를 가르치기 위한 연구회가 열렸는데 실험적 테스트의 길을 여는 '현대사 실러버스(교수요목)' 초안이 이 연구회에서 작성되었고 하버드대학을 포함한 몇 개의 대학교가 관심을 보였다고 한다.[59]

드디어 1964년에 시험을 실시할 제도가 마련되었는데 이것이 가능했던 것은 1964년 8월 '20세기기금'이 자금을 제공함으로써 운영할 수 있는 조건이 마련되었기 때문이다. 이 자금을 바탕으로 국제대학입시와 그에 따른 실러버스를 개발하기 위해 제네바 국제학교 관계자에 의해 '국제학교시험연맹(ISES)'법인이 설립되었고,[60] 회원은 대학과 국제조직의 대표로 구성되었다. 게다가 국제학교시험연맹은 유네스코교육국(International Bureau of Education), 유럽평의회교육부(Education Division of the Council of Europe), 각국의 대학, 시험위원회, 교육부처와 연락을 취할 수 있게 되었다.[61] 이 최초의 회의가 1965년 3월에 개최되었다.

국제학교시험연맹의 총재로는 존 고르마티(John Goormaghtigh)가 1965년 취임하여 1967년까지 총재직을 맡았다. 1968년에는 '국제학교시험연맹(ISES)'에서 '국제바칼로레아 재단평의회(IB's Council of Foundation)'로 개조됐지만 그는 1980년까지 총재로서 임무를 수행했다. 존 고르마티는 벨기에인으로 IB국제학교에 자녀를 입학시켰으며 제2차 세계대전에 참전한 경험이 있고 다하우수용소에 갇혔던 적도 있다. '국제평화 카네기기부 유럽센터장'이기도 했던 그는 영어와 프랑스어 실력이 뛰어났으며, UN과도 접촉을 했고 서구의 연구자나 정치가에게도 영향력을 발휘했다.

이와 같이 점차 새로운 그룹이 열은 공기 속에서 움직이기 시작했다.

그러나 자주적으로 행동할 수 있었던 사람은 골 마하티히, 콜 베이커, 리치였으며 제네바 국제학교의 찬동자들이 시험프로젝트에 관여한 인재였다.[62]

그런데 시작하자마자 생각지도 못한 명칭문제가 발생했다. '국제학교시험연맹(International Schools Examination Syndicate, ISES)'이라는 명칭은 자금을 제공하는 제네바 국제학교의 경제적 이유만으로 스위스 민법에 따라 Syndicate라고 불리고 있었다. 그러나 프랑스어로 syndicat는 노동조합을 의미하기 때문에 명칭으로 쓰이기엔 부적절하다는 것이었다.[63] 시작 직전인 1964년 6월부터 이 명칭은 공식 명칭으로 쓰이지 못하고 1967년 '국제바칼로레아기구(IBO)'로 개조·개명하기로 결정되었다. 동시에 국제시험관위원회(international board of examiners)가 설치되어 다양한 국가의 장학관, 대학교수, 중등교육교사가 협업하는 활동이 되었다.

마침내 1964년 가을 알렉 피터슨이 처음으로 제네바 국제학교를 방문하였다. 1964년 12월에는 피터슨이 해외 연구기간을 지내면서 처음으로 제네바에 오래 머물렀다. 그는 옥스퍼드에서 제네바의 국제학교시험협회 사무소로 옮겨 국제학교시험연맹 이사와 시험개발 책임자가 되었다. 그와 함께 제네바 국제학교 측의 제럴드 르노(Gérard Renaud)와 옥스퍼드대학 측의 빌 홀스(Bill Halls)의 3인조가 결성됐다. 르노는 제네바 국제학교의 철학교사로 해외 프랑스인학교에서 가르친 경험이 있었으며 이후 IB커리큘럼 작성의 중심인물이 되었다.

IB커리큘럼 작성이 시작되다

1965년은 세 개의 기관이 유럽공동체(EC)로 통합된 해였다. IB에도 큰 변화가 일어났다. 1965년 3월 실러버스를 결정하는 최초의 회의에 40명의 전문가가 제네바에 모여 제1회 커리큘럼회의가 개최되었다. 최초의 커리큘럼 초안이 제럴드 르노에 의해 제안되었다. 이 초안은 10월 어학회의 당시 애틀랜틱칼리지와 제네바 국제학교에서 승낙을 받았다. 그런데 이렇게 명칭조차 확정되지 않았던 3월의 회의가 역사를 되돌아 봤을 때 IBO 최초의 총회였다.

총회에서는 일반기준에 대한 최종 합의가 쉽게 이루어졌다고 한다. 중등교육이 대학입시레벨과 같아지기 위해서는 '학생들의 머리를 단편적인 사실로 채우기보다는 균형 잡힌 일반교육을 제공해서 학생들이 지식을 활용하는 방법을 배울 수 있도록 하자.'[64]라는 데 합의하였다. 단편적인 사실들로 머리를 '채우기'보다는 이미 습득한 지식을 활용하는 방법을 '배운다(learn)'라는 학력관은 오늘날의 역량을 둘러싼 논의에 가깝다.

총회에서는 표 2-4와 같이 먼저 네 개의 교과로 논의가 시작되었다. 프랑스 교육부에서 일반장학관의 언어주임장학관인 스미부르데(Andre van Smeevoorde)가 파견되어 왔다. 어느 날 그와 런던 GCE 이사회의 조지 브루스(George Bruce)는 밤을 새워 의논한 뒤 새벽이 되어서야 결론을 냈다. 다음 날 오전 중에 조지 브루스와 제럴드 르노는 여섯 교과로 이루어진 'IB일반도(一般圖)'를 칠판에 그렸다.[65] 이것이 여섯 교과안(案)으로, IB커리큘럼의 기본 틀은 바로 이때 만들어졌다. 이

표2-4 네 개의 기본교과와 세 개의 선택교과

교수언어와 세계문학 Language of Instruction and World Literature	
외국어 Foreign Language	1과목
역사 또는 지리 History or Geography	
수학 그리고/또는 과학 Mathematics and/ or Science	
선택할 세 교과	본인이 선택하는 대학의 학부와 수험 국가의 요청에 따라서

모든 교과는 상위레벨과 표준레벨(Higher and Subsidiary Level)로 수업이 진행된다.
학생들은 상위레벨 세 교과, 표준레벨 네 교과를 이수한다.

D.Cole-Baker, Toward an International University Entrance Examination. *Comparative Education*, Vol.2, No.1, November 1965, 44.

후, 스미부르데는 IB에 관심을 높이며 IBO 최초의 '언어주임시험관 (Chief Examiner in Language)'이 되었다. IB커리큘럼과 프랑스 교육학과의 강한 연결고리도 이렇게 만들어졌다. 르노가 고안한 '여섯 과목 틀 (Six Disciplines)'은 표 2-5와 같다.

르노의 설명에서 중요한 점을 추려보자.

- 여섯 교과 중 세 교과는 고급레벨 혹은 깊이 있는 교과일 것. 그러나 조속한 전문화는 피할 것

표2-5 르노가 고안한 여섯 과목 틀

1과목	기초언어(모국어 혹은 제1언어)
2과목	제2언어(기본적으로 외국어)
3과목	수학
4과목	인문학
5과목	실험과학
6과목	제6그룹

7 과목을 다른 레벨로
학교별 특별프로그램은 IBO(국제바칼로레아기구)에서 인정받을 것

Gérard Renaud. *Experimental period of the International Baccalaureate: objectives and results.*
Paris: UNESCO Press, 1974, 9.
A.D.C. Peterson. *Schools Across Frontiers: The Story of the International Baccalaureate and the
United World Colleges.* La Salle, Illinois: Open Court, 1987, 29.

• 순수하게 학문적인 교육만 하는 것을 피하기 위해 예술적·사회적·신체
  적 활동에도 시간을 할애할 것
• 공통과정의 지식론은 구조의 상부에 위치함. 이 과정은 학생들이 수학적
  논리화, 실험적 분석, 역사적 연구 등 각자 다른 사고방식으로 어떤 교과
  를 높은 레벨로 학습하려고 하든지 간에 모든 학생을 성찰로 이끌려는 의
  도가 담겨 있음

여기서 성찰(reflect, 되돌아봄)이라는 용어가 등장하는데 그 의미는
자신의 활동을 점검하고 평가한다는 것이다. 교과(subject) 및 과목
(discipline)과는 구별되어 있으며 다음과 같이 테스트에 대한 경계심도

확실하게 드러나 있다.

- 과목의 선택은 균형이 잘 잡힌 교육을 받으려는 의욕으로 일관할 것
- 시험은 표현·판단·논리능력이라는 기본 적성을 구별해서 시행함
- 테스트라는 하나의 유형에 의한 일괄적인 평가에 의거하기보다는 다양한 측면에서 지원자의 지식을 명확히 하면서 전문가가 각 교과에서 다른 종류의 평가를 이용하여 결정함. 시험은 필기시험과 같은 전통적인 선다형문제, 시청각테스트, 개인연구계획발표로 이루어짐[66]
- 도입 단계에서의 수업은 영어와 프랑스어로 진행하고, 다른 주요 언어를 추가하는 것이 허용되기도 함
- 모든 과목은 다른 문화배경을 가진 학생의 범위를 인정하고, 가능한 한 유연하게 교육을 받으며 시험을 치를 수 있게 할 것
- 제도는 학생이 원하는 과정을 선택하고, 자신이 선택한 과목별 성적증명서를 취득하기 위해 직업계속교육을 지속길 원하는 학생도 허용할 것[67]

이와 같이 IB커리큘럼에 대한 설명이 명확하게 나와 있어 'IB에 대한 기본원리는 1965년에야 확립되었다'[68]라는 지적을 받을 정도이다. 이렇게 해서 1965년에 여섯 교과 구조와 함께 CASS (Creative·Aesthetic·Social Service activity, 창조적·미적·사회봉사 활동)도 결정되었다.[69]

피터슨 역시 단순한 테스트로 수업을 관리하는 것을 가장 싫어했다. 바네쉬 호프만(Banesh Hoffman)의 저서 『테스트라는 폭군』은 미국적인 선다형 문제만으로 말할 수 있는 것이 아니라고 지적하고 있으며, 피

터슨 자신도 이에 대해 주의를 촉구하고 있다.[70] 이 상징적인 제목의 문헌은 '현재의 기법으로 만족스러울 정도로 측정하기에는 인간의 능력과 잠재력이 너무나 복잡하고 다양하며 이 둘을 분간하는 것은 더욱 힘들다'[71]라고 지적하고 있다.

피터슨이 '집중적인 시험준비 때문에 교육이 왜곡되고 있다'라고 생각했다는 지적도 납득이 간다.[72] 국제테스트를 만들고자 했던 사람들은 테스트 준비를 위한 학력형성에는 반대했던 것이다. 그렇기 때문에 어떻게 교과통합적인 능력형성의 장치를 만들 것인지, 사회성을 육성할 수 있을지를 고민했던 것이다.

그러나 회의에 대한 심의 결과, 표 2-6과 같이 다섯 교과의 커리큘럼이 우선적으로 작성된 것 같다. 그리고 이후에 IB커리큘럼으로 이행하는 과정에서 여섯 교과군으로 확대된 것으로 보인다. 또한 국제학교시

표2-6 우선적인 다섯 교과의 커리큘럼

언어A	작품집이 아닌 저자를 선택 및 한정. 다른 문화에 대한 이해를 높이고, 자신을 세계적 환경에 놓을 수 있도록 일정량의 세계문학을 번역본으로 학습하는 것 포함
언어B	제2의 커뮤니케이션 수단, IB에서는 중요한 요소 〈생활과 시민〉 프로그램에서 문화면을 보충해야 함
역사	현대사의 공통부분, 지원자가 선택한 주요지역의 역사, 지원자가 고른 특별한 주제에 관한 개인연구
지리	지리적인 도구를 사용하는 입문, 두 가지를 대조하는 나라 간 비교연구
생물	환경 속의 인간이라는 관점에서 학습함. 실험활동에의 입문이 중요

Gérard Renaud. *Experimental period of the International Baccalaureate: objectives and results.* Paris: UNESCO Press, 1974, 10.

험협회 프로그램의 연구와 평가는 옥스퍼드대학 교육학부와 공동으로 실시되었다.[73]

IB커리큘럼의 확립

표 2-7에서 커리큘럼 개발에 관한 그 이후의 추이를 보면 언어문제는 의외로 빨리 끝이 나고, 개발팀은 세계문학을 확정하는 작업에 착수했음을 알 수 있다. 수학에 대해서는 수없이 많은 회의를 한 것으로 보인다. 표 2-7 중 지식론은 교과커리큘럼을 결정하는 과정에서 대두되어 최종 단계에서 확립되었다. 개최지로는 영국과 프랑스가 중심이 되었고 미국의 영향력은 작았다.

유럽평의회의 후원을 받아 활동해온 옥스퍼드대학의 비교교육연구자 홀스가 관심을 보이며 커리큘럼 개발회의에 몇 번 출석했다. 이것이 옥스퍼드와 제네바, 옥스퍼드대학 교육학부장인 피터슨과 이후의 IBO(국제바칼로레아기구)를 연결하는 계기가 되었다.

교과를 연결하는 이론을 채워 넣다

1965년 10월 제2회 커리큘럼회의가 애틀랜틱칼리지에서 열렸다고 하는데, 표 2-7에는 나와 있지 않다. 이 회의에서 르노가 제안한 커리큘럼 초안이 애틀랜틱칼리지와 제네바 국제학교에서 승인을 받았으며, 최초로 포괄적 개념에서의 합의가 이루어졌다고 전해진다. 하지만 피터슨은 당시 애틀랜틱칼리지의 커리큘럼이 심하게 폐쇄적인 분위기여

표2-7 IBO 총회와 실러버스위원회 회의일람

	1965년	1966	1967	1968	1969	1970	1971	1972	1974
총회	3(월) 제네바		2 세브르						4 세브르
언어	3 제네바 10 산도나	9 세브르							
세계문학			11 산도나		7 브뤼셀		12 세브르		
생활·시민							3 제네바		
고전어		6 제네바			1 프랑크 푸르트				
역사	3 제네바	3 제네바		3 런던 9 런던	6 코펜하겐				
지리	3 제네바	5 제네바	6 제네바	10 제네바	4 제네바			1 세브르	
경제			5 옥스퍼드		12 옥스퍼드		11 제네바		
철학		9 세브르	5 파리						
심리				3 제네바					
인류학			12 뉴욕 12 옥스퍼 드						
물리	9 제네바	4 제네바	10 제네바		4 제네바	1 제네바			
화학		6 제네바		12 옥스퍼 드					
생물	3 제네바		12 뉴욕 12 제네바		4 제네바			2 옥스퍼드	
자연과학			4 제네바						
제(諸)과학			12 옥스퍼 드						
과학전반			10 제네바		4 제네바			4 옥스퍼드	
수학	3 제네바 10 제네바	3 제네바	10 제네바	10 세브르			10 세브르		
조소			9 세브르						
음악				7 옥스퍼드					
지식론							10 옥스퍼드		1 산도나

Gérard Renaud. *Experimental period of the International Baccalaureate: objectives and results.*
Paris: UNESCO Press, 1974, 56-57.

서[74] 애틀랜틱칼리지 측이 과연 어디까지나 이해했을까 하는 의구심이 들었다고 한다.

이 회의에서 프랑스 정부의 철학주임장학관 무슈 트릭(Monsieur Tric)과 르노와의 회담이 열렸고, 여기에서 가장 훌륭한 IB개혁 중 하나가 나왔다고 피터슨은 평가했다. 당시 프랑스의 바칼로레아에서는 철학이 필수과목이었는데, 프랑스 정부는 유럽 바칼로레아에서도 철학을 필수과목으로 채택해야 한다고 주장했다. 르노는 철학은 제3군의 1교과로 남기고, 전체 학생이 필수로 이수하는 과목은 지식론으로 한정해야 한다며 그를 설득했다.[75]

이렇게 해서 지식론은 프랑스 바칼로레아 시험의 필수과목인 철학을 모델로 한 과목이었음에도 선택교과가 아닌 전원 필수과정으로 고안되었다. 이 지식론을 제안한 사람은 르노였고 그 이후 프랑스의 철학담당장학관 드레퓌스(D. Dreyfus)에 의해 형식이 갖춰졌다.

1966년 유네스코결의에서는 '고등교육' 항목에서 사무총장의 승인 중 하나로 과목별 성적증명서, 학위, 학점의 비교와 인정에 관한 장기적인 계획을 추구할 것을 지적하고 있다.[76] 또한 '교육의 연구와 정보' 항목에서 다음과 같은 발언이 소개되고 있다. 'IB표준의 확립을 촉진하기 위해 연구 등의 행위에 대해서는 ISA(국제학교협회)와 협동할 필요성을 강조했다.'[77] 이렇게 국제적인 인지도를 확보하면서 국제학교시험연맹(ISES)은 세브르 국제회의를 준비하였다.

세브르 국제회의

1967년 2월 세브르에서 IBO(국제바칼로레아기구) 제1차 총회가 개최되었다. 회의는 3일간 이어졌다. 참석자는 국제시험협회, 시험위원회(Examining Board), 11개국의 교육 및 평가관련 전문가, 국립시험단체의 주임, 국제기구 및 단체에서 온 컨설턴트였다. 참가국은 미국, 영국, 프랑스, 독일, 스위스, 벨기에, 스웨덴, 폴란드, 불가리아, 인도, 카메룬 등이었다. 또한 감사자는 유네스코, 유럽평의회, 프랑스 바칼로레아 사무국, 영국 옥스퍼드·캠브리지 대학입시위원회(GCE 위원회), 미국의 칼리지보드(대학입시위원회, CEEB)의 단위인정 관계자 등이었다.

영국과 프랑스 2개 국어에 의한 커리큘럼, 실러버스, 시험문제 예시가 제기되어 1969~1975년 6년간의 실험기간이 설정되었고 도입규칙과 실러버스가 채택되었다.[78] 이후 점차 실행 가능한 커리큘럼, 실러버스, 규칙이 갖춰지게 되었으며 이로써 '프로젝트는 후기중등교육에 대한 새로운 대응 가능성을 분명하게 밝히기 시작했다.'[79]라고 표현되어 있다.

이와 동시에 1967년 IB커리큘럼위원회에서 '지식론'의 도입이 결정되었다. 프랑스 교육부는 철학을 필수과목으로 정하지 않는 바칼로레아에는 동의하지 않았다. 여러 앵글로색슨국가에서 철학은 대학수준의 과목이라고 주장했다. 지식론 과정의 특징은 '다른 분야 지식과의 관련성을 탐구하고, 자신의 경험을 비판적으로 성찰하도록 하며, IB학위로 통합하고 성찰하고 교과통합적인 과목을 제공하는[80] 것'으로 평가받고 있다.

회의에서는 IB(국제바칼로레아)측과 UNIS(유엔국제학교) 측의 의견이 서로 대립했다. IB측은 학술커리큘럼을 주축으로 해서 학위(디플로마, diploma)취득과 개별교과취득증명을 구분하는 것으로 다양화를 도모하였다. UNIS측은 그것은 명문대학 출신으로만 한정된 엘리트(super-college-bound elite)를 양산한다고 비판하면서 능력이 극히 제한된 학생들을 위해 실무적이고 생활지향적인 프로그램이 필요하다고 주장하였다. 알렉 피터슨은 고급레벨과 표준레벨을 구분하고 예술이나 직업계 교과도 선택할 수 있다고 반론했다. 또한 외국에 거주하는 가족들이나 제3세계 출신 학생들은 유럽이나 북미의 대학에 입학하는 것을 목표로 할 것이라고 생각했다.[81]

유럽과 북미의 차이점

학생 전원을 대상으로 하는 공통의 일반교육과 연구대학에 입학하기 위한 학문중심적인 수업과의 관계는 북미학교의 의향을 고려하면 그리 간단하게 해결될 문제가 아니었다. 이때 알렉 피터슨은 대학의 일반교육을 둘러싼 유럽과 북미 간 제도적 차이를 강하게 인식하게 됐다. 북미에서는 제2차 세계대전 직전부터 대학교육의 대중화 물결이 일고 있었다. 그리고 1960년대에 이미 대학과목선이수제(Advanced Placement, AP)가 개발되고 있었다.

피터슨은 일반교육이 학습시간의 1/4~1/3을 차지하거나 수업시간의 1/5을 개인학습이나 숙제로 한다고 해도, 중요한 시험으로서 일반교육이 측정되지 않는다면 어떤 개인이나 학교도 여기에 노력을 기울이지 않을 것으로 예상했다. 게다가 다니엘 벨의 저서『일반교육의 개혁』

(1966년)에 따르면, 북미에서는 중등교육과 고등교육 모두 일반교육이 설정되어 있어 유럽과는 확실히 다르게 해석되었다. 알렉 피터슨은 이 두 일반교육은 후기중등교육에 해당하는 대학이 일반교육을 심화하는 과정과 대학의 일반교육으로서 인정하는 과정, 소위 말하는 학점 선이수의 의미를 내포하고 있다는 것을 깨달았다. 후기중등교육은 더욱 다양해져서 북미에서는 18~21세 대상의 일반교육도 마련되어 있으며, 보다 개인적인 성숙에 대응하고 여러 능력이 발달될 수 있도록 운영되고 있다는 사실을 발견했다.[82] '다니엘 벨의 전문화의 허점을 파고든 일반교육이라는 목표는 실현가능해지고 있다'[83]라고 피터슨은 판단한 것이다.

IBO 설립

국제학교시험연맹(ISES)을 개조해서 IBO사무국을 제네바에 개설하기로 한 결정이 내려졌다. 또한 피터슨의 지도하에 옥스퍼드대학에 IB사무국 부속 'IBO연구센터'가 설치되었고, '국제교육도달도평가학회(IEA)'와 '커리큘럼과 시험의 평가에 관한 옥스퍼드대학 및 유럽평의회 합동연구(OCESECE)'와의 연구협력이 시작되었다.

이 연구센터는 옥스퍼드대학 교육학부 소속이며 센터의 임무는 다음과 같이 규정되어 있다.[84]

(1) IB시험의 인가를 받는다.
(2) 현행 교육과정과 실러버스를 조사한다.
(3) 새로운 테스트기술을 개발하고 조사한다.

(4) 고등교육으로의 입학에 관한 대체적 조사방법을 개발한다.

(5) 국제 중등학교 최종 2학년용의 교육과정을 혁신하고 평가한다.

(6) 중등교육 분야에서 비교연구를 시행한다.

여기에 언급된 인가란 국가 또는 개별 대학에서 입학시험으로 선택된다는 것을 의미한다.

이와 같이 이론 면에서는 옥스퍼드대학 등 권위 있는 연구기관과 관계를 맺고, 재정 면에서는 유네스코, 20세기기금(이후에는 21세기기금), 포드재단의 자금을 얻어 프로그램 개발을 진행하게 되었다. 포드재단은 국제적인 대학입시의 가능성을 발견하기 위한 3년간의 프로젝트에 30만 달러를 지출하고 있었고, 이때부터 IB는 실현가능성이 높아져 실천적인 프로젝트로 인식되기 시작했다. 당시 포드재단의 컨설턴트는 프랭크 보울스와 랄프 타일러였다.

IBO(국제바칼로레아기구)에서 IB(국제바칼로레아)로 바뀐 뒤 알렉 피터슨은 IB사무국장이 되었다. 그러나 그는 해외 연구기간을 마치고 옥스퍼드대학으로 돌아갔다. 그 대신 르노를 제네바 국제학교, IB사무국장으로 취임시켰다.

피터슨의 말에 의하면 당시 IBO가 직면했던 과제는 다음과 같다.

(1) 국제학교 교육의 필요성과 이념에 적합하고, 동시에 다양한 국가의 대학에서 수용될 수 있는 교육과정(programmes)을 만들어낼 수 있는가?

(2) 이 교육과정을 시험하는 합의된 방법과 국제적으로 인정되는 시험관이 있는가?

(3) 이 두 조건을 고려하면서 IB의 국제적 인지도를 높이기 위해 가장 효과적인 교섭방법은 무엇일까?

(4) 아이들의 대학입학기회에 관한 부모들의 걱정을 이해하는 동시에, 실험에 참여하기를 꺼려하는 유명한 학교들에게 IB를 위해 국가시험을 포기하라고 충분히 설득할 수 있을까?

(5) IB의 재정을 어떻게 꾸려나갈 것인가?[85]

미국으로의 IB 도입

1967년 프랑스 정부 주최로 유네스코회의가 열렸다. 시험의 다양한 설문방식에 대한 연구와 르노가 제기한 혁신적인 구조, 즉 학교교육의 근본적인 개혁을 이끌기 위해서는 다른 지식의 '사고의 주요 모델'[86]에 관한 연구가 최고의 공통항목으로 지정되었다.[87]

이듬해인 1968년 기본 규정과 의사규칙이 마련되었으며 IBO가 정식으로 발족해서 피터슨이 초대 대표로 취임하고, 스위스 정부로부터 비영리교육단체로 인가를 받았다. IB프로그램이라 불리는 중등교육수료프로그램(DP, 학위과정)이 6개국 7개교에서 실시되었다. 또한, 유럽평의회, OECD, 유네스코 교육계획연구소 등 여러 국제기관과 국가기관 사이에서 정보교환 네트워크가 형성되었다.

1968년은 뉴욕의 UN국제학교(UNIS)가 후기중등교육의 커리큘럼 전체를 IB준비과정으로 삼기로 결정한 해로, 결과적으로는 미국 내에서 최초로 국가시험을 이탈한 학교가 되었다. UN국제학교는 1968년까지 전체 가입학교 중에서 가장 국제적인 학교였다. 79개국에서 844

표 2-8 역대 IBO 대표

취임 연도	대표
1968-77	알렉 피터슨 (Alec Peterson)
1977-83	제럴드 르노 (Gérard Renaud)
1983-98	로저 필 (Roger Peel)
1998-99	데렉 블랙맨 (Derek Blackman)
1999-2005	조지 워커 (George Walker)
2006-2013	제프리 비어드 (Jeffrey Beard)
2014-	시바 쿠마리 (Siva Kumari)

명의 학생들이 모였으며 25개국 출신의 교사 78명이 이들을 가르쳤다고 한다.[88] 연구자는 다음과 같이 지적한다.

• 부모의 대다수는 UN직원으로, UN헌장 및 성적을 주고받지 않아도 세계적인 규모의 대학입시역할을 수행할 수 있는 '표준테스트'라는 양자의 여러 원칙을 반영한 공통커리큘럼을 요구했다. 실러버스의 국제성은 이와 같은 부모들의 열의에 부응하고 있었다.

• 미국의 분권적 제도는 인가된 학교가 독자적인 교육과정을 기획할 수 있도록 큰 자유를 부여하고 있었다. IB커리큘럼의 양식은 학술적 탁월성으로 명성 있는 학교가 원하는 어떤 종류의 준비프로그램과 호환되는 것이었다. UN국제학교는 IB가 새롭게 시행될 실험실로서는 최고였다.[89]

IB의 본시험

1969년에는 학위취득을 입증해주는 공적인 참고시험으로 IB시험이

표 2-9 1970년 나라별 대학 대조표

호주	제한 없음(No restriction 전체 대학)
불가리아	University of Sofia
캐나다	Alberta, Manitoba, McGill, Montreal, Simon Fraser, Toronto, Victoria, Winnipeg를 포함한 대부분의 주요 대학
덴마크	제한 없음
아일랜드	Trinity College; Dublin
핀란드	University of Helsinki
프랑스	프랑스 주재 외국인 및 프랑스 시민, 해외 주재 외국인
독일 공화국 (서독)	학교대표자회의에서 독일 교육부 부속기관에게 전체 주민 대상으로 적용할 것을 권고
인도	University of Bombay, University of Delhi
이스라엘	Hebrew University of Jerusalem
몰타	해당 자격을 갖춘 몰타 학생의 입학 허가는 현재 보장되어 있음
네덜란드	제한 없음
뉴질랜드	제한 없음
노르웨이	제한 없음
스페인	University of Salamanca
스웨덴	제한 없음
스위스	University of Geneva, University of Lausanne, University of St. Gall, University of Zurich. 단, 스위스 주재의 스위스 국민 및 의학부와 약학부는 제외. 실제 제네바대학은 IB를 취득한 스위스 국적 학생의 입학을 허가하고 있음
영국 잉글랜드와 웨일스	전체 종합대학(University)과 옥스퍼드, 캠브리지를 포함한 전체 전문대학(College)
영국 스코틀랜드	IB자격을 보유한 지원자는 스코틀랜드대학 입학위원회의 조언을 받을 것. 특전이 고려됨
영국 북아일랜드	Queen's University, Belfast
미국	Columbia University, Cornell University, Harvard University, Johns Hopkins University, MIT, New York University, Princeton University, Stanford University, Tufts University, University of Michigan, University Pennsylvania, University of Yale. 미국 대학 입시학점인정(College Board-Advanced Placement) 또는 프랑스 바칼로레아로 대체 가능

Gérard Renaud. Experimental period of the International Baccalaureate: objectives and results. Paris: UNESCO Press, 1974, 60.

실시되었다. 이 참고시험에 650명의 지원자가 몰렸지만, 이때는 과목별 성적증명서가 공적 효력이 없었다.

그러나 이 해에 유럽원자핵연구기구(CERN) 소장 햄튼(Hampton)이 장래 이 연구기관에 근무할 연구자 가족들을 위해 다국적학교를 건설하는 데 필요한 조언을 IBO연구센터에 요청했다. IBO는 이듬해인 1970년 「CERN Ⅱ 국제학교의 이론모델」이라 할 수 있는 제안을 송부했다.[90]

이와 같이 더욱 늘어난 국제기관의 요청으로 인해 국경을 초월한 대학입학자격시험이 필요해진 것이다. 마침내 1970년 IB시험이 정식으로 실시되었고 UN국제학교는 그 첫 시험부터 참가하고 있다. 1962년에 시행된 시험부터 8년의 세월이 지났던 것이다.

IBO는 각국 정부 및 대학과 관계를 맺고 표 2-9와 같은 대조표를 작성해서 이를 「IB(국제바칼로레아) 안내」 속에 기재했다. 또한 여기에는 여러 규제와 더불어 세브르 국제회의에서 제안된 후 각 교과회의에서 수정된 실러버스도 수록되어 있다.[91]

도입 당시 IB의 특징

정식 IB시험이 도입된 시점에 최초의 공식 IB학위가이드가 발행되었고 이와 동시에 정책문서도 8쪽짜리 팸플릿으로 발행되었다. 이 팸플릿은 '전인(全人)의 형성'을 목적으로 하고 있음을 강조하고 있다. 전인이라는 개념은 이후 여성차별철폐운동의 영향으로 whole man에서 whole person이라는 말로 전환되어 사용되기도 했다.

제럴드 르노는 후기중등교육단계에서는 과정의 전문화보다 일반적인 능력과 다양하고 조화로운 능력을 형성하는 것이 더욱 중요하다는 점을 강조하며 다음과 같이 설명하고 있다.

- 본 시스템의 주요 원리는 유연성이 있을 것과 조기(早期)의 과도한 전문화를 바람직하지 않은 것으로 여기는 것이라 할 수 있다.
- 교육은 '전인'을 발달시키는 방향으로 이루어져야 하지만, 다른 학교의 공부양식에서는 이것이 경시되는 경향이 있다.'[92]
- 학문(아카데믹) 분류상 전통적으로 인정되어온 특정과목에 대해 프로젝트 발족 초기부터 특별한 지위를 부여하지 않았다. 모든 교과는 평등하게 다뤄진다. 즉, 전체 교과가 학생의 흥미와 능력에 따라 또 각자에게 잠재력을 발달시킬 기회를 제공하면서 높은 수준으로 깊이 있게 학습할 수 있도록 되어 있다.[93]

IB시험에서는 교과별로 성적이 나온다. 그러나 IBO(국제바칼로레아기구)는 과목별 성적증명서를 발행하는 것뿐만 아니라 IB학위의 취득도 증명한다. 전자는 북미용, 후자는 유럽용이라 표현해도 무방할 것이다. IB시험은 유럽의 중등교육수료자격시험과 동등한 시험으로 출발한 것이었다. 이것이 IB교육시스템의 매력이자 교육적으로도 의미 있는 특징이다.

유네스코 주최「커리큘럼 개발 및 평가 세미나」

1971년 유네스코는 미국에서 커리큘럼 개발로 유명한 연구자, 랄프 타일러를 파리로 초청해서「커리큘럼 개발 및 평가를 위한 상급 트레이닝 세미나」를 개최했다. 의장은 랄프 타일러의 제자이자 동료인 블룸이 맡았고 포드재단이 비용을 댔다. 이 세미나에는 스웨덴, 노르웨이, 스페인, 잉글랜드, 네덜란드, 케냐, 잠비아, 나이지리아, 아르헨티나, 콜롬비아 등 16개국에서 각각 6명씩 참가했다.

랄프 타일러의 대응방안은 '커리큘럼을 고찰함으로써 그동안 증가해온 국제적 합의를 구하는 것'이었다고 교육교류사의 연구자는 분석하고 있다.[94] 세미나 준비는 스톡홀름대학 교육학부 교수인 스웨덴 출신의 토르스텐 후센(Torsten Husen)이 맡았다. 후센은 미국에서 커리큘럼 이론 및 측정법을 배우고 1958년에 '국제교육도달도평가학회(IEA)'의 설립에 참가했다. 랄프 타일러는 독일에서 참가자들이 오기를 간절히 고대했지만 끝내 이루어지지 않았다. 결국 강사 측 참가자는 3분의 2가 미국인이었다.[95]

직업과목의 확대

1971년부터 1972년에 걸쳐 IBO시험위원회는 기술·직업코스를 교육과정에 도입할 것을 제안했다.[96] 이에 따라 수많은 조사와 논의가 진행되었고, 시험기준 내 '제6과목'이 도입되었다. 이는 과목별 성적증명서만 있으면 학위취득을 원하지 않는 학생들에게도 연구대학이 아닌 다양한 형태로 지속적인 교육을 보증할 수 있는 수단이 되었다.[97]

1972년이 되자 에드가 포르(Edgar Faure)가 이끄는 위원회는 유네스코에 「미래를 위한 학습(Learning to be, 존재하기 위한 학습)」이라는 보고서를 제출했다. 1968년 10월로 거슬러 올라가면 유네스코총회에서는 1970년을 'UN국제교육의 해'로 지정하자는 안(案)이 제안되었다. 이듬해인 1971년 유네스코는 교육제도의 근본적인 개혁을 시행할 목적으로 교육개발국제위원회(International Commission on the Development of Education)를 발족시켰고, 위원장은 프랑스의 전 교육부장관 에드가 포르가 맡았다. 이 위원회에서 제출한 보고서가 앞서 언급한 「미래를 위한 학습(Learning to be, 존재하기 위한 학습)」(1972)이다. 이 보고서에서 학습사회(learning society)라는 개념이 사용됨으로써 평생교육에서 평생학습으로, 주체성을 보다 강조하는 교육으로의 개념 전환이 일어났다. 이 발상은 IB와 일치하는 입장이었다.

한편, IBO시험위원회는 개발도상국의 학교가 공적으로 유지되길 바라면서도 국제적으로 몇 가지를 성사시키기 위해 노력을 기울이고 있었다. 그 결과 1972년에서 1973년에 걸쳐 몰타와 모리셔스는 기존의 시스템으로 전환해서 IB프로그램을 채택하기로 결정했다.[98]

IB커리큘럼의 수정

1974년 4월 프랑스 정부의 초청으로 세브르에서 IBO 제2회 총회가 열렸다. 21개국 및 국제기관으로부터 34명의 대표와 IBO로부터 10개국 30명, 총 64명이 참가했다(23개국으로부터 63명의 대표라는 기록도 있다). 총회에서는 IB시험을 계속 이어나가기로 결정했다.

시험내용에 대해서는 여섯 개 교과목의 실러버스가 모두 시험대상으로 정해졌고, 교과와 더불어 중요한 요소가 추가되었다. 즉, IB 학위지원자는 다음 요소를 충족시켜야 했다.

(a) 하나 이상의 예술분야 수업을 수강할 것

(b) 지식론 과정을 이수할 것

(c) 학위의 덧붙인 글(부기)에 나와 있듯이 신체활동과 사회활동도 중시할 것[99]

이렇게 함으로써 IBO는 교과통합적인 능력 육성에 본격적으로 몰두할 수 있게 되었다. 또한 IB시험 이외의 평가는 각 학교에 맡기되 다른 유형의 평가로 보완함으로써 IBO는 각 학교가 다양한 방법으로 학생의 능력을 평가할 수 있도록 하고 있다. 이와 더불어 IBO는 어떠한 경우라도 지원자의 역량을 가능하면 여러 관점에서 평가할 수 있도록 동일교과에 대해 다양하고 보완적인 테스트를 고안해왔다.[100]

르노는 다음과 같이 회고한다.

애초부터 시험방법도 나라마다 달랐다. 과제문의 요약인 단문을 고르게 하는 '요약문 선택' 방식은 영국에 적합하고, 선다형이나 단답식 테스트는 미국의 관행을 반영하고 있으며, 심오한 문장분석이나 구술시험은 프랑스에서 전통적으로 사용되고 있다. 이에 따라 IB수업에서는 인문학은 과제수업을, 자연과학은 실험실 시험을, 또 학생 개개인의 미술 포트폴리오(작품집) 작성 등도 평가에 포함시키기로 했다. 그러나 이러한 다양한 평가방법은 평가에 일관성이 없으며, 실제로 커뮤니케이션의 어려움, 높은 비용, 통제의 어려움 등도 학교 관리자를 힘들게 하는 원인으로 지적되고 있다.[101]

표 2-10 고등교육 입학시 IB를 인정하는 나라 및 대학(1974년 봄)

이집트*	전체 대학(All Universities)
아르헨티나*	전체 대학
호주	전체 대학
오스트리아*	전체 대학
벨기에*	전체 대학
브라질*	전체 대학
불가리아	University of Sofia
캐나다	전체 대학
덴마크	전체 대학
아일랜드	University College; Dublin, University of Dublin, Trinity College
에콰도르*	전체 대학
독일 공화국	외국인 및 외국 주재 독일인 학생
핀란드	University of Helsinki
프랑스	외국인, 해외 주재 프랑스인 학생
가나*	University of Ghana
홍콩*	University of Hong Kong
인도	전체 대학
이란*	전체 대학
이스라엘	Hebrew University of Jerusalem, University of Bar-Ilan, University of Negev, University of Tel-Aviv
이탈리아*	전체 대학
말레이시아*	University of Malaya
몰타	The Royal University of Malta
네덜란드	전체 대학
뉴질랜드	전체 대학
나이지리아*	Ahmadu Bello University; Zaria, University of Ibadan, University of Lagos
노르웨이	전체 대학
필리핀*	전체 대학
싱가폴*	University of Singapore
스페인	전체 대학
스리랑카	전체 대학
스웨덴	전체 대학
스위스	University of Fribourg(일부 학부), University of Geneva, University of Lausanne
터키*	전체 대학
영국	전체 대학, 옥스퍼드, 캠브리지의 모든 전문대학(College)을 포함
미국	Berkeley University, Columbia University, Cornell University, Harvard University, Johns Hopkins University, Michigan University, MIT, New York University, Pennsylvania University, Princeton University, Stanford University, Tufts University, Wisconsin University, Yale University, 미국 대학입시단위인정(Basic Education Certificate Examination) 또는 프랑스 바칼로레아로 대체 가능
우르과이*	전체 대학
베네수엘라*	전체 대학

Gérard Renaud. *Experimental period of the International Baccalaureate; objectives and results.* Paris; UNESCO Press, 1974, 60. *표시는 1970년 불참 국가

표2-11 IB시험 연도별 지원자 및 합격자 수

실시연도	지원자	국가	학위 지원자	학위 취득자	과목별 성적증명서 지원자	학위 및 증명 합격률
1970	312	49	29	20	283	69.4
1971	601	50	76	54	525	71.7
1972	631	57	151	96	480	74.9
1973	840	65	311	236	529	75.9
1974	1050	72	413		650	

Gérard Renaud. Experimental period of the International Baccalureate; objectives and results. Paris; UNESCO Press, 1974, 16.

표2-12 1974년 실러버스 틀

언어 A(language A)	모국어 또는 교수언어
언어 B(language B)	제1외국어
인간 연구 (study of man)	선택으로 역사, 지리, 경제, 철학, 사회인류학(social anthropology), 심리학이 있음
실험과학 (experimental sciences)	선택으로 물리, 화학, 생물학, 자연과학(physical science), 과학연구(scientific studies)가 있음
수학 (mathematics)	
제6교과 (sixth subject)	제2언어 A, 제2언어 B, 고전어, 제2·제3란에서 제2과목, 발전수학, 조소, 음악, IBO의 승인을 받은 학교별 특별 실러버스(a school's special syllabus approved by IBO)

Gérard Renaud. Experimental period of the International Baccalureate; objectives and results. Paris; UNESCO Press, 1974, 34.

IB조직의 유지를 위한 노력과 북미에서의 급속한 확대

IB가 단독조직에서 복수정부의 공동운영조직으로 있을지 아니면 유네스코 내부조직으로 있을지에 관한 논의가 세브르 국제회의에서 진행됐다. 1974년 11월 유네스코 제18회 총회에서는 「국제이해·국제협력·국제평화를 위한 교육, 인권 및 기본적 자유에 대한 교육의 권고」가 결의되었다.

IB를 유네스코 내부기관으로 만드는 것은 불가능했다.[102] IB조직이 존속될 수 있었던 요인은 각국 정부의 참가와 북미 IB학교의 확대에 있었다. IBO연보를 분석한 안나 한(Anna M. Hahn)에 따르면 개인회원의 국가별 참가횟수는 IBO발족 당시에는 스위스가 1위였으나 1986년에는 미국이 1위로 올라섰다. 또한 표 2-13과 같이 1978~1998년의 기

표2-13 정부 대표자회의 및 학교 대표자회의 참가 상위 4개국의 국가명과 참가율

	1968-1976년		1978-1998년					
	국가명	개인회원 참가율 (%)	국가명	개인회원 참가율 (%)	국가명	학교 대표자 참가율(%)	국가명	정부 대표자 참가율(%)
1	스위스	25.70	미국	23.8	미국	16.8	일본	11.8
2	프랑스	13.4	스위스	14	영국	8.7	프랑스	10.7
3	영국	8.7	영국	11.1	프랑스	8.1	스위스	9.5
4	미국	8.3	프랑스	9.9	일본	5.8	스페인	8.3

Anna M. Hahn. What Discursive Practices Can Reveal about "Being" Global. In Iveta Silova and Daphne P. Hobson (eds) Globalizing Minds Rhetoric and Realities in International Schools. Charlotte, NC: Information age Publishing Inc., 2014, 293-294.

간에는 일본 정부의 참여가 두드러진다.

1975년에는 뉴욕에서 북미국제바칼로레아(International Baccalaureate North America, IBNA)를 비영리조직으로 인가할 것을 요구하는 움직임이 활발했다. 이 단체(IBNA)가 설립되고 자체적으로 자금을 충당하여 교원연수 등 독자적 서비스를 시행하자 북미의 IB(국제바칼로레아)가맹 학교가 급속도로 늘어났다. 그러나 지금까지 IB를 개척해온 역사가 있는 IBO(국제바칼로레아기구)와 미지의 땅과 인맥으로 이제 막 개척하기 시작한 IBNA(북미국제바칼로레아)와의 관계는 결코 간단한 문제가 아니었다. 이 두 조직의 관계를 조정하기 위해 지도자들은 여러모로 고민을 했던 것 같다.[103] 사실상 10년 후에 전개될 상황을 고려할 때, IBNA는 자금력이 있으므로 본부인 IBO에 자금을 제공하는 역전현상이 발생할 것이 거의 확실했기 때문이다.

1976년에는 네덜란드 정부 주최로 헤이그에서 15개국의 교육부장관 및 의원들이 모여 제1차 정부 간 회의가 개최되었다. 각국 정부는 IB 사무국에 대해 정신적·재정적 지원을 제공하는 데에 동의했다. 많은 국가에서 활동을 전개하기에는 자금이 부족했기 때문이다. 시험조직의 이관을 요청받은 유네스코는 활동유지를 위한 조직 인계를 거부했다. 알렉 피터슨은 1976년 5월 IB학교로 서신을 보냈다. 이는 1977년에 필요한 13만 달러의 추가 수입이 1976년 7월15일까지 확정되지 않으면 시험이 계속 유지될 수 없다는 내용이었다. 그러자 학장들로부터 이문제가 학교에는 사활이 걸린 문제라는 항의가 빗발쳤다.[104]

또한 1977년 IB시험에서는 언어 A에서 24개 언어, 언어 B에서 29개 언어를 취급하였다.[105] 1977년 뉴욕의 프란시스 루이스(Francis Lewis

표2-14 IB인정학교 추이

연도	아시아	아프리카	유럽	미국
1977	9	3	29	10
1978	9	5	37	19
1979	14	4	41	24
1980	17	5	42	40 (캐나다 12)
1982	21	6	57	65 (캐나다 22)
1984	27	10	66	126 (캐나다 36)

A.D.C. Peterson. *Schools Across Frontiers: The Story of the International Baccalaureate and the United World Colleges.* La Salle, Illinois: Open Court, 1987, 131.

in the Borough of Queens)학교가 IB클래스(IB track)의 도입을 결정했다. 이는 북미에서 최초의 공립학교에 대한 적용 예시였다. 1978년에는 런던에서 제2차 정부 간 회의가 열리고, 헤이그 권고가 확대되어 IB를 위한 정부 간 상설회의[106]가 설치되었다.

표 2-14와 같이 1970년대 후반에서 1980년대 초반에 걸쳐 IB에 가입한 북미의 학교가 급속도로 늘어나 유럽을 앞지르고 마침내 세계의 과반수를 차지하게 되었다. 당시에 UN국제학교에 자녀를 입학시킨 한 일본인 엄마에 의하면 미국의 몇 대학(브라운, 콜롬비아, 하버드, 프린스턴, 배서, 예일 등의 대학)에서는 IB과정을 취득한 자는 이미 1년 과정을 마친 것으로 인정해주었다고 한다. 요컨대, 입학과 동시에 2학년으로 편입할 수 있었던 것이다. 캐나다 및 유럽에서도 대부분의 대학이 2학년 편입을 인정하고 있다. 앞으로 국제화가 더욱 가속화될 국가 간에 다음세대를 책임질 아이들의 교육에는 이러한 IB시스템이 지금보다 더 강조

되어도 괜찮다고 본다.[107]

1980년대 교육정책과의 관계

1980년 IB를 위한 상설 정부 간 회의(inter-governmental conference)
가 열렸으며 가입국은 19개국이었다. 1980년대가 되자 아시아가 주목
받기 시작했다. 1980년 IBO는 싱가포르에서 세미나를 열었다.

한편, 1980년 미국 뉴저지 주(州) 프린스턴에서 진행된 IB학교장회
의에서 당시 IBO총장이었던 알렉 피터슨은 지식론을 학위커리큘럼의
핵심(linchpin)요소로 둘 것을 주장했다. 그러나 지식론은 지식에 관한
서구적인 이해방식이므로 그보다는 동양적 사고방식을 받아들여야 하
는 게 아니냐는 의문을 제기한 참석자도 있었다. 당시 철학을 담당했던
IB시험관이 동양철학은 철학이 아니기 때문에 지식론에서 다룰 필요
가 없다며 더 이상의 논쟁을 차단시켰다.[108]

이듬해 1981년 2월 벨기에 교육부장관 주최로 브뤼셀에서 제3차
IBO 정부 간 회의가 열렸다. 참가국인 벨기에, 코트디부아르, 말레이
시아, 네덜란드, 나이지리아, 수단에서는 교육부장관이, 호주, 브라질,
캐나다, 덴마크, 서독, 핀란드, 프랑스, 이라크, 아일랜드, 이탈리아, 일
본, 멕시코, 모로코, 노르웨이, 폴란드, 스웨덴, 스위스, 영국, 미국, 베네
수엘라에서는 정부 대표가, 영국문화원(British Council), 영연방사무국
(Commonwealth Secretariat), 유럽경제공동체(EEC)에서는 감사자가
참가했다. 19개국 정부가 상설위원회를 만들었으며 벨기에, 캐나다, 덴
마크, 프랑스, 네덜란드, 일본, 수단, 영국이 IBO이사회(IBO Council)로

선출되었다.[109]

1981년 1월 IBO시험위원회는 언어분야를 제외하고 런던대학 교육학부로 이전하였다. 1982년에는 IB국제회의가 처음으로 아시아에서 개최되었는데, 이에 따라 교육내용의 유럽편향이 지적받기 시작했다고 한다. 연구자는 다음과 같이 전한다.

1980년대에 들어서자 UN국제학교와 같이 대규모의 다문화학생을 떠안은 학교에서 …… IB는 '유럽중심'이라는 느낌을 받기 시작했다. 그 당시 일본의 상황은 중앙교육심의회의 학교교육개혁 결정안과는 달리 나카소네 총리는 근본적인 교육개혁을 시도했고, 이에 따라 「임시교육심의회 설치법」(1984)을 바탕으로 총리부에 임시교육심의회가 설치되었다. 제3차 답신(1987)에서는 신(新)국제학교의 설립이 제창되었으며, 최종 답신인 제4차 답신(1987)에서는 ①개성 중시 ②평생학습체계로의 이행 ③국제화 및 정보화 등의 변화에 대한 대응이라는 3원칙이 생겼다. 이러한 개혁의 흐름에 따라 1989년 4월 도쿄도립국제학교가 도쿄도립 아카기다이고등학교를 잇는 공립고등학교(1条校, 학교교육법 제1조에서 규정하고 있는 학교의 총칭 - 옮긴이)로 개교했다.

학교안내 팸플릿의 마지막 부분에는 본교의 특색으로 '외국대학으로 진학을 희망하는 학생들을 위한 SAT, TOEFL의 도입, 그리고 IB실시를 검토 중(「平成 2년도 학교안내, 도쿄도립국제학교」8p.)'이라고 적혀있었다. 그 후 도립국제학교에는 실제로 SAT와 TOEFL 준비반이 개설되었지만 IB의 도입은 흐지부지 되었다. 왜냐하면, 당시 문부과학성이 일본의 학습지도요령과 IB학위과정(IBDP)은 맞지 않다는 입장을 취했기 때문이다. 문부과학성이 작성한 「일본의 문교시안, 平成원년도」(1989년 11월)에는 임시교육심의회의 답신을 받아 '신(新)국제학교'의 이상적인 교육 등으로 기술하는 데 그쳐 IB의 도입은 무산되고 말았다.

1991년 4월 '오사카 국제문화 중학교 및 고등학교(Osaka Intercultural Academy, OIA)'가 세워졌고, 9월에는 '오사카 국제학교(Osaka International School, OIS)'가 세워졌는데 이 학교들은 학교법인 천리(千里)국제학원의 시초가 되었다. OIA는 '천리국제학원 중등부 및 고등부(SIS)'이었다가 이후 '간사이학원 천리국제 중등부 및 고등부'로 바뀌었는데, 사립학교와 국제학교(OIA)가 공존하는 천리국제학원은 매우 독특한 학교로 출발한 사례이다. 외국국적 학생과 국내 일반학생, 그리고 귀국학생이 거의 같은 비율로 공생하면서 함께 학습하는 '신국제학교'라는 이념은 전(前)주일대사 라이샤워가 제창했고 임시교육심의회에서 구체화되었다. 도쿄도립국제학교는 2015년 4월부터 점차 IB과정을 개설하여 같은 해 5월 IB인정학교가 되었다. 이렇게 되기까지 일본에서는 30년 가까운 세월이 흐르게 된다.

몇몇 교과에 남아 있던 유럽편중 문제를 시정하자는 제안이 1982년에 승인되었다. 1982년에는 일본 정부 주최로 츠쿠바대학에서 IBO의 주요과목회의가 개최되었다. 이는 일본이 다양한 차원을 가진 IB에 흥미를 드러낸 징후이기도 했다.[110] 또한 1983년에 IBO(국제바칼로레아기구)가 자금난에 빠졌고 IBNA(북미국제바칼로레아)로부터 3만 달러의 자금을 제공받았다고 한다.

레이건 정권 시절에는 보고서 「위기에 처한 국가」(1983)가 발표되었다. 알렉 피터슨은 이 보고서에 실린 후기중등교육개혁안에 다섯 개 교과 중 두 개 교과를 고급레벨로 하는 구성방식이 있어 IB의 여섯 개 교과 중 세 개 교과가 고급레벨에 가깝다고 지적했다. 그러나 북미에서는 IB가 내세운 지식론, 창조적·미적·사회봉사 활동(CASS), 과제논문이 특별하게 여겨지지 않고, 오히려 평가되지 않는 일반학습으로 다뤄져 전통적 교과의 1/4~1/3에 해당되는 수업시수밖에 배당되지 않았다고 분석했다.[111]

1983년에는 중요한 교육보고서가 한 가지 더 발표되었다. 이는 전(前) 미국 내무부 교육국장이자 교육향상카네기재단 총재인 보이어(Ernest L. Boyer)가 작성한 것으로서 우수한 성적의 학생에게 고등학교에서 대학수준의 수업을 받게 하는 것을 관심 있게 다뤘다. 통일된 시험으로 증명할 수 있는 경우에는 교과시험을 면제해주는 방법이 고려되었고, 이에 대한 기록에 이어 보고서에는 영재학생을 위한 또 하나의 형태로서 IB가 평가되고 있는데, 특히 '지식론'에 주목하고 있다.[112] 즉, 미국에서는 국제이해나 국제성을 키운다기보다는 성적우수자를 위한 학교교육으로서 IB커리큘럼이 주목받게 된 것이다.

1984년이 되자 IBO의 수입(1984~1985년) 가운데 수험료(examination fees)가 차지하는 비율은 27.0%, 학교기부금(school subscription)은 51.5%, 정부출자금(government contributions)은 10.3% 정도였으며, 가입학교가 늘어나 재정적으로 어느 정도 안정성을 확보할 수 있게 되었다.[113] 또한 IBO협의회도 참가국 수가 늘어나 27개국으로 확대되었다.[114]

표2-15 1981년 당시의 커리큘럼

교과군		과목
제1군	A 언어(제1언어, 일반적으로 학생의 모국어 또는 학교가 소재하는 국가의 언어. 북미에서는 거의 영어)	적어도 2개 언어로 번역된 세계문학의 학습을 포함
제2군	B 언어(제2현대어, 언어의 문화적 배경과 역사적 배경에서 동일한 깊이와 넓이를 요구하지 않는 A 언어)	혹은 A 언어와 동일 수준의 제2언어
제3군	인간연구(Study of Man) 한 과목 선택	a.역사 b.지리 c.경제학 d.철학 e.심리학 f.사회인류학 g.비즈니스 연구
제4군	실험, 과학 한 과목 선택	a.생물 b.화학 c.물리 d.자연과학
제5군	수학	수학
제6군	한 과목 선택	a.조소 b.음악 c.고전어 d. 두 번째 B 언어 e.그룹 3, 4, 5 추가 f. IB학교가 개발한 특별 실러버스 g.컴퓨터 연구

Restoring a Challenge to Secondary Education: The International Baccalaureate Programme. New York: IBNA, 1918, 2-3. In Elisabeth Fox. International Schools and the International Baccalaureate. *Harvard Educational Review,* Vol.55, No.1, February 1985, 58-59.

1984년에는 IB시험위원회의 전체 분야가 바스대학으로 이전하기도 했다. 참가학교가 늘어남에 따라 시험규모가 확대되어 런던사무소의 공간이 비좁아졌는데, 이를 알고 바스대학이 국제교육연구의 장소를 제공해준 덕분이었다. 1985년 10월에는 트리에스테에서 IBO의 제4차 정부 간 회의가 개최되었다.

미국의 고교 - 대학연계 및 대학과목선이수제

미국의 대학과목선이수제(Advanced Placement, AP)는 1960년대에 개발됐다. 그러나 실제 실행으로 옮겨진 것은 1980년도일 것이다. 「위기에 처한 국가」가 발간된 이듬해인 1984년 미네소타 주(州)에서 학교선택의 자유를 인정하는 법안이 상정되었다. 법안 자체는 격렬한 토론 끝에 기각되었지만, 법안의 개별 조항이 살아남아 고교 3학년과 4학년이 주정부의 교육자금을 받아 대학에서 이중학점을 취득하는 동시에 고등학교도 졸업할 수 있도록 했다. 미네소타 주의 공립학교에 다니는 16~17세 학생들에게 갑자기 또 하나의 선택지가 추가된 것이다.[115]

미국에서 신자유주의(新自由主義)의 교육론이 일련의 세트가 되어 연방 차원에서 제기된 것은 1989년 샬롯츠빌(Charlottesville)의 교육정상회담(Education Summit)으로 불리며, 미국 교육사에서는 이즈음에 이중학점취득제도(dual credit, 고교재학 중 고교졸업자격 및 대학학점을 동시에 취득하는 제도 - 옮긴이)가 보급되었던 것으로 판단된다. 이 이중학점취득제도야말로 북미에서 IB가 확대될 수 있는 절호의 기회가 되었다.

지식론을 평가에 포함시키다

IBO(국제바칼로레아기구)는 지식론의 성격을 명확히 하고 지식론을 IB학위의 평가에 포함시킴으로써 교육의 질 향상을 도모하고자 하였다. 1985년에는 IB규약이 개정되어 「국제바칼로레아 안내(IB General

Guide) 제5판」「과목용 지도서(Subject Guide)」등 새로운 규정이 만들어졌다.[116]

1985년의 이와 같은 개정으로 IB커리큘럼에도 큰 변화가 일어났다. 즉, 지식론에 대해서는 과목의 성격을 명기하고 철학에 편중되는 것을 피하도록 했다.[117] 특히, 지식론 과정은 학교의 내부에서 평가받고 외부에서 조정되는 식으로 큰 변화가 있었는데, 비록 교과는 아니지만 하나의 과정으로 IB학위성적에 반영된 것이다. '우수' '매우 우수'의 경우 학위성적에 보너스 점수를 부여하고, '보통'은 교과점수 그대로 학위판정이 이루어진다. '부족'은 학위 총득점에서 1점을 감점하지만, 학위의 합격이나 불합격 판정은 그대로 둔다. '미착수' '미완성'은 학위판정을 잠시 보류한다.[118] 이와 같이 총합득점에 가산되는 방식이었다. 1985년 개정교육과정은 1987년 시험부터 적용되었다.

1988년에는 1960년대 런던대학 교육학부 교수로 임용되어 IB시험위원회 위원장을 맡았던 제프 톰슨(Jeff Thompson)이 런던대학 세미나에서 IB커리큘럼의 구성을 육각형으로 도표화했다.[119]

1989년이 되자 CASS(Creative·Aesthetic·Social Service, 창조적·미적·사회봉사 활동)는 세 개의 영역이 동시에 평가되는 CAS(Creativity·Action·Service, 창조성·행동·봉사)로 바뀌었다. 원래의 명칭에서 '사회적'이라는 용어가 삭제됨에 따라 새로운 약어에서 S가 하나 적게 표기되었다. 이러한 변경사항에 대해 IBO는 학교마다 다양한 이유로 지역사회와 교류할 수 없기 때문이라고 그 이유를 설명한다. 또한, 그 방식에 대해 1990년대 초반에는 CAS의 충분한 실현이 학위취득의 조건이 되었다고 서술하고 있다.[120]

그러나 이 개정은 그 정도로 철저하지는 않았던 것 같다. 다음 문장에서 보듯이 2012년에도 CASS라는 용어가 사용되고 있기 때문이다. 'IB학위지원자는 지식론 과정을 완료하고, 과제연구논문(extended research essay)을 쓰고, 창조적·미적·사회봉사 활동(CASS)을 1년 동안 150시간 수행해야 한다.'[121] 1989년에는 사업이 확대되어 영국의 IBO 사무소가 카디프로 이전했으며, 2001년에는 시내의 3층건물로 옮겼다. 공간이 크게 확장됨에 따라 이곳은 테스트를 실제 감독하는 시험감독관 양성장소가 되었고, 'IBMYP(중학교용 IB프로그램)·IBPYP(초등학교용 IB프로그램)의 커리큘럼과 평가도구, 영업 및 재정, 인재, ICT를 개발하는 연구소 및 출판사'[122]로 확장되었다.

국제학교에서 국내학교로

1990년에는 IB커리큘럼을 사용하는 학교가 70개국 290개교에 이르렀고 학생 수는 총 6만 명에 달했다.[123] 또한 IB시험본부(examination office)가 카디프에 개설되었다. 이 해 5월 회의에서는 IBO와 유럽학교가 중등학교의 커리큘럼에 더 많은 국제적 요소를 도입하는 것이 논의되었다. 유럽 내 한 국가의 중등교육제도에서 다른 국가의 수준 높은 시험제도로 옮겨갈 경우 학생의 이동을 개선하는 방법 등에 대해서도 이야기가 오갔다.

IB의 목적은 세계에 대한 이해 증진과 학생 간 이동을 촉진하는 것이다. 그런데 1989년 11월 베를린장벽이 붕괴되어 동서냉전이 종결됨과 동시에 글로벌시대의 막이 열리자 1990년부터는 과거와는 달리 IB의

표2-16 1990년 당시의 커리큘럼 시험

교과군		시험과목
제1그룹	A 언어(제1언어)	세계문학에서 선택학습
제2그룹	B 언어(제2언어)	제2언어
제3그룹	사회 속의 인간연구	역사, 지리, 경제학, 철학, 심리학, 사회인류학, 조직 및 관리연구(Organization and Management Studies)
제4그룹	실험과학	생물, 화학, 응용화학, 물리, 신체과학, 환경시스템
제5그룹	수학	수학, 수학연구, 고등수학
제6그룹	한 가지 선택	(a) 미술·디자인, 음악, 라틴어, 고대 그리스어, 컴퓨터 연구 (b) IBO가 인가한 학교별 실러버스

변경: 학위지원자는 제6그룹 대신 제3언어, 사회 속의 인간연구 중에서 한 가지 혹은 실험
과학 중에서 한 가지를 선택할 수 있다.
IB 레벨: 고급레벨(Higher level), 표준레벨(Subsidiary level) 모두 실험과목은 1(최저)
에서 7(최고)까지의 척도로 채점된다. 학위는 합계 24점이 최저점이다.

Robert Blackburn. The International Baccalaureate: a curriculum at upper second level and a
university entrance examination. In Patricia L. Jonietz and Duncan Harris (eds) *International
Schools and International Education.* London: Kogan Page, 1991. 17.

효용성이 국제적으로 인정받게 된 것이다.

IB는 각국 교육부의 지시에 따라 몇몇 국가의 공립학교에 한정적으
로 이용되고 있다. 국민교육제도 내에서 IB의 발전타당성과 그 가능성
이 현재 인정받고 있다.[124] 이러한 동향은 특히 소련이 붕괴된 1992년
이후 더욱 빨라졌다. 1990년 당시의 설명으로는 아래와 같다.

커리큘럼은 여섯 교과그룹으로 구성되고, IB학위를 취득하기 위해서는 여섯 교과그룹 모두를 이해해야 하며, 이 중 한 과목이라도 불합격을 받으면 안 된다. 그러나 IB시험에서는 한 과목만 응시하는 것도 가능하다. IBO에서 공식적으로 사용하는 언어(공식문서 작성 및 모든 국가에서 응시 가능한 언어)는 영어·프랑스어·스페인어 세 가지이다. 모든 교과는 이 세 언어로 시험을 치르게 된다. IB학위에서 세 교과는 고급레벨, 세 교과는 표준레벨로 구성되어 있고 4,000자의 개인과제논문(에세이), 지식론 과정 이수, 3~4회 정도의 창조적·미적·사회봉사 활동(CASS)도 포함되어 있다.[125]

세계화와 IB

IB시험을 지향하는 교육이 일본의 학교에 보급되면서 IB에는 대학입학 직전의 2년뿐만 아니라 대학입학까지의 장기적인 커리큘럼이 정비되었다. 이러한 움직임은 국제학교(International School, IS) 교사들에 의한 '국제학교커리큘럼프로젝트(ISCP)'로 불리면서 1991년에서 1997년까지 계속됐다. 1994년에는 11~16세를 대상으로 한 중학교용 프로그램(MYP)이 개발되었다. 최종적으로 1997년 ISCP의 성과는 3~12세를 대상으로 한 초등학교용 프로그램(PYP)으로 이어졌다.

IB교육은 교육과정 전체 및 교육방법에 이르기까지 모두 평가될 수 있도록 발전해왔다고 말하는 편이 정확할 것이다. 중학교용 프로그램(MYP)과 초등학교용 프로그램(PYP) 모두 아직 개정 중이지만, 고등학교용 프로그램(IBDP, 학위과정)과 마찬가지로 국제전망 및 비판적 사고 기술을 아이들에게 제공하고 있다.

이중학점취득제도, 고교-대학연계 및 IB

세계화 속에서 취해진 아주 큰 조치로는 1993년 미국에서 「개정교육법」이 제정되고 이중등록프로그램제도가 확립된 것을 들 수 있다. 이중 등록프로그램에 등록된 학생은 12학년까지 취득한 학술과목의 학점을 대학교 2학년까지의 학점으로 인정받을 수 있다.

AP(Advanced Placement, 대학과목선이수제)나 IB(국제바칼로레아)프로그램은 고교수업이지만, 대학의 판단 하에 대학학점으로 인정되는 경우가 있다. 이 경우 고교와 대학 양측의 학점을 취득할 수 있으며 이 제도를 이중학점취득제도라고 한다. 또 미국에서 AP와 IB의 이중등록은 '가속학습(accelerated learning)'으로도 불린다. 그런데 이렇게 함으로써 미국에서는 대학입학 이전의 교육이 대학입학 후의 교육기관을 축소시키는 예상치 못한 사태가 발생했다.

1997년 미국의 한 잡지에 IB가 영재아동에게 적합한 프로그램이라고 날카롭게 지적한 논문 「IB - 재능 있는 아이들을 위한 프로그램」이 실렸다. 원래 IB커리큘럼은 평화와 환경문제를 과제로 삼는 국제인의 양성을 목적으로 하고 있었으나, 종래의 논의에서 완전히 벗어나 세계를 무대 삼아 국제적으로 이동하는 국제인 양성으로 변질되어버렸다는 지적에 세간의 이목이 집중되었다. 이 논문은 그 점을 정확히 집어냈다고 주장하는 연구자도 있다.[126]

지식기반경제론

여러 선진국과 국제경제기관이 확실하게 지식경제론(OECD는 지식기반경제론이라 함)을 채택했던 시기는 유럽이 통일된 시기와 겹친다. 유럽연합(European Union, EU)을 결정한 마스트리히트 조약은 1991년 12월 유럽의 여러 공동체 가입국 간에 안건이 정리되고 1992년 2월 조인을 받아 1993년 11월에 발효되었다. 이로 인해 유럽은 정치통합이라는 진전을 보였을 뿐만 아니라 화폐통합이 시작되었으며 교육분야에도 경제논리가 보다 강하게 반영되었다.

EU유럽위원회는 1990년대 내내 '지식유럽(Europe of Knowledge)'이라는 구호를 내걸고 일관되게 이를 목표로 했다. 유럽위원회는 1992년 마스트리히트 조약 이후에는 국가장벽의 제거를, 글로벌시대에는 지식과 그에 대한 교육이 중요하다는 가르침을 적극 보급하기로 했다.

1993년 백서 「성장·경쟁력·고용[127]」에서는 투명성(transparency)의 증대, 자격과 기술의 상호 승인, 교사·학생의 유럽 내 이동 촉진을 통해 기술 및 훈련의 유럽영역을 형성하는 것을 확인했다. 1995년 백서 「교육과 학습 – 학습사회를 향해서」[128]에서는 자격의 상호 승인, 석사학위 도입에 따른 이동성 촉진, 학점호환제도(ECTS)를 명확히 내세웠다.

1996년이 되자 OECD는 지식기반경제라는 용어로 경제성장론을 주장하기 시작했다.[129] 1996년은 '유럽 평생학습의 해'로 지정되었는데, 유네스코에서는 21세기교육 국제위원회 보고서 「학습 – 그 안에 숨겨진 보물(Learning: The Treasure Within)」이 정리된 상징적인 해이다. 지식기반경제사회에서 요구되는 능력을 잘 정리한 인물은 프랑스 경제학자로 재경부장관과 유럽위원회 회장 등을 역임한 자크 들로르 (Jacques Lucien Jean Delors)였다.

보고서 「학습 – 그 안에 숨겨진 보물」은 인간이 갖출 기본 능력으로 '알기 위한 학습(learning to know)' '행하기 위한 학습(learning to do)' '함께 살아가기 위한 학습(learning to live together)' '존재하기 위한 학습(learning to be, 인간으로 살아가기 위한 방법의 학습)'이라는 네 가지 능력을 제시했다. 지식과 기술이라는 성과를 배우는 것뿐만 아니라 의욕과 인생에 대한 비전을 갖고 학습을 이어가는 것, 이른바 '배우는 힘을 학습한다' '탐구적으로 학습한다'라는 것이 교육의 원칙으로 정해졌고 이로써 사회적으로 널리 인정받을 수 있는 조건을 갖추게 되었다.

그런데 스위스 제네바 교외의 유럽원자핵연구기구(CERN)에 근무하던 영국인 티모시 존 버너스리(Timothy John Berners-Lee)는 정보열람시스템을 작성하고, 1991년 8월 6일 세계 최초의 웹사이트를 공개했다. 정보통신기술(ICT)의 발전으로 인간의 이상적인 노동능력의 형태가 크게 바뀌었고, ICT역량과 언어능력(language competence)이 현대인에게는 거부할 수 없는 매우 중요한 능력이 된 것이다.

신(新)학력관

지식기반경제에서는 변화의 속도가 아주 빠른 정보화사회, 그 영향력이 순식간에 세계로 확산되는 글로벌시대에는 지식이나 기술의 전달보다는 신제품을 계속 개발해가는 혁신(innovation)과 창조성(creativity)의 비중이 클 수밖에 없다. 혁신적이고 창조적인 사회제도와 그와 같은 특성을 지닌 인간의 육성 및 교육, 이러한 것들이 실현된 도시에 미래지향적인 사람들의 시선이 집중된다.[130]

시대가 요구하는 새로운 능력이 '상징조작(일정한 사물·언어·행동양식을 상징으로 사용하여 그 안에 특정 의미를 담아 많은 사람이 그것에 동조하여 일정한 방향으로 행동하게 하는 것-옮긴이)'으로 불린 적도 있다. 또 이러한 능력을 발휘해서 중산계급 상층부의 생활을 영위하게 된 사람들을 미국의 경제학자이자 전(前) 노동부장관 로버트 라이시(Robert Bernard Reich)는 상징조작자(symbolic analyst)[131]라고 불렀다. 이들은 현대에 와서는 창조계층(creative class)[132]이라고도 불리며 오늘날 그 성장세가 세계적으로 확대되고 있다.

라이시는 정보사회의 업무는 일상의 평생서비스, 대인서비스, 상징조작자 셋으로 나뉜다고 지적했는데, 상징조작자는 소위 말하는 지식노동자를 가리키며 더 정확히 말하면, 신제품 개발 등 이익 증대로 이어지는 지식을 창출하는 창조적인 지식노동자를 일컫는다. 1990년대 미국에서는 상징조작자가 국민의 20%, 2000년에는 이들 창조계층이 미국 총 노동인구의 30%를 차지했다고 전해진다.

이와 같은 창조적인 능력은 수동적인 학습으로는 길러지지 않고 이를 위해서는 액티브러닝(active learning, 능동적 학습)이 필요한데, 때마침 시대가 요구하는 능력을 양성하는 학교교육으로 IB커리큘럼이 주목을 받게 된 것 같다.

다국적기업의 활발한 활동으로 많은 사람이 국외에서 일하게 되면서 세계를 무대로 이동하는 사람들의 수가 늘어났으며, 이들이 제3의 정체성을 형성하기 시작했다는 사실이 새롭게 주목받고 있다. 이들의 규모는 덴마크 인구(약 500만 명)를 넘어 스웨덴 인구(약 900만 명)에 근접했다고 한다. 이와 같이 세계 각지의 문화가 교차하는 공동체에서 성장한 아이들을 '제3문화 아이들(Third Culture Kids, TCK)'이라고 부르며, 국제학교는 이 아이들에게 본국과 체류국 중 어느 한 나라만이 아닌 상호 제휴를 통한 교육을 제공한다.

제3문화 아이들(TCK)이라는 용어는 사회학자인 존과 루스힐 유심(Useem) 부부가 1950년대에 명명하고 소개한 것으로 전해진다.[133] 데이비드 C. 폴락(David C. Pollock)과 루스 E. 반 레켄(Ruth E. Van Reken)에 의하면 이 아이들은 문화가 교차하는 매우 유동적인 세계 속에서 성장했으며 다음과 같은 특징이 있다.[134]

① 주변환경과는 다른 환경에서 자라 동시대 아이들과는 세계관이 크게 다른 경우가 많다.

② 이민자들과는 달리 머지않아 본국으로 돌아갈 예정이다.

③ 엘리트계층에 속하며 소속된 조직과 현지 모두에서 특권을 누리고 있다.

④ 부모의 직업이 속한 조직을 대표한다는 자각을 갖고 그 영향 아래에서 성장한다.

IB의 변질

1994년이 되자 우편사무 처리의 증대와 컴퓨터의 보급으로 IB시험출제가 컴퓨터로 가능하게 되었다. 1999년 10월 캘리포니아 주(州)의 중등교육 이후 통합데이터시스템은 IB커리큘럼이 학문중심적인 대학에 진학할 고교생을 교육하는 훌륭한 시스템으로, 대학입학 후의 성공 예측률이 높고 세계적으로 통용되며 미국에서 보편화된 AP(Advanced Placement, 대학과목선이수제)보다도 뛰어나다는 평가를 내렸다. 또한 캘리포니아대학(University of California)이 제도상 유일한 고급레벨(Higher Level, HL)의 과목별 성적증명에 대해 대학의 일반학점을 부여하고 있다고도 전한다.[135]

IB역사를 연구한 덴마크인 트리스탄 버넬(Tristan Bunnell)은 1999년이 IB역사의 전환점이었다고 지적한다.[136] 역대 IB이사장을 살펴보면 제1대 알렉 피터슨(1968-1977년)과 제2대 제럴드 르노(1977-1983년)가 역임했던 시대는 IB의 유소년기, 제3대 이사장인 로저 필(1983-1998년)의 시대는 IB의 청년기, 제4대 이사장 조지 워커(1999-2005년)의 시대는 IB의 성인기로 비유할 수 있다.[137] 조지 워커는 양적 확대야말로 IB의 영향력을 향상시킨다고 생각했지만, 버넬은 '성장의 강조는 단순한 양보다는 질에 더욱 의존해야 한다'[138]며 워커의 IB운영철학을 비판한다. 더욱이 IB의 급속한 양적 확대는 비(非)서구사회에 대한 거부감을 낳을 수 있다고 지적한다.

IB커리큘럼은 국제학교의 국제적인 교육에 따라 세계인을 양성한다는 목적으로 만들어졌다. 그러나 영국과 미국에서는 정치가들이 유럽

경제의 '고도로 경쟁력을 갖춘 학교교육(highly competitive schooling)', 즉 다국적기업의 엘리트를 키워 경제경쟁에서 승리하기 위한 수단으로서, 또한 질 좋은 아카데믹 커리큘럼으로서 IB를 이용해야 한다고 계속 주장했다.

급성장

2000년부터 2004년 사이에 IB인정학교와 학생 수는 거의 배로 증가했다. 2000년에 국제교육연맹(IEA)이 제안되어 2001년 6월 영국의 바스대학에서 세미나가 열리고, 2002년 제네바에서 개최된 국제회의에서 국제교육연맹이 발족한다. 제안자인 헤이든과 톰슨은 IB의 역사와 커리큘럼에 이론적인 틀을 제공해왔다.[139]

2001년 9월 11일 뉴욕무역센터빌딩 테러와 2005년 7월 7일의 런던 지하철 동시폭파사건으로 인해 영국과 미국 양국 정부에 국제교육의 국내도입이 결의되었다고 한다.[140] 그뿐만이 아니었다. 2003년 10월 미국 교육부는 애리조나·매사추세츠·뉴욕 주(州)의 저소득층 학생이 있는 6개의 중등학교를 'IBDP학생배출교'라는 타이틀을 붙여 117만 달러를 기부하기로 결정했다. 이후 미연방예산이 IB교육의 국내보급에 쓰이게 되었다. 그런데 이러한 결정은 여기에 불만을 느낀 부모들과 보수단체의 거대한 '반격'에 불을 붙였다는 지적도 받고 있다.[141] 그 불만은 과연 무엇이었을까? 아마도 그것은 미국의 표준만을 진리로 믿어온 사람들에게 다양성이라는 도전이 던져졌고, 이를 보수파가 자각한 것이 그 시발점이었을 것이다.[142] 이것은 또한 국제화

에 대한 신자유주의와 뉴라이트의 서로 다른 반응의 차이를 불러일
으켰다.

아가 칸 4세(인도의 호족으로 이슬람교 이스마일파 니자르 분파의 선도자,
정치가 및 실업가. 제네바 출생)는 2000년에 아카데미라는 사립 남녀공
학과 전원 기숙사제 학교를 아시아 및 아프리카 지역에 건설할 계획
을 세웠는데, 이는 유나이티드월드칼리지(UWC)의 발상과 비슷하다.
그는 인도의 귀족으로 제네바에서 태어났고 영국의 귀족출신인 어머
니 슬하에서 자라 스위스 기숙학교에서 성장했다. 이슬람교 개혁파
에서 니자르 분파 결집의 상징적인 인물로 유럽 사교계에서 활약하
고 있다.

최초의 '아가 칸 아카데미'는 2003년에 케냐의 몸바사(Mombasa)
시에 세워졌다. 2006년에는 보스니아 헤르체코비나에 UWC모스타
르(Mostar)학교가 개설되었는데 이는 국제학교가 정치적으로 건설
된 예이다. 이 모스타르 국제학교에 입학하기 위해 2011년 북한 김
정남의 아들로 알려진 김한솔(당시 16세)이 도착했다고 보도된 바
있다.

국제학교의 커리큘럼 상황

1988년에는 영국에 '국가커리큘럼'이 처음으로 도입되었는데, 이것이
네덜란드 헤이그 셀 본사의 '셀 교육서비스부'가 운영하는 세계적 영어
학교, 이른바 '셀 스쿨'에 채택되어 1990년대에는 국제적 색채를 강하
게 띠게 되었다. 2000년에는 이것이 3~11세 아동을 대상으로 한 국제

초등커리큘럼(IPC)으로 재편되어 70개국 550개교에 도입되었다. 영국에서는 2003년에 최초의 IPC학교가 생겼는데, 교과·국제성·개인학습을 커리큘럼으로 하며 특히 ICT·테크놀로지·과학분야의 학습에 주력한다. 또한 1988년 이후 캠브리지국제시험(CIE)이 국제중등교육수료자격(IGCSE)을 제공하게 되었다. 이 둘을 합쳐서 만든 것이 'IPC플러스 IGCSE'로 이로써 IB에 필적하는 '학교교육커리큘럼+대학입시'라는 구조가 완성되었다.[143]

OECD는 1995년 새로운 국제학력조사를 실시하기로 결정하고, 이에 따라 1997년 OECD 학생학습도달도조사 사업이 시작되었다. 약 10년간의 준비과정을 거쳐 문제해결력 측면에서 교과통합적 역량을 측정한다는 전제 하에 읽기능력·수학능력·과학능력으로 나누어 조사했다. 조사의 명칭은 피사(PISA, Programme for International Student Assessment, 국제학업성취도평가), 조사대상은 15세 아동, 조사를 실시할 주체는 입찰로 정해졌는데, 결국 호주교육연구소(ACEER)가 이끈 협회로 결정되었다. 이 협회는 네덜란드 교육측정국립연구소(CITO), 미국을 기반으로 활동하는 조사회사 웨스탯(Westat), 리에주대학의 전문가 두 명으로 우선 편성되었다. 이후 일본의 국립교육정책연구소(NIER)와 미국의 교육테스트서비스(ETS)가 추가되었다. 1999년에 평가기준이 결정되어 국제학업성취도평가(PISA)가 2000년부터 실시되었다. 이에 따라 국제적인 학력관 및 능력관의 통일이 단숨에 이루어졌고 실무교육단계의 학력은 국경을 넘어 국제적으로 평가받게 되었다.

OECD는 1999~2002년에 걸쳐 학력조사의 실시와 능력관의 통일을 위해 국제적인 교육지표사업(INS)의 일환으로 〈핵심역량의 정의 및 선택(DeSeCo)프로젝트〉를 운영했다. 이와 동시에 유럽위원회 교육·문화총국은 EU구성체(가입정부)에 대해 의무교육기간의 교육목표를 조사했는데, 그 결과가 2002년 10월에 정리되어 「핵심역량(Key Competencies)」[144]으로 발행되었다. EU와 OECD의 학력규정은 교과별 지식의 양이나 기술의 도달도라는 수행(Performance, 퍼포먼스)모델이 아니라, 교과통합적 실천능력이라는 역량(Competence, 컴피턴스)모델로 편성되었다. 이러한 경향은 IB커리큘럼에 있어서는 순조로운 시작이었다.

현대의 과제

2002년 미국 교육부는 MYP(중학교용 커리큘럼)의 보급을 위해 공적 자금을 지원하기로 했다. 도시소재 공립학교의 학력을 향상시키고, 중산계층의 고학력 학생들이 교외의 사립학교에 다니지 않도록 하고자 한 배려였다. 2003년 6월 「뉴스위크(Newsweek)」는 미국에서 가장 도전적인 고등학교를 발표했는데, 상위 10개교 중 5개교는 IB학교였고 그 가운데 3개교는 도시의 공립학교였다.[145] 미국에는 113개의 IB학교가 있으며, 이는 대학입시에 강한 공립학교 824개의 14%에 해당한다고 한다.[146]

표 2-17과 같이 2003년 IBDP인정학교는 111개국 1,060개교에 달했고, 그중 절반에 가까운 474개교가 미국과 캐나다, 즉 북미에 위치해 있었다. 여기서 우리는 유럽 선진국들의 기나긴 식민지배 역사와

표2-17　국가및영역별 IB 학위과정 인정학교 수(2003년 1월14일 당시)

인정 학교 수	국가 명	국가 수	인정 학교 수	국가 명	국가 수
387	아메리카 합중국	1	2	에티오피아, 가나, 모로코, 니카라과, 파키스탄, 파라과이, 사우디아라비아, 슬로베니아, 탄자니아, 토고, 잠비아	11
87	캐나다	1
45	아르헨티나	1
43	영국	1
36	호주	1
31	스페인	1
28	스웨덴	1	1	안탈라, 아제르바이젠, 버뮤다, 볼리비아, 보스니아 헤르체고비나, 보츠와나, 브루나이, 캄보디아, 크로아티아, 키프로스, 도미니카, 엘살바도르, 피지, 괌, 과테말라, 온두라스, 아이슬란드, 이란, 아일랜드, 이스라엘, 카자흐스탄, 쿠웨이트, 라트비아, 레소토, 리투아니아, 룩셈부르크, 마케도니아, 말라위, 몰타, 모리셔스, 마카오, 몽골, 나미비아, 팔레스타인, 오만, 파나마, 파푸아뉴기니, 카타르, 루마니아, 남아프리카, 세네갈, 슬로바키아, 한국, 스리랑카, 스와질란드, 시리아, 대만, 튀니지, 우간다, 우크라이나, 짐바브웨	51
22	멕시코	1
16	독일	1
15	칠레, 중국	2
14	스위스	1
12	핀란드, 그리스, 이탈리아, 네덜란드, 노르웨이, 페루, 터키	7
11	에콰도르	1
10	콜롬비아	1
9	브라질, 폴란드, 베네수엘라	3
8	프랑스, 인도, 태국	3
7	일본	1
6	러시아 연방	1
5	바레인, 덴마크, 인도네시아, 케냐, 뉴질랜드, 포르투갈	6
4	호주, 벨기에, 코스타리카, 말레이시아, 필리핀, 싱가포르, 우루과이	7
3	체코, 이집트, 헝가리, 요르단, 레바논, 아랍연합, 베트남	7

Ian Hill. The International Baccalaureate. In Graham Phillips and Tim Pound (eds) The Baccalaureate; A Model for Curriculum Reform. London: Kagan Page, 2003, 75.

여전히 그 영향을 받고 있는 현재 세계화의 전개모습도 확인할 수 있을 것이다.

IBO의 재편성

이 당시 IBO(국제바칼로레아기구)의 조직도는 그림 2-2와 같았다. IBO는 유네스코와 유럽평의회의 자문기관이라는 지위에 있었고, 법적으로는 스위스 법제 하에 교육자선단체로 등록되어 있었다. 시험관리부

그림2-2 IBO의 조직도

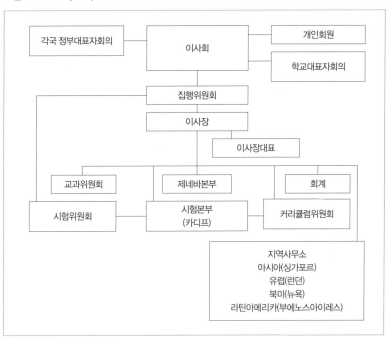

가 시험실시 직원들을 관리하고, 주임시험관은 대개 대학교 교원이 담당하며 약 1,100명의 보조시험관이 시험을 실시한다. 또한, 교과위원회 조직이 있어서 실시되고 있는 프로그램 전체에 대해 책임을 지게 되어 있다.

2003년 초에는 맥킨지앤컴퍼니(McKinsey & Company)가 새로운 전략계획을 IBO에 제출했다. 같은 해 11월 재단평의회(Council of Foundation)는 인도 뭄바이에서 전략계획 '성장과 영향(Growth and Impact)'에 관한 토의를 진행했다. 이듬해 2004년 4월 이 계획이 재단평의회에서 채택되어 10년 후인 2014년까지 100만 명의 학생 수를 채우는 것을 목표로 정했다. 2006년 7월 재단평의회는 접근성이 용이한 런던 근교로 이전했다. 2007년 이래 확대계획이 강화되어 2020년까지 1만 개의 학교와 250만 명의 학생 수를 목표로 삼았다.[147] IB 학습자상(像)(IB learner profile)이 모습을 드러낸 것은 2006년 3월이었다.

평평한 지구

2005년 토마스 프리드먼(Thomas Friedman)의 저서 『세계는 평평하다(The World Is Flat)』가 출판된 이후 IB는 '세계는 평평하다'는 개념을 강조하며 호소했다. 이 개념은 인도나 중국에서는 미국을 경제적으로 '따라잡는 것'으로 이해되었고[148] 즉시 변화가 나타났다. 세계화와 더불어 경제발전을 이루고 국제적으로 일류국가가 되기 위해 학력향상이 국가적 차원에서 각광받게 되었으며, 국제학교는 본국에 거주하는 사람들에게도 주목받게 되었다. 국제학교로서는 예상 밖의 결과였다.

프리드먼은 평평한 세계에서 신장시킬 수 있는 첫 번째이자 가장 중요한 능력은 '배우는 힘을 학습하는 능력이다'[149]라고 지적하고 있다. 『세계는 평평하다』라는 타이틀은 '장벽을 허문다'라는 의미와 함께 '둥근 지구라는 고정관념으로부터 발상의 전환'이라는 의미도 내포되어 있다.

2006년 당시 IB 교육의 국내보급을 위해 정부차원에서 공적 예산을 사용한 나라는 미국, 영국, 에콰도르, 호주, 캐나다 5개국이다.[150]

혁신적이고 창조적인 역량모델의 커리큘럼

2006년 12월 유럽평의회와 유럽연합이사회는 「평생학습을 위한 핵심 역량」이라는 제목의 권고안을 낸다. 회의 중에 유럽위원회 총장의 회의록이 발표되었는데, 국제회의장에 있었던 핀란드 정부관계자와의 비공식회담 중 다음과 같은 내용이 확인되었다고 한다.

혁신은 유럽이 세계화를 위한 과제와 기회에 효과적으로 대응하기 위해 갖춰야 할 능력 중 결정적 요소이다. 지식이 혁신적인 제품과 서비스로 전환되는 것처럼 혁신이 일어나기 쉬운 환경을 창출하기 위한 전략적 접근이 유럽에 필요하다.[151]

총장이 정리한 내용 중 '혁신은 유럽이 세계화를 위한 과제와 기회에 효과적으로 대응하기 위해 갖춰야 할 능력 중 결정적 요소이다.'라는 문장은 공식 권고문에 포함되어 기술혁신을 위해 기초교육단계(의무교육에 해당)에서부터 이과계열의 교육을 중시하는 것 등이 권고내용으로 제안되었다. 특히 표 2-18의 8가지 핵심역량을 기초적인 지식·기술·태도로 인정하고 유럽참조기준(An European Reference Framework)으로 정할 것을 제안하고 있다.

제안된 내용 중 '미래의 핵심역량은 각기 독립적인 개별 케이스로서 비판적 사고·창조성·주도성·문제해결·위험평가·결단·감정의 건설적 관리가 강조된다.'[152]라고 설명되어 있다. 게다가 이 권고안은 개인·사회·경제에 있어 창조성과 혁신이 중요하다는 것을 환기시키려는 목적으로 2009년을 '유럽 혁신과 창조성의 해'로 정했다.

이 핵심역량의 원형은 2004년 11월에 정리된 워킹그룹의 보고서에 나와 있으며 교육의 과제가 '기초적 스킬(skill)에서 역량(competence)으로의 전환' '교육에서 학습으로의 역점이동'[153]으로 명시되어 있다. 유럽위원회가 제시한 핵심역량을 차분히 살펴보면, IB커리큘럼의 학습자 상(像)과 크게 겹치는 부분이 있음을 알 수 있다. 거꾸로 말하면, IB커리큘럼은 유럽 여러 국가의 공통된 학력관을 반영한 것으로 이해할 수 있다.

2007년 「아메리카경쟁법」이 제정됐다. 심의과정에서는 과학·기술·공학·수학·중요 외국어 교육이 주목받았는데, 중요 외국어라는 말에 대해서는 미국의 국방 및 경제 경쟁에 도움이 되는 외국어라고 설명되어 있다.[154] 학력을 둘러싼 미국과 유럽의 거리는 너무나 멀리 떨어져 있음을 알 수 있다.

표2-18 8가지 핵심역량에 관한 유럽참조기준(유럽위원회, 2006년)

① **모국어** 개념·사상·감정·사실·의견을 구어체와 문어체로 표명하고 해설하는 능력. 적절하고 창조적으로 사회 및 문화적 맥락의 전체 분야에서 언어적으로 교류하는 능력

② **외국어 커뮤니케이션** 모국어로 의사소통하는 주요한 기술차원에 더해 중재 및 타문화에 대한 이해를 포함. 숙련레벨은 듣기·말하기·읽기·쓰기 중 몇 가지 요소와 가능성에 의거

③ **수학적 능력, 과학과 기술 분야의 기초역량** 수학적 능력은 일상에서 발생하는 여러 문제를 프로세스·활동·지식에 의거할 것을 강조하고, 이를 해결하기 위해 수학적 사고를 발달시키고 적용하는 능력. 과학과 기술 분야의 기초능력은 자연계의 지식이나 방법론을 이해하고 이용하며 적용하는 것. 인간이 초래한 변화를 이해하고 시민으로서 각자의 책임을 이해하는 것도 포함

④ **디지털능력** 정보화사회의 기술(IST)과 정보통신기술(ICT)의 기초적인 기능을 자신있게 비판적으로 사용하는 것도 포함

⑤ **학습하는 방법 배우기** 개인 혹은 그룹으로 자신의 필요성·방법·기회를 이해하고 이를 바탕으로 스스로 학습을 추구하여 조직하는 능력

⑥ **사회적 및 시민적 능력** 사회적 능력은 개인 내·개인 간·문화 간에 작용하는 능력으로 효과적이고 건설적으로 사회생활이나 직장생활을 해낼 수 있도록 개인을 준비시키는 모든 형태의 행동. 이는 개인과 사회의 복리와 관련되며 개인적인 조작이 반드시 필요한, 다른 환경에서 행동하는 규칙과 관습을 이해하는 것. 시민적 능력, 특히 (민주주의·정의·평등·시민성·시민권 등의) 사회적 혹은 정치적인 개념과 구조에 관한 지식은 시민으로서 적극적인 참여를 할 수 있도록 개인을 준비시킴

⑦ **주도성과 기업가의 감성** 생각을 행동으로 옮기는 능력. 목표를 달성하기 위해 계획하고 프로젝트를 운영하는 능력과 함께 창조성·혁신·위험감수(도전하는 것)를 포함. 자신의 상황을 아는 능력으로 이렇게 함으로써 새로운 기회를 잡을 수 있음. 사회활동이나 영리활동을 계획하고 이를 실행하는 데 필요한 특별하고 뛰어난 관리능력을 촉진함

⑧ **문화의 자각과 표현 (음악·행동예술·문학·비주얼아트 등)** 미디어를 통해 생각하고 경험과 감동을 창조적으로 표현하는 중요성을 인식하는 것도 포함

Working Group B. *Implementation of "Education and Training 2010" Work Programme: Key Competences: Key Competences for Lifelong Learning; A European Reference Framework*, November 2004.인용

IB학교에 대한 국제테스트

국제학교의 성과를 평가하려는 목적으로 호주교육연구소(ACER)가 독자적으로 개발한 국제학교협회(ISA)테스트가 2006년부터 시작되었다. IB커리큘럼인 IBPYP(IB초등학교용 커리큘럼), IBMYP(IB중학교용 커리큘럼)를 실시하는 대부분의 국제학교는 국제테스트를 채택하고 있다. 국제적 대학입학시험의 개발에서 출발한 IB가 다른 조직의 국제테스트를 사용한다는 것도 아이러니지만, 이 테스트를 통해 IB커리큘럼은 국제적으로 더욱 큰 신뢰를 얻게 되었다. 예를 들면, 인도네시아에 있는 미국계 국제학교는 캘리포니아를 거점으로 하는 '학교·칼리지서양협회(WASC)'의 인정을 받아 '아이오와 주(州) 테스트'를 외부평가로 매년 치렀지만, 현재는 국제학교협회의 테스트를 병행하거나 이 테스트로 전환하려는 움직임이 일고 있다.[155] 아이오와 주 테스트는 미국 굴지의 평가회사 ETS와 비교하면 독특한 교육적 측면이 있다.[156]

이와는 대조적으로, 호주교육연구소를 중심으로 한 컨소시엄이 OECD의 PISA(국제학업성취도평가)의 한 사이클(2000, 2003, 2006년)을 맡기로 결정되었는데, 실질적으로는 호주교육연구소가 PISA를 개발하고 실시했다. 이는 실천적인 능력인 역량을 측정하기 위해 새롭게 개발된 것으로 유럽 여러 국가에서는 이 역량을 'competence(컴피턴스)'라고 한다. 이것이 미국 일부와 호주에서는 'competency(컴피턴시)'라고 불리고 있어 PISA와 함께 'competency(컴피턴시)'라는 용어가 일본에 보급되게 되었다.

호주교육연구소는 PISA개발 실적을 바탕으로 국제테스트의 수익을 5배로 올리는 등 급성장을 하고 있다. 그러나 그보다도 IBPYP와 IBMYP라는 IB커리큘럼이 호주교육연구소를 통해 OECD의 PISA와 교육평가점수로 연결되었다는 의미는 크며, 이로 인해 IBPYP와 IBMYP의 신뢰도가 현격하게 높아졌고 국제적인 인지도도 급속도로 높아진 것으로 판단할 수 있다. 글로벌한 테스트 경쟁 속에서 '빅 테스트'를 둘러싼 세력의 판도가 급격하게 움직이게 된 것이다.

IB 40주년

2008년 10월 28일 IBO(국제바칼로레아기구)설립 40주년 기념행사가 애틀랜타에서 개최되었다. 피터슨을 기리는 기념강연에서 아가 칸 4세가 〈글로벌교육과 발전하는 세계〉라는 제목으로 강연했는데 그는 강연에서 자신이 IB를 아낌없이 지원하고 있다고 발언했다.[157]

IB는 아시아 국가보다 이슬람 국가와 관계가 더 깊다. 역사과목 외에 이슬람 역사가 정식과목으로 채택됐을 정도이다. 국제학교로서는 당연한 일이라고 할 수 있지만, 세계 전체로 보면 일본이나 중국, 러시아와 관련된 내용은 넣지 않았다는 점에서 이는 IB의 불균형한 세계관을 반영한다고도 할 수 있다.

2008년에 IBO는 IB로 명칭이 변경되었다. 그 이유는 IB학위뿐만 아니라 초등학교용 프로그램(PYP)과 중학교용 프로그램(MYP)을 연결하는 일련의 교육시스템으로 IB가 재등록되었기 때문이다.[158] 이와 동시에 'IB학습자상(像)'은 PYP뿐만 아니라 모든 IB프로그램의 공통 요소가 되었다.

2008년 9월에는 캠브리지국제시험(CIE)을 치르고 영국의 중등학교를 졸업하는 학생들에 대해 GCSE-A레벨로 바꿔서 'Cambridge Pre-U'라는 자격증명이 나오게 되었다. 이 제도는 16~19세 학생들을 대상으로 대학입학자격을 얻기 위한 학위형 자격증명으로서 최초의 시험은 2010년에 실시되었다. IB와는 달리 필수과목은 없다. 27개 과목 중 주요교과 3개 과목을 선택해서 수업하면 된다. IB커리큘럼으로 치면 여섯 개 교과를 배우는 것이기 때문에 학생들이 무난히 완수할 수 있을 것으로 판단된다. 그 후 2009년 1월에는 남북아메리카 조직이 IB 아메리카(IB America)로 통일되었다.

2012년 8월 문부과학성이 「IB학위프로그램의 지식론(Theory of Knowledge, TOK)에 대해」를 작성하여 홈페이지를 통해 공개했다. 여기에 IB의 교육방침은 '살아가는 힘'과도 연결되며, '학습지도요령'과도 일치한다는 문부과학성의 의견이 나와 있다. 또한 2012년까지는 학점취득에 참고할 정도로만 취급받던 지식론(TOK)·과제논문(EE)·CAS(창조성·활동·봉사)가 독립적으로 평가되고 총점에 가산되기로 결정되었다. 이는 2014년부터 실시하기로 했다.[159]

2013년 1월 당시 IB커리큘럼을 채택한 학교는 144개국 3,488개교에 달하고, 총 106만 명의 아이들이 학습하고 있다. 2014년 6월 기준으로는 147개국 3,791개교가 IB커리큘럼을 채택한 학교로 등록되어 있다.

2015년 8월 19일 문부과학성은 '학교교육법 시행규칙의 일부를 개정하는 성령(省令)'에 의해 IB학위프로그램으로 인정받고 있는 'Mathematical Studies, Mathematics, Physics, Chemistry, Biology, Language B, Theory of Knowledge'를 각각 고등학교 학

습지도요령에서 말하는 '수학1, 수학2, 물리기초, 화학기초, 생물기초, 커뮤니케이션 영어1, 종합적인 학습'으로 간주할 수 있다고 판단했다. 이에 따라 일본의 정규학교(1条校)에서도 해외 커리큘럼이나 교과서가 인정되어 일본에서 학습지도요령의 독점상태는 법제상 무너졌다.

IB커리큘럼의 실시상황

IB의 역사를 되돌아보면 의욕적인 인물들의 노력, 그들의 운명적 만남과 협력, 그리고 이를 실현시킨 시대상황이 표면에 드러난다. 교사가 주역이지만 등장인물은 IB의 실현을 위해 모인 연구자·국제기관·재단·군인·정치가·귀족 등 다채롭고 의외의 사람들의 집합이었다.

표2-19 지역별 IB 인정학교의 개수 및 소재국·지역

	아프리카· 유럽·중동	아시아· 태평양	라틴 아메리카	북미· 카리브	합계
PYP	70	145	34	391	640
MYP	19	27	7	413	466
DP	602	259	252	769	1,877
PYP와 MYP	25	21	16	42	104
PYP와 DP	42	60	21	8	131
MYP와 DP	43	17	12	161	233
전체 프로그램	82	72	36	28	218
합계	883	596	378	1,812	3,669

문부과학성 홈페이지「IB 인정학교」(http://www.mext.go.jp/a_menu/kokusai/ib/1307999.htm)

시대마다 다양한 이상(理想)이 이야기되고 하나의 가능성으로서 실현형태가 정해져왔다. 그러나 그 실행과정에서 새로운 참가자의 의도에 따라, 또 시대의 요구에 따라 많은 가능성을 내포하면서 각 시대의 한 가지 실현형태가 주목을 받았는데 이것이 바로 IB의 역사이다.

3장

지식기반경제에
대응한
IB커리큘럼

International Baccalaureate

IB의 커리큘럼은 사고력·판단력·표현력 등을 시작으로 학습지도요령이 지향하는 '살아가는 힘'의 양성과 일본재생전략(平成 24년, 즉 2012년 7월 31일 내각회의 결정)이 내세운 과제발견 및 해결능력과 논리적 사고력, 커뮤니케이션 능력 등의 중요 능력과 기술의 확실한 숙달에 도움이 된다.[1]

– 문부과학성

비판이 있음에도 불구하고 세계화가 초래한 경쟁의식은 '서양식 교육'에 대한 갈망을 점점 확대했으며 국제학교는 이를 제공할 수 있는 좋은 위치에 있다.[2]

– 이베타 실로바와 다프네 홉슨

마침내 IB(국제바칼로레아)가 각국에 알려지고 IB 가입학교를 일정 수 확보한 뒤 본격적인 궤도에 오르기 시작한 1973년경 이러한 변화를 가능케 한 옥스퍼드대학의 알렉 피터슨(IB 초대대표)교수는 시험개혁은 수단일 뿐이며 IB의 목적은 커리큘럼 개혁이라고 천명했다.

본디 IB는 대학입시를 대신하는 것으로 50여 년 전에 설계되었다. 국제학교는 국제적인 대학입시에 몰두하는 교육과제로서 후기중등교육을, 일본에서는 보통과(普通科)고등학교 2년 상당의 학교교육을 설정하였다. 그후 기타 교육과정 개발이 20년 전에 정리되었다.

신기하게도 IB시험제도를 통해 커리큘럼이나 학습과정, 그리고 교사의 활동까지도 국제화되어갔다. 알렉 피터슨이 40년 전에 주장했던 대로 되어가고 있는 것이다. 최종 도달점수는 IB시험과 학내성적으로 측정되지만, 도중의 학년평가는 호주교육연구소가 실시하는 국제테스트 등으로 측정되고 있다. IB를 단순히 시험제도나 대학입시대책의 일환 정도로 이해하는 사람들이 생각하는 것보다 여기에는 훨씬 창조적인 교육이 마련되어 있다.

IB에는 세 가지 학교단계가 있다. 3~12세는 초등교육의 PYP(Primary Years Programme), 11~16세는 전기중등교육인 중학교의 MYP(Middle Years Programme), 16~19세는 대학입시를 위한 후기중등교육의 DP(Diploma Programme, 학위프로그램)와 여기에 직업계 CP(Career-related Programme)가 추가되어 있다. 각 단계는 대략적으로 구분한 것으로 연령을 엄밀히 구분한 것은 아니다(표3-1).

커리큘럼의 편성은 전체 교육내용을 계통성으로 순서를 정하는 배열(sequence, 일련의 흐름)이 세로축, 교육내용의 넓이와 깊이를 지정하는 범위(scope)가 가로축이 되도록 만들어 놓는 경우가 많다. 문제는 일본의 학교교육제도처럼 범위를 엄밀하게 교과로 나눌 것인지, 배열을 엄밀하게 학년별로 고정시킬 것인지에 있다. IB커리큘럼은 보육을 포함하는 초등교육단계(PYP)에서는 탐구(Inquiry)단원이라 불리는 테마별 과정수업에 대부분의 교과를 통합한 핵심커리큘럼으로 구성되어 있다. 중학교단계(MYP)에서는 프로젝트법 등을 이용한 활동형, 탐구형의 집단학습, 소위 말하는 교과통합적인 교차커리큘럼으로 편성되고, 2년 간의 고등학교 최종단계(DP)만이 교과별 커리큘럼 식의 단계적 구분으로 편성되어 있다. 이러한 절묘한 결합이 사회의 '생각하고 행동하는' 활동주체로 아이들을 성장시키고, 평생학습을 위한 전문분야로 향하는 문을 열어준다. 이 커리큘럼은 오늘날 글로벌시대에 유일한 세계적 인 표준커리큘럼으로서 작동하고 있다.

IB의 학년

IB를 도입한 학교는 실제로는 유럽방식을 취하고 있어 최근까지 의무 교육을 7세 입학으로 정하고 있다. 현재 6세 아동은 준비단계의 상태이 며 이때 보육에서 교육으로 전환된다. 그러나 학년을 부르는 방식은 유 치원 방식대로 K가 붙어 있다.

표 3-1과 같이 유럽의 입학연령은 일본과 한 살 차이가 있지만, 실제 로 4월 1일에 6세가 되는지 9월 1일에 7세가 되는지의 문제는 반년 정 도의 차이밖에 나지 않는다. 게다가 겨우 하루 차이로 1학년의 교육항 목에 차이를 두어도 괜찮은 것인지, 이와 관련하여 학교교육제도를 둘 러싼 문제점이 있다. 또한 개인마다 발달정도의 차이나 개성이 교육과 정, 소위 말하는 커리큘럼의 구성방식에 영향을 끼친다. 일반적으로 유 럽에서 고등교육은 학부3년, 석사2년제로 되어 있으며 연구(아카데믹) 대학은 5년제로 되어 있다.

1968년 당시 IB개발에 관여했던 알렉 피터슨은 대부분의 대학진학

표 3-1 유럽과 일본의 연령 및 대응 학년 비교

연령		유럽	일본
	23	M2 (석사 2학년)	대학원 2학년 (석사 2학년)
	22	M1 (석사 1학년)	대학원 1학년 (석사 1학년)
	21	BA3 (학사 3학년)	대학교 4학년 (학사 4학년)
	20	BA2 (학사 2학년)	대학교 3학년 (학사 3학년)
gap	19	BA1 (학사 1학년)	대학교 2학년 (학사 2학년)
year	18	G12 (일반교육 12학년)	대학교 1학년 (학사 1학년)
	17	G11 (일반교육 11학년)	고등학교 3학년
	16	G10 (일반교육 10학년)	고등학교 2학년
	15	G9 (일반교육 9학년)	고등학교 1학년
	14	G8 (일반교육 8학년)	중학교 3학년
	13	G7 (일반교육 7학년)	중학교 2학년
	12	G6 (일반교육 6학년)	중학교 1학년
	11	G5 (일반교육 5학년)	초등학교 6학년
	10	G4 (일반교육 4학년)	초등학교 5학년
	9	G3 (일반교육 3학년)	초등학교 4학년
	8	G2 (일반교육 2학년)	초등학교 3학년
	7	G1 (일반교육 1학년)	초등학교 2학년
	6	K (유치원)	초등학교 1학년
	5		
	4		

자가 인생의 중대한 선택을 한 평균연령이 잉글랜드에서는 13~15세, 유럽에서는 17~18세, 소련에서는 17세, 미국에서는 19~20세였다고 서술하고 있다. 간단히 말해서 국가 간 동일연령은 아니다. 이 당시 잉글랜드에서는 일반교육을 늘려 미국처럼 늦추지는 않겠다는 판단이 IB 학위설정의 기본적인 판단이 되었다.[3] 하지만 그럼에도 불구하고 여전히 문제는 남아 있다.

단계별 IB커리큘럼은 표 3-2에 나와 있다. IB학위과정(IBDP)은 대학 진학을 전제로 한 보통과(普通科)고등학교의 최종 2년에 상당한다. 유럽에서 보통과고등학교는 역사적으로 대학입학을 준비하기 위한 학교로 설립되었으며, 중등교육수료자격이 대학입학시험에 필적한다. 즉, 보통과고등학교를 졸업하고 졸업고사를 통과하면 대학입학자격이 주

표3-2 단계별 IB커리큘럼

교육단계 (연령)	커리큘럼 명칭	커리큘럼 특징	교과 이외의 과정 및 활동
유아·초등교육 (3~12)	IBPYP	핵심 커리큘럼 탐구단원	발표회
중학교교육 (11~16)	IBMYP 4학년제도 5학년제도 좋음	커리큘럼 기준	개인별 프로젝트 (3년제나 4년제의 경우 최종학년에 커뮤니티프로젝트)
고교교육 (16~18)	IBDP	교과(아카데믹) 커리큘럼, 지식론	과제논문(EE), 창조·행동·봉사(CAS)
	IBCP	직업계 커리큘럼	성찰프로젝트, 지역봉사활동

어지게 되는 것이다. 그리고 입학까지의 순서대기가 갭이어(gap year)
가 되는 셈이다.

그런데 여기서 문제가 발생한다. 그것은 바로 유럽의 후기중등교육
이 학문중심적인(academic) 고등교육을 위한 진학자격을 취득하는 교
육과정과, 직업자격을 취득하는 전문적인 교육과정으로 확실하게 구
분되어 있다는 점이다.

반면에, 미국형은 대중화의 영향으로 중등교육(중학교·고등학교) 및
고등교육(대학)의 저학년(적어도 1년차)에서는 전문교육을 지양한다. 다
시 말해서, 이는 직업자격제도가 사회적으로 정비되어 후기중등교육
단계에서 분야에 따른 전문화를 도모하고 평생학습제도에 의해 교육
을 계속 이어나갈 수 있게 하는 유럽형 학교교육제도와, 고등교육에 이
를 때까지는 대중화해서 대학의 후반기 혹은 대학원에서 전문분화를
꾀하게 하는 미국형 학교교육제도와의 차이인 것이다.

직업계 고등교육기관으로 진학하는 학생을 위해 IB학위는 중등교육
수료자격뿐만 아니라 과목마다 수료자격을 부여하기로 했다. 이것이
2008년에는 직업교육자격증명이 되는 IB 경력관련 교육증서(IBCP)로
독자성을 갖게 되었다.

또 한 가지 문제점은 미국형 대학에는 1학년과 2학년을 위해 일반교
육과정이 마련되어 있다는 것이다. 이 중에는 이 과정이 1,2학년용 교
육이므로 전문교육의 학습방법을 가르치는 정도가 아니라 고교교육의
보충학습까지 시행하는 대학도 있다. 유럽형 대학에는 이런 대학이 없
다. 연구계열 대학교육에 적합한 사람만 합격하고 있지는 않기 때문이
다. 게다가 유럽형과 미국형은 학령기에 미묘한 차이가 있어서 IB학위

라는 후기중등교육이 미국대학의 공통교과에 필적하는 교육레벨로 여겨지게 되었다. 이 경우 미국에서는 수준 높은 일반교육 수업이 고교의 졸업학점이자 동시에 대학의 공통교육학점으로도 환산되는 이중학점이 되어 수험생에게 유리하게 작용할 수 있다. 더욱이 IB학위는 대학교육이 아닌 고등학교 수업에서도 취득이 가능해졌다. 이렇게 양쪽에 걸쳐 있는 학교는 고등학교(high school)가 아니라 유나이티드월드칼리지(UWC)를 형성하는 학교처럼 칼리지(college)로 불리고 있다.

IB의 교수언어

IB에는 국제적으로 통용되는 공용어가 정해져 있다. 그것은 바로 영어·프랑스어·스페인어이다. 발족 당시에는 영어와 프랑스어였지만, 1982년부터 스페인어가 추가되면서 공용어, 즉 어디에서나 어떤 과목에서나 통하는 언어는 이 세 언어가 되었다. IBDP(IB학위과정)에서는 수업과 IB시험을 특정교과에 한해 세 개 공용어 이외의 특정언어로 진행하는 것도 가능하다. 그러나 이 경우는 IB본부와 해당국 정부가 서로 약속으로 정하고 있다. 일본에서는 30개 과목 중 5개 과목의 수업과 지식론·과제논문·사회활동이 일본어로 진행되고 있다.

PYP(초등학교용 커리큘럼) 및 MYP(중학교용 커리큘럼) 단계에서는 IB가 정하는 공용어, 즉 지정된 교수언어가 없다. 따라서 나라마다 모국어로 가르쳐도 되고 그 나라의 국어로 가르쳐도 되며 꼭 그러지 않아도 된다.

IB의 교육목적

IB의 교육목적은 IB교육이념에 규정되어 있는데 다음과 같다.

다문화에 대한 이해와 존중을 통해 평화롭고 더 나은 세계의 실현에 공헌하는 탐구심·지식·배려심을 겸비한 청년의 양성을 목적으로 한다. 이를 실현하기 위해 학교·정부·국제기관과 협력하면서 국제이해의 정신과 엄밀한 평가에 준거한 교육과정의 개발에 몰두한다. 이러한 교육과정은 세계 각국의 아이들이 자신과 타인에게도 관련이 있음을 이해하는 등 사려 깊게 행동하는 평생학습자가 되도록 만드는 것이다.[4]

모든 IB교육과정은 이러한 IB교육이념을 바탕으로 국제성을 발달시키는 것이라고 규정되어 있다.

수업을 통해 양성되는 자질을 IB학습자상(IB Learner Profile)이라고 한다. 이 '학습자상(像)'이 IB프로그램의 구체적인 목적이자 IB의 최상위 교육목표이다. 교사는 각 수업에서 이 학습자상이 실현되고 있는지를 항상 주의 깊게 살펴야 한다. 학교 관계자나 교원들의 의무연수에서도 이 학습자상을 염두에 두도록 교육하고 있다. 그리고 모든 교사가 평상시 이 학습자상을 염두에 두면서 교육을 하는 것이야말로 IB교사가 신뢰받을 수 있는 지표이다.

PYP와 MYP단계에는 소위 교과서라는 게 없다. MYP단계에는 교과서와 유사한 책은 있지만 교재의 하나로 취급될 뿐 그대로 가르칠 필요는 없다. 또한 학교를 초월한 IBO공식의 통일된 시험도 없다.

IB의 학습자상(像)

IB커리큘럼은 탐구형 학습을 바탕으로 하고 있다. 영미 IB학교의 교육 상황을 비교한 샨다 드럼(Shanda Drumm)에 의하면 탐구형 교육이 핵심이 되면 다른 유형의 학습도 촉진시킬 수 있기 때문이다.[5]

학습자상(像)(표3-3)은 당시 PYP교육의 중심요소로서 1997년에 도입되었다. 그리고 국제교육이라는 IB체계가 지닌 가치를 표현하기 위해, 혹은 세 가지 프로그램에 속하거나 교과 간 결합을 지원하기 위해, 2006년에는 MYP까지도 포함한 세 프로그램 모두에 적용되었다.[6]

IB교육이념과 교육방법은 루소의 이념에 근거한 국제신교육운동과 진보주의교육에 뿌리를 두고, 그 이념적 기초를 정리한 듀이의 경험주의에 기반하고 있다. 제2차 세계대전 후에는 국가를 초월한 교육운동으로서 유네스코의 동향에 입각해 있었다. 그러나 위와 같은 학습자상의 형태로 구체적이고 분명한 합의가 이루어진 것은 국제사회의 동향, 특히 세계화 속에서 형성된 지식기반경제론과 교육제도의 국제적인 통합 움직임에 적합한 표현이 추구되었기 때문이다. 그러한 의미에서 IB학습자상은 20년에 걸쳐 완성된 현대적인 교육이론이 되었다고 할 수 있다.

IB학습자상에는 교육학적으로도 매우 중요한 개념들이 잘 정리되어 있다. 그러나 일본의 교육학에서는 완벽하게 소화되기 어려운 개념이었기 때문에, IB교육을 실천해나가는 데 있어서 학습자상이 반드시 필요한 키워드임에도 불구하고 아직 일본어로 정착되지 않은 내용들이 많다.

학습자상에 나와 있는 몇 가지 키워드에 대해서 살펴보자.

예를 들어, 유럽이나 미국에서 'inquire(인콰이어)'는 '탐구(探求)'이고, 탐구(探究)는 research(리서치)에 해당된다. 탐구(探求)는 정답을 외우는 것이 아니라 스스로 조사해서 구하는 것이므로 어떤 시점의 결론은 예상이나 기대에서 벗어날 수도 있다. 하지만 그것은 틀렸다기보다는 의미 있는 접근이라고 할 수 있다. 한편, 연구(研究)에는 그 나름의 방법이 있다. 예컨대, 이화학연구소의 오보카타 하루코가 연구했던 스탭세포(STAP細胞)는 탐구(探求)이긴 했지만, 탐구(探究)가 되지는 못한다는 말이다. 비슷한 말로 'explore(익스플로어)'가 있는데, 이는 '탐색(探索)'의 의미로서 탐구(探究)의 측면이 강하다. 이에 대한 IB의 일본어 공식 번역은 탐구(探究)로 통일되어 있으므로 이 책에서도 혼란을 피하기 위해 탐구(探究)로 번역하고 있다.

일반적으로 'critical(크리티컬)'은 '비판적인'으로 번역된다. 실제 의미는 대상을 그냥 받아들이거나 통째로 암기하지 않고 그 장점과 단점을 제대로 확인하여 각각 평가한 후에 잘 생각해서 판단하는 것을 뜻한다. 그러나 일본어에서 '비판적인'은 상대의 실수를 지적한다는 뉘앙스를 갖고 있어 분위기를 해치는 나쁜 행위로 파악되곤 한다. 아이들이 친구를 비판하기 시작하면 왕따로 이어진다고 생각해서 일본의 교육현장에서는 비판을 삼가는 경우가 많다. 하나의 정답이 아니라 개개인의 차이를 인정하고 그들을 인간으로서 존중하는 문화가 없다면, 수업에서 비판적인 학습을 추구하기는 어렵다. 개개인의 능력이나 문제해결력이 독립적으로 판단되지 않고, 정답은 이미 정해져 있다며 교과성적이나 종합점수로 평가하는 학력관으로는 비판적인 사고를 키우기 어렵다. 한편, critical이라는 단어에는 자연과학에서 말하는 임계점(critical point)이라는 의미와 '그 시점에서 결정적으로 중요한'이라는 의미도 있다.

'communication(커뮤니케이션)'은 단순한 '통신' 이상의 의미가 있다. 어원을 살펴보면, 공동체(commune, 코뮌) 혹은 공산주의(communism, 코뮤니즘)와 통하는 면이 있지만, 주로 언어를 이용해 발신자와 수신자 쌍방에게 공통의 이해와 감정(교감의 상태)을 만들어내는 작업을 말한다. 커뮤니케이션은 화자나 청자 어느 한 사람의 역할만으로는 성립되지 않는다. 상대방을 이론적으로 추궁하거나 구슬리는 토론처럼 명확한 논리에만 맞게 설명을 반복하면 되지 않느냐고 물을 수 있지만 그렇지 않다. 인간은 지적(知的)으로 이해하는 것만으로는 좀처럼 움직이지 않기 때문에, 납득하고 이해하는 것과 같은 의식수준의 양해가 필요하다. 본래의 커뮤니케이션은 문화나 사회의식을 배경으로 개인의 인격형성과 관련해서 긴 시간 다양한 실험의 공유를 통해 형성되는 것이다.

일반적으로 고등학교까지는 각 나라에 교과(subject, 서브젝트)가 정해져 있다. 과목(discipline, 디써플린)은 교과 속의 각 과목을 가리킨다. 대학에서는 과목군(科目群, disciplines)이 학부나 학과의 전문적인 분야의 학문을 의미하는 경우도 있다. 과목보다 작은 단위는 과정(course, 코스), 또 과목을 구성하는 부분은 단원(unit, 유닛)이다. 단원이 어느 정도 정리된 그룹을 마그넷(magnet)이라고 부르기도 한다.

community(커뮤니티)는 일반적으로 '지역'으로 해석된다. 대개는 그 지역의 생활을 구성하는 자치적인 제반시설을 포함해서 주민들이 서로 협력하고 주민 간에 결속의식이 강해지면 공동체라고 부를 수 있

다. 대체로, 학교·사회·문화시설 등이 포함되어 있으며 주민 간에 상호
협력관계가 형성되어 있다.

reflection(리플렉션)은 잘 되고 있는 점과 앞으로 개선할 점을 분석
하고, 어떤 면에서는 만족감과 성취감, 자신감을 느끼고 또 어떤 면에서
는 개선할 필요를 찾아내서 수정해나가는 성찰의 과정이다. 자신이 하
고 있는 일이 이 정도면 된 건지, 다른 해결책은 없는지, 자신의 생각을
고쳐야 하는지, 다른 사람에게 어떻게 도움을 구해서 협력할지 등을 차
근차근 생각하는 것이다. 이런 이유로 '숙고'로 번역되는 경우도 있다.
일본어에서 말하는 '반성'은 자신의 부족한 점에만 주의를 기울이는 것
이 아니다. 교육학에서는 '성찰'이라고 번역된다. 자연과학에서는 반사
(反射, reflection)와 굴절(屈折, refraction)이라는 한 쌍으로 사용된다. 이
들은 쉽게 보이지 않는 마음속을 빛을 비추어 들여다보는 것으로 또 다
른 자신이 자신을 바라보는 것이다. 이는 심리학에서 말하는 메타인지
(상위인지)기능을 가리킨다.

skill(스킬)은 일반적으로 '기능'으로 번역된다. 교육학이나 교육행정
분야의 용어이더라도 일본에서는 '지식·기능·태도'라는 의미로 정착
되었다. 그러나 '21세기스킬'과 같이 현대적으로 그 해석이 확대되고
있기 때문에 이 책에서는 구분해서 번역하기로 한다. 스킬은 이론적으
로 인과관계가 명확하게 드러나 있는 것은 아니지만, 실행의 순서가 정
해진 타당한 행동 및 그러한 행동을 하는 능력을 가리킨다. 일본에서는
일반화하기 어려운 속인적(屬人的) 기술과 관련해서 해석되고 있다. 현
재, 교육용어로서 국제적으로 사용되고 있는 스킬은 일반화가 가능해
평가나 설명을 할 수 있고 구체적인 훈련 및 학습에 의해 전달될 수 있

는 것으로 파악된다.

learning(러닝)은 '학습' 또는 '배움'으로 번역된다. 정해진 대로 외우는 스터디(study, 學修)와는 다르다. 중국어의 '공부(勉强)'는 자신의 의지에 반한 노력을 하거나 하기 힘든 것을 누군가 시켜서 억지로 한다는 의미였으나 메이지시대 이래로 일본에서는 스터디(學修)를 가리키는 용어로 사용되었다.

학교의 교육과정, 소위 커리큘럼(curriculum)은 라틴어의 '달리다(currere)'에서 유래한 것으로 '달리기코스' '주로(走路)'라는 의미이다. 따라서 공부란 '정해진 트랙 위를 한눈팔지 않고 열심히 달린다'라는 뜻으로 해석된다. 덧붙이자면, 학생이 달려온 증거가 이력서(curriculum vitae)로 불리고 있다.

그러나 지식기반경제라고 하는 현재에 와서 경제협력개발기구(OECD)나 세계은행(World Bank) 등 국제적인 경제기관은 학습(學習, learning)만을 중시하고 있다. 특히, 대학은 지식을 만들어내는 장소로 인식되고 있다.

배움(learning)은 알고 싶거나 해보고 싶다는 의욕에서 시작한다. 왜? 어째서? 이렇게 탐구(探求, inquire)하는 것에서부터 배움이 이루어진다. 연구의 목적으로 탐구하는 경우는 '탐구(探究, research, investigate)'에 해당한다. 여기에서는 조사학습을 하거나, 자문하거나, 자연이나 사물에 관심을 갖거나, 인간과 교류해서 확인하거나, 실험을 하거나, 비슷한 사례에 적용시켜서 검증하는 등 다양한 절차로 탐구(探究)한다. 지금까지 배운 것들을 결합함으로써 배움이 정리되고 그 결과 '그랬구나!' 하고 이해하면서, 또 '역시 그렇구나!'라며 일종의 감동도 느끼고,

더 나아가 '마음속에 무언가가 쿵 떨어지면서' 비로소 그 사람만의 지식이 완성된다. 이와 같은 학습법을 '구성주의(constructivism)'라고 하며, 이렇게 학습된 실천적인 능력을 'competence(컴피턴스, 역량, 知力)'라고 부른다.

이와는 반대로 몇 가지의 한정된 조건에서 사회적으로 옳다고 정해진 행동이나 지적(知的) 판단을 기억해서 배워 익히는 것이 '스터디(学修)' '공부(勉强)'이고, 정해져 있는 지적 행위를 규칙에 따라서 발휘하는 능력 및 그 성과를 'performance(퍼포먼스, 수행)'라고 한다. 종래의 학교에서는 정답이 정해져 있는(정해져 있다고 믿는) 풀이문제밖에 다루지 않기 때문에 탐구적인 학습은 이루어지기 힘들다.

이러한 점에 유의하여 IB의 학습자상을 살펴보면 'performance(퍼포먼스, 수행)모델'이 아닌 'competence(컴피턴스, 역량)모델'의 입장을 취하고 있음을 분명하게 알 수 있을 것이다.

표 3-3 안의 중국어 번역은 오사코 히로카즈가 소개한 것이다.[7] 단 하나의 글자로 원점(源点, 근본이 되는 본래의 점 또는 출발점-옮긴이)을 표현할 수 있다는 것은 한자가 가진 위대한 힘이다. 또한, 표 안에 '신(新)'이라고 표시되어 있는 영문은 2014년부터 사용되고 있는 문장이다. 신(新)버전과 구(旧)버전을 대조해보면, 주어가 그들(They)에서 우리(We)로 바뀌어 있는 것을 확인할 수 있다. 이는 학습자상이 학습자의 시선으로 새롭게 쓰였음을 보여준다.

표3-3 IB가 지향하는 10가지 학습자상(2013년 9월 공표, 2014년 일본어 공식 번역)

IB학습자상(像)	모든 IB프로그램의 목표는 서로 인간의 존엄성을 인정하고, 지구를 보호하기 위한 책임을 분담하며, 더 살기 좋고 평화로운 세계를 구축하는 데 공헌할 수 있는 국제적 감각을 지닌 사람들을 기르는 데 있다. IB를 학습하는 사람은 이런 사람이 되기 위해 노력한다. The aim of all IB programmes is to develop internationally minded people, who recognizing their common humanity and shared guardianship of the planet help to create a better and more peaceful world. (구旧) As IB learners strive to be. (신新) As IB learners, we strive to be.
탐구하는 사람 Inquirers 究	타고날 때부터 갖고 있던 호기심을 더욱 키운다. 조사 및 탐구 스킬을 획득하고 자주성을 발휘하며 학습한다. 주체적인 학습을 즐기고 이러한 학습의 즐거움을 일생동안 지속해간다. (구) They develop natural curiosity. They acquire the skills necessary to conduct inquiry and research and show independence in learning. They actively enjoy learning and this love of learning will be sustained throughout their lives. (신) We nurture our curiosity, developing skills for inquiry and research. We know how to learn independently and with others. We learn with enthusiasm and sustain our love of learning throughout life.
지식을 갖춘 사람 Knowledgeable 知	지역적으로 또 세계적으로 중요한 개념·아이디어·이슈를 탐구한다. 그렇게 함으로써 깊이 있는 지식을 습득하고, 폭넓고 균형 있게 여러 분야의 학문에 대한 이해력을 기른다. (구) They explore concepts, ideas and issues that have local and global significance. In so doing, they acquire in-depth knowledge and develop understanding across a broad and balanced range of disciplines. (신) We develop and use conceptual understanding, exploring knowledge and ideas that have local and global significance.

사고하는 사람 Thinkers 考	복잡한 문제를 인식하고 해법에 접근하여 합리적이고 올바른 결정을 하기 위해 비판적이고 창조적으로 생각하는 스킬을 적극 활용한다. (구) They exercise initiative in applying thinking skills critically and creatively to recognize and approach complex problems, and make reasoned, ethical decisions. (신) We use critical and creative thinking skills to analyze and take responsible action on complex problems. We exercise initiative in making reasoned, ethical decision.
소통하는 사람 Communicators 話	한 가지 이상의 언어로 또 다양한 의사소통 방법을 사용해서 아이디어와 정보를 창의적이고도 자신감 있게 표현하고 이해한다. 타인의 의견을 경청하며 효과적으로 협력한다. (구) They understand and express ideas and information confidently and creatively in more than one language and in a variety of modes of communication. They work effectively and willingly in collaboration with others. (신) We express ourselves confidently and creatively in more than one language and in many ways. We collaborate effectively, listening carefully to the perspectives of other individuals and groups.
도덕적 신념이 강한 사람 Principled 義	공정과 정의에 대한 의식이 강하고, 개인·집단·공동체를 존중하며, 정직하고 진실하게 행동한다. 자신의 행동과 그 행동에 따른 결과에 책임을 진다. (구) They act with integrity and honesty, with a strong sense of fairness, justice and respect for the dignity of the individuals, groups and communities. They take responsibility for their own actions and the consequences that accompany them. (신) We act with integrity and honesty, with a strong sense of fairness, justice, and with respect for the dignity and rights of people everywhere. We take responsibility for our actions and their consequences.

열린 마음을 갖춘 사람 Open-minded 寬	자신의 문화와 개인사(個人史)를 이해하고 소중히 함과 동시에, 타인 및 공동체의 관점·가치관·전통에 대해 열린 마음을 갖는다. 다양한 의견에 귀를 기울이고 그것을 평가하는 데 익숙하며, 그러한 경험을 통해 기꺼이 성장하려고 한다. (구) They understand and appreciate their own cultures and personal histories, and are open to the perspectives, values and traditions of other individuals and communities. They are accustomed to seeking and evaluating a range of viewpoints, and are willing to grow from the experience. (신) We critically appreciate our own cultures and personal histories, as well as the values and traditions of others. We seek and evaluate a range of points of view, and we are willing to grow from the experience.
배려하는 사람 Caring 仁	타인의 욕구와 감정을 배려하고 공감하며 존중한다. 투철한 봉사정신이 있어 타인의 삶에 그리고 우리를 둘러싼 환경에 좋은 영향을 끼치기 위해서 행동을 취한다. (구) They show empathy, compassion and respect towards the needs and feeling of others. They have a personal commitment to service, and act to make a positive difference to the lives of others and to the environment. (신) We show empathy, compassion and respect. We have a commitment to service, and we act to make a positive difference in the lives of others and in the world around us.
도전하는 사람 Risk-takers 挑	낯선 상황이나 불확실성에 용기 있고도 신중하게 접근하며, 새로운 역할·사고·전략을 탐색함에 있어서 남에게 의존하지 않고 독립적이다. 자신의 신념을 지키는 데 용감하고 확고하다. (구) They approach unfamiliar situations and uncertainty with courage and forethought, and have the independence of spirit to explore new roles, ideas and strategies. They are brave and articulate in defending their beliefs. (신) We approach uncertainty with forethought and determination; we work independently and cooperatively to explore new ideas and innovative strategies. We are resourceful and resilient in the face of challenges and change.

균형을 갖춘 사람 Balanced 健	자신은 물론이고 타인의 웰빙(well-being)을 위해서는 지적·신체적·정서적 균형을 이루는 것이 중요하다는 것을 이해한다. (구) They understand the importance of intellectual, physical and emotional balance to achieve personal well-being for themselves and others. (신) We understand the importance of the balancing different aspects of our lives – intellectual, physical, spiritual and emotional – to achieve personal well-being for themselves and others. We recognize our interdependence with other people and with the world in which we live.
성찰하는 사람 Reflective 反	자신의 학습 및 경험을 깊이 있게 생각한다. 학습과 개인적인 성장을 촉진하기 위해 자신의 장점과 단점을 평가하고 이해할 수 있다. (구) They give thoughtful consideration to their own learning and experience. They are able to assess and understand their strengths and limitations in order to support their learning and personal development. (신) We thoughtfully consider the world and our own ideas and experience. We work to understand our strengths and weaknesses in order to support our learning and personal development.

International Baccalaureate Organization. *What is an IB education?* Cardiff: International Baccalaureate Organization (UK), 2013
http://www.ibo.org/globalassets/publications/what-is-an-ib-education-en.pdf
국제바칼로레아기구(IBO) 「국제바칼로레아(IB) 교육이란?」 2014년
http://www.ibo.org/globalassets/digital-tookit/brochures/what-is-an-education-jp.pdf

IB의 교육방법

IB교육의 연구자 제임스 캠브리지(James Cambridge)에 의하면, IB의 교육은 구성주의적인 여러 학습이론을 바탕으로 한 교육학[8]으로 만들

3장. 지식기반경제에 대응한 IB커리큘럼 159

어졌다. 일본 교육과의 차이점이 표 3-4에 정리되어 있는데, 교육학의 분류를 기준으로 보자면 IB교육과정은 역량모델(competence model)이고 일본의 교육과정은 수행모델(performance model)로 편성되어 있다고 할 수 있다.

일본인들은 수동적인 방식의 교육에 익숙하기 때문에 그 이외의 교육은 상상하기도 어렵다. 애초부터 교과라는 것은 도서관처럼 지식을 일정한 규칙과 대략의 학문분야로 분류해서 정리한 것이다. 최근에는 사용방법에 따라 정리된 도서관들도 생겨나고 있다. 예를 들어, 이전에는 도서관에 도서카드라는 것이 있었다. 과학사 문헌은 역사와 과학 모두로 분류될 수 있었다. 둘 중 하나로 분류해서 중복을 피해 한 장의 카드에 번호순으로 정리하고 있었기 때문이다. 컴퓨터의 보급으로 키워드 검색을 할 수 있게 되자 복수의 다양한 정리방법이 가능해졌고, 지식을 결합하는 방법도 다양해졌으며 지식의 재편성도 간단해졌다.

IB교육 혹은 구성주의의 사고로는 사물의 구성성분(개념)만 알고 있으면 지식을 찾아 이를 사용할 수 있다. 수업이란 지식을 교과서대로 혹은 순서대로 외우는 것이 아니며, 그림 3-1과 같이 지식의 저장고(stock)로부터 필요한 지식을 그때그때 골라 사용할 수 있도록 하는 것이다.

IB커리큘럼은 수업의 정리가 되는 단원을 개념주도의 교과통합적인 탐구단원에서부터 IB시험의 교과로 단계적으로 이행해갈 수 있도록 구성하고 있다. IBDP(IB학위과정)라는 마지막 2년 동안은 완전하게 교과별로 이루어지는데, 교과를 전체적으로 아우르고 있는 지식론·과제논문·사회활동이 평가의 대상이 되었다는 점과 교과의 학문적 수준이

표 3-4 IB와 일본의 교육과정

	IB 교육과정	일본 교육과정
학교교육의 목적	학습방법을 학습자상(像)으로 규정하고 학습과정에서 필요한 능력을 형성한다.	학습지도요령으로 측정한다. 주요 목적은 지식 및 기능의 습득이다.
교과의 설정 및 선택	초등교육단계에는 거의 없고, 전기중등교육단계는 각 학교에서 교과통합적 접근을 하며, 후기중등교육단계에서는 각 학교가 여섯 교과군 중에서 선택한다.	대부분 일률적으로 엄밀하게 지정된다.
단원형성	초등교육단계에서는 교과통합적인 '탐구단원'이 중심이 되고, 전기중등교육단계에서는 교과통합이 가능하며, 후기중등교육에서는 교과별로 형성된다. 단, 교과를 초월한 학습도 설정된다.	교과마다 서로 중복되지 않도록 작성된다.
배열(Sequence, 교육내용의 계통성과 순서)	틀만 지정된다.	학년별 학습지도요령에 따라 상세히 구성된다.
범위(Scope, 교육내용의 넓이와 깊이)	틀만 지정된다.	학년별 학습지도요령에 따라 상세히 구성된다.
연간지도계획의 작성	학교별로 작성한다.	교과서대로 따른다.
교재의 선택	교사가 선택하거나 작성하며, 후기중등교육단계에서는 교과서가 이용된다.	검정교과서를 사용한다.
수업	일반적이고 포괄적인 공통의 지식 및 기능은 개별적으로 학습하고, 수업은 학생들이 집단적으로 탐구(探求·探究)하는 활동이다. 교사는 학습활동을 지원한다.	일반적이고 포괄적인 공통의 지식 및 기능을 전달하고 가르친다.

그림 3-1 교과와 수업 단원의 관계

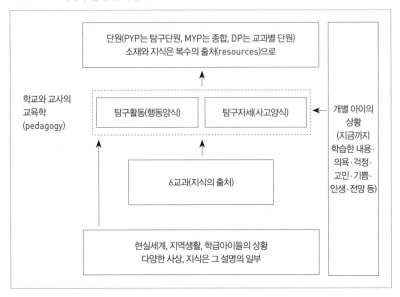

미국의 대학교 1, 2학년 수준의 공통교육에 필적한다는 점을 특징으로
한다.

4장

PYP
(초등학교용 커리큘럼)

International Baccalaureate

"너는 요즘 누구랑 친하게 지내니?"

"글쎄요, 다 친해요."

"그럼 너희 반에서 누가 가장 뛰어나다고 생각하니?"

"뛰어난 학생이요? 뛰어나다…?"

"수학을 잘 한다든지, 작문을 잘 한다든지, 철자를 잘 맞춘다든지 말이야."

"음… 있긴 하지만…"

"그래? 누가 가장 뛰어나니?"

"글쎄요… 누군지는 잘 모르겠어요. 그러니까 수학을 엄청 잘하는 애가 있어요. 아담처럼 말이에요. 하지만 아담은 프랑스어는 그렇게 잘 못해요. 사라라는 아이는 플룻연주를 정말 잘 하는데 사회시간에 토론할 때는 아무 말도 못 하구요……"[1]

― 마치다 미사코 「국경 없는 교육, UN국제학교」

일본에서는 오랫동안 '교과의 학력, 종합점수, 교과의 합계점수로 매겨진 순위'로 머리가 좋은지 나쁜지가 결정된다고 믿어왔다. 그러나 이것은 단지 학력을 측정하는 약속사항에 지나지 않으며 이 밖에 다른 견해도 있음을 아는 것이 글로벌시대에는 그 무엇보다 필요하다.

부모와 아이의 위의 대화는 지금부터 40년도 더 전의 실제 대화로 일본인 가정이 뉴욕의 UN국제학교를 체험했을 때의 이야기다. 이 대화는 어머니가 초등학교 4, 5학년의 아이에게 학교생활에 대해 묻고 있는 상황이다. 일본사회와 일본학교에서 자란 어머니는 아들인 아도의 대답을 들으면서 내 아이가 남들과는 다른 사고와 학력관을 지녔음을 문득 깨닫는다. 그녀는 다음과 같이 말한다.

"친구들을 그런 식으로 보고 생각할 줄은 몰랐어요."
"모든 것을 전부 통틀어서 누가 가장 잘 하는지는 한 마디로 표현할 수 없대요."
"모든 아이에게 뛰어난 부분이 있고 부족한 면도 있어서 전부 합친 것이 바로 친구들 각자의 모습이라는 거예요."[2]

가령, 낙제를 했다고 하더라도 아이들은 친구의 개성을 존중하고 있다. 옛날에 같은 반 친구였던 피터 모어라는 아이가 있었다고 한다. 그 아이는 낙제를 했지만 드라마 연출실력이 아주 뛰어났다. 그래서 드라마를 하는 시간이 되면 반 친구들 전체가 "작년에 피터의 연출 덕분에 우리 반이 성공할 수 있었어. 역시 피터가 없으면 안돼."[3]라면서 낙제한 아이를 수업에 데려왔다고 한다.

통지표를 보아도 아이의 성장모습만 기록되어 있을 뿐 반에서 몇 등이라는 언급은 없다. 아이들도 그런 데에 별로 흥미를 보이지 않는 것 같다. 그 때문에 어머니는 초조해하면서 이렇게 말했다. "처음으로 느꼈던 것은 아이가 그 연령에 맞는 학력을 제대로 갖추고 있는지를 도대체 무엇으로 확인할 수 있는지 그것이 궁금했어요."4

처음부터 이 초등학교는 일본의 학교들처럼 종적인 교과시간표를 정해서 그에 따라 일제히 똑같은 내용을 가르치지 않았다. 예를 들면 다음과 같다.

반 아이들은 각자 능력에 맞는 텍스트를 사용해서 공부하고 있다. 4학년이지만 머리가 좋은 아이는 5학년이나 6학년의 산수책을 학습하고 있고, 외국에서 전학을 와서 아직 영어가 서툰 아이는 1학년 영어책을 읽고 있다. 체육이나 음악은 일제히 똑같은 수업을 받을 것 같지만 여기서조차도 합창단에 가입한 학생은 다른 아이들이 수업을 받고 있는 사이에 슬쩍 빠져나와 코러스 연습을 하고, 오케스트라에 소속된 학생은 작문시간에 음악실에 가서 레슨을 받는다. 더 심한 경우에는 미술선생님이 "벽에 그림 그리는 것 좀 도와줘."라고 말하고는 그림을 잘 그리는 몇 명의 아이를 수업 중에 데리고 나가버리기도 한다. 이렇게 수업분위기는 아주 자유롭다.

이 어머니는 "쉬는 시간인지 수업시간인지 구별이 안 가는 공부방식에 약간의 불만을 느꼈어요. 이건 마치 옛날의 서당 같지 않나요?"라며 한탄했다.5 이 어머니는 진지하게 아이를 전학 보낼 마음으로 다른 학교를 알아보기까지 했다고 한다. 그런데 놀랍게도 이 국제학교가 뉴욕에서 학력이 높은 학교로 정평이 나있다는 사실을 알게 되었다. 그 이유는 무엇일까? 이 어머니는 '연령에 맞는 학력은 도대체 뭘까?'라고 자문하고 '그런 기준이 과연 존재하기는 할까?'라면서 다음과 같은 결론에 도달했다고 한다.

아이에 따라 저학년 때 부쩍 성장했다가 어떤 시기에는 계속 제자리 상태인 아이도 있고, 상당히 자란 다음에야 자신이 쌓아온 것을 한꺼번에 발휘하는 아이도 있다. 이렇게 도저히 예측할 수 없는 능력이 숨겨져 있는 아이들 하나하나를 어느 한 시기를 통틀어 하나의 동일한 관점으로 평가하는 것이 과연 좋은 일일까? 그리고 이렇게 하는 것이 얼마나 의미가 있을까?

이 어머니는 또 다음과 같이 말했다. "아도의 친구들을 보면서 저는 가끔 그런 생각을 해요. 아도의 친구들은 개개인이 저마다 훌륭한 개성을 가지고 있었던 거예요." 즉, 아이들 모두가 저마다 다르게 성장하고 있으며 이를 인정하는 교육이야말로 진정한 의미가 있다는 것을 깨달았던 것이다.[6] 또한 "친구들을 폭넓은 각도에서 바라보고 그 속에서 각자의 장점이나 특기를 발견해가는 아도의 방식이 좋았다고 생각해요." '우선 확실한 방향으로 나아가고 있는 것 같아요.'[7] 이와 같이 생각하기 시작했다고 한다. 국제학교가 이 어머니의 학력관을 바꾼 것이다.

지금도 많은 일본인들은 시험점수를 올리는 것이 교육이라고 생각하며 시험에 대비하는 것이 공부(学修, 스터디)라고 생각한다. 그러나 시험 대비 목적의 공부만 하면 자신의 인생에 대한 질문을 한다거나 인생을 위한 배움(學習, 학습)은 좀처럼 생겨나기 어렵다. 이 책에서는 오늘날의 국제학교 중에서도 IB커리큘럼을 도입한 학교를 소개하면서 일본의 미래교육을 탐색하기로 한다.

PYP교육과정 성립에 이르기까지의 과정

PYP(초등학교용 커리큘럼)의 개발, 특히 국가별로 제도화되어 있는 교과에 맞게 조정하려는 움직임은 106개의 국제학교에서 1991년부터 1997년에 걸쳐 국제학교커리큘럼프로젝트(International School Curriculum Project, ISCP)라는 형태로 지속되었다. 물론, 교과를 조정하는 것도 과제이긴 했지만 그보다는 당시의 시대적 요구가 더 강하게 인식되었다.

국제학교의 교원과 관리직을 경험하고 ISCP(국제학교커리큘럼프로젝트)의 위원도 맡았던 데니슨 맥키넌(Dennison J. MacKinnon)은 다음과 같이 말한다.

ISCP는 1990년대 초반 급변하는 세계 속에서 모든 종류의 과제와 씨름하던 국제학교에서 절감했던 필요성에 부응하기 위해 개발된 것이다. 그 결과는 커리큘럼 내용의 선택 이외의 것으로, 말하자면 적절한 교육학과 평가기술에서 뇌가 어떻게 움직이는지 등과 같은, 첨단기술 연구로부터 제시된 과제 및 가능성이라는 기회로 이어졌다. ISCP의 개발자들에 의하면 이 새로운 유형의 교육은 국제학교에 반드시 필요한 것으로 21세기 과제에 응하는 교육이었고 '오늘 자신이 가르친 것을 아이들은 어디에서 언제 사용할까?'와 같이 평상시에 모든 교사들이 갖는 질문에 응답하는 교육이었다[8]고 한다.

이러한 관점은 OECD의 국제학업성취도평가(PISA)개발에 참여한 사람들이 가진 질문과 비슷하며 이는 글로벌한 교육개혁의 동향으로 간주된다.

ISCP의 성과는 최종적으로는 1997년 3~12세를 대상으로 한 PYP(초등학교용 커리큘럼) 개발로 이어지게 되었다. 이즈음 PYP에 대한 IB학습자상(像)이 확립되었다. 그 이후 IB학습자상은 보다 확실하게 글로벌한 능력 규정의 흐름에 대응해나갔다. 국제학교의 관리부문에서 일했던 크리스 찰슨(Chris Charleson), 트레이시 목슬레이(Tracy Moxley), 데이비드 배튼(David Batten)은 21세기학습의 추구는 "새로운 세계를 향해 역량을 발휘하도록 하는 것에 초점을 맞춰 국제적이고 세계화와 관련된 학습환경으로의 기본적인 전환을 요구하고 있다."[9]라고 말했다. 세 명이 지적한 학력규정의 참고자료는 주로 유럽정부 및 국제기관들이 작성한 자료였다.[10]

PYP교육과정

PYP의 교육과정은 1997년에 작성되어 PYP(3~12세, Primary Years Programme)로 불린다. 정확히는 '유아 및 초등교육과정'으로 해석되어야 하는데 일본에서도 PYP로 통용되고 있다. 역사적으로 보면 이 교육과정은 IB프로그램으로는 가장 마지막 단계에서 완성된 부분이었고, 이미 국제학교에서 실제로 시행되고 있었던 교육을 체계화한 것이며, 국제기관이 제시한 교육이념을 비교ㆍ고찰하면서 21세기를 전망하여 작성된 교육과정이다.

특징적인 부분은 PYP의 수업이 핵심 커리큘럼으로 편성되어 있다는 것이다. 핵심이 되는 수업은 탐구단원(Unit of Inquiry, UOI)이라는 수업이다. PYP에서는 일본의 학교에서 말하는 국어, 산수, 이과, 사회 등의 교과별 수업은 진행되지 않는다.[11] 이러한 수업은 일본에서는 전혀 예상치 못했던 문제이다. 그러나 세계는 이 방향으로 움직이고 있다. 이러한 수업이 세계 이곳저곳에서 실행되고 있는 것이다.

교과의 구성방식은 나라마다 다르다. 따라서 국제학교는 교과를 넘어선 관점으로 수업을 구성할 수밖에 없다. 특히, 초등학교의 경우에는 구체적인 소재를 사용하는 것이 인식수준을 더욱 높여준다고 여겨지고 있다.

IB교사인 재닛 필드(Janet Field)는 "전체적인 학습은 MYP(중학교용 프로그램)의 기초이지만, 정도의 차이는 있으나 교과통합적인 성격은 세 가지 IB프로그램의 기초이기도 하다."[12]라고 말한다. 그 밖에 학습방

표4-1 IB커리큘럼의 구조와 학습방법

커리큘럼	구조	학습방법
PYP	교과통합적인 탐구단원	교과통합적인 개념과 스킬
MYP	교과통합적 영역인 '교류'를 포함, 주위와 연결시켜 편성된 과목	학습에 대한 프로세스
DP	과목과 연결된 지식론을 포함, 주위와 연결시켜 편성된 과목	지식론(TOK)

Janet Field. Subject-Based, Interdisciplinary and Transdisciplinary Approaches to the MYP. In Mary Hayden and Jeff Thomson (eds) *Taking the MYP Forward*. John Cat Educational Ltd., 2011, 65. 단, 표는 정리되어 합쳐짐

법을 배운다는 교과통합적인 프로세스가 세 가지 프로그램을 연결하고 있다면서 재닛 필드는 표 4-1과 같이 그 관계를 정리하고 있다.

탐구단원

그렇다면 어떤 관점으로 수업이 구성되는 것일까? 표 4-2와 같이 탐구단원은 IBO가 지정하는 '여섯 가지 테마'에 따라 각 교과의 지식을 결합해서 편성한다. PYP단계에서는 '자기 자신에 대해서'와 '내가 있는 장소와 시대'를 포함한 네 가지 테마로 수업을 편성한다. 이 단원은 '여섯 가지 학습관점'이라 불리는 영역 내지는 교과영역의 지식으로부터 소재(교재)를 이끌어내 이들을 결합시켜 편성된다. 즉, 교과통합적인 학습단원이 편성된다. 여섯 가지 학습관점 전부를 융합시킬 필요는 없고, 메인이 되는 영역을 복수로 선택해서 영역마다 수업을 짜도 된다. 요약하면, 하나의 테마를 6주간에 걸쳐 복수의 학문적 관점으로 탐구하게 된다. 이러한 작업은 각 교사가 시행하고, 학교의 교무팀에서 조정한다. 1단원은 6주간에 걸쳐서 학습되고 1년 동안 6단원, 즉 여섯 가지 테마가 학습된다.

최종학년에는 졸업프로젝트에 참가하고 발표회 등의 전시회를 연다. 이것이 최종평가가 된다. 예를 들면 5학년의 경우 이 발표회는 5학년 발표회로 불리기도 한다. 학생 개개인이 PYP의 기본 요소인 지식·개념·기능·태도·행위 면에서 '힘을 발휘하는' 것이 요구된다.

여섯 가지 학문적 관점이란 표 4-3과 같이 여섯 교과영역이다. 구체적인 지식 및 기능이 지정되어 있지는 않다. 학교마다 커리큘럼이 구체

표 4-2 PYP커리큘럼의 틀(지식 부문의 여섯 테마)

우리는 어떤 존재일까 (자기 자신에 대해서)	탐구내용 자신의 특성; 신념과 가치; 육체적·정신적·사회적·심리적 건강, 가족·친구·지역과의 인간관계, 문화; 권리와 책임; 인간으로서 살아간다는 것의 의미
우리는 어떤 장소와 시대에서 살아가고 있는 것일까 (우리가 있는 장소와 시대에 대해서)	탐구내용 장소와 시대; 개인사; 가정과 여행; 인류의 발견·탐험·이주; 지역·세계차원에서 보는 개인과 문명의 관계 및 그 결합
우리는 어떻게 자신을 표현할까 (자신의 표현방법에 대해서)	탐구내용 발견하는 방법, 사고·감정·특징·문화·신념·평가를 표현하는 방법; 성찰하는 방법, 자신의 창조성을 넓히고 즐기는 방법; 미적 대상의 감지
세계는 어떻게 움직이고 있을까 (모든 만물은 어떻게 기능하고 있을까)	탐구내용 자연계와 자연법칙; 자연세계(물리와 생물)와 인간사회와의 상호작용; 인간은 수학원리의 이해를 어떻게 사용할까; 과학과 기술의 진보가 사회와 환경에 미치는 영향
우리는 어떻게 자신을 조직할까 (사회를 체계화하는 방법에 대해서)	탐구내용 인간이 만든 조직과 지역의 내부결합; 조직의 구조와 기능; 사회적인 의사결정; 경제활동과 인류 및 환경에 대한 그 영향
지구를 공유하는 것 (지구에 공존하는 것들에 대해서)	탐구내용 한정된 자원을 개인 및 다른 생물과 나눠 쓰기 위해 노력하는 권리와 책임; 지역 및 그 내외부와의 관계; 사회평등을 향한 발걸음; 평화와 분쟁해결

International School of Paris. *Primary Years Programme Curriculum Guide 2014-15. 7.*

화된다. 이른바 교과서를 스스로 만드는 학습이기 때문에 이에 대한 방향성을 부여하기 위해서는 교사의 역량이 많이 요구된다. 아이들과 마찬가지로 교사 또한 매일 학습하게 된다.

표4-3 여섯 교과영역에 관한 파리 국제학교의 설명

국어	구어 커뮤니케이션(듣기·말하기), 문어 커뮤니케이션(읽기·쓰기), 시청각 커뮤니케이션(보기·보여주기); '부가언어로서의 영어' '모국어 유지'가 독자적인 수업으로 편성; 5학년에서 '발전커리큘럼활동'에 참가하는 것도 가능
수학	탐구를 지지해주는 놀이기구; 교수요목으로는 데이터 처리, 측정, 평면도형과 입체, 그래프와 수식, 수가 있음
과학	호기심을 추구하고 세계에 대한 이해를 넓혀 자신·타인·세계에 미치는 자신의 영향력에 대해 책임을 지는 책임의식 함양; 교수요목은 생물, 지구와 우주, 물리, 힘과 에너지
사회	과거·현재·미래와 관련해서 인간과 환경, 사회를 배움; 교수요목은 인간의 제도와 경제활동, 사회의 조직과 문화, 시간적인 일관성과 변화, 인간과 자연의 환경, 자원과 환경
예술	학생이 자신의 감각을 발견해서 구성하거나 주변세계에 대한 이해를 발전시키는 강력한 커뮤니케이션 양식; 교수요목은 응답하는 것과 창조하는 것
개인·사회·체육	체육, 개인과 사회의 교육; 개인의 복지와 관련된 개념·지식·태도·기능을 촉진하고 발달시키는 영역

International School of Paris. *Primary Years Programme Curriculum Guide 2013-14*. 11-15.

파리 국제학교

파리 국제학교는 2014년에 50주년을 맞이한 전통 있는 학교로 많은 정보를 공개하고 있어서 참고용으로 사용하기에 좋다.[13] 파리 국제학교에서는 PYP의 수업구성이 표 4-3과 같이 되어 있다. 추가 교과로는 정보통신기술(ICT)이 설정되어 있다.

학교가 하는 평가에 대해서는 그 목적을 다음과 같이 정의하고 있다. 개별 학생 및 각자의 관심을 확실하게 표현할 것, 학생이 무엇을 어떻게 생각하고 학습하는지를 명확히 할 것, 학생이 학습하고 있는 환경의 효과에 대해서 알아볼 것, 학생의 학습을 확장시킬 것.

또한, 평가의 관점은 학생이 학습스타일을 바꾸고 있는지, 다양한 문화의 경험과 기대 및 필요성을 가지고 있는지, 학습환경에 맞춰 다른 행동을 하고 있는지, 자기평가와 동료평가를 학습과정의 일부로 보고 있는지, 학습과정 중에 자신의 성취도를 알고 개선할 부분을 알려고 하는지, 평가결과를 발전적이고 건설적인 것으로 받아들이고 있는지 등이다.

숙제에 대해서는 준비반(6세 아동) 아이들에게는 부모가 매일 밤 모국어로 책을 읽어줄 것, 아이와 놀아줄 것, 그날의 일과를 아이와 함께 이야기할 것, 도서관 책을 공유할 것, 가능한 한 파리의 많은 거리를 돌아다닐 것 등이 요구된다. 1학년부터 5학년까지의 초등학생은 매일 밤 적어도 20분 정도 모국어나 영어로 된 책을 읽어야 한다. 부모는 아이가 독서를 계속 이어나가고 또 읽은 책에 대해서 이야기를 나눌 수 있도록 지원한다.

숙제의 목적은 가정과 학교의 협력관계를 발전시키는 것, 기능·지식·개념을 강화하고 보충하는 것, 학교에서의 학습을 발전시키는 것, 자기자율과 조직질서라는 중요한 관습을 발달시키는 것이다. 숙제는 1~5학년 공히 매일 밤 책읽기, 가능한 한 많은 탐구활동이 권장되며, 숙제하는 데 걸리는 시간은 1~3학년은 주 1시간, 4~5학년은 주 2시간이 권장된다.

덴마크의 IBPYP

덴마크에는 IBPYP 인정학교가 1개교, IBMYP 인정학교가 1개교, IBDP 인정학교가 13개교 있다. IBDP와 비교하면 IBPYP와 IBMYP 인정학교는 그 수가 적다.

덴마크에는 인구 6천명이 사는 빌룬트(Bilund)라는 지역이 있다. 이곳은 레고의 발상지로 레고랜드와 국제공항이 있다. 빌룬트는 사활을 걸고 2013년 8월에 유치원과 초등학교를 '빌룬트 국제학교'로 변경하고 IB커리큘럼을 채택하였다. 2015년에는 초등학교 고학년과 중학교도 이곳으로 옮겨왔다. 덴마크에서는 국가정책과 다르게 학교를 운영하는 경우에 독립학교(일본어로는 사립학교)로 간주되어 80%의 운영비가 국비부담으로 충당된다. 그러나 이 학교는 수업료를 월 5만엔으로 책정하고 있다. 지역의 재원이 풍부하기 때문에 지역주민의 부담은 거의 없는 것 같다. 빌룬트 시에는 레고 본사와 근처에 지멘스 공장이 있어서 세계 각지의 사람들이 거주하며 이곳 초등학교에는 25개국의 아이들이 다니고 있다. 그중에는 일본인도 한 명 있다. 학급당 정원은 20명이다.

아직 정식 IB인정학교는 아니지만 2014년의 수업모습을 소개하고자 한다. 덴마크에서 6세 아동은 준비반에 들어가며 이것이 의무교육으로 편입된 지는 얼마 되지 않았다. 하지만 이 학교는 유치원 전체를 교육과정으로 편입시키고 있다. 즉, 보통 6세 미만의 아이는 보육의 대상으로 여겨져서 교육이 이루어지지 않지만, 이 학교에서는 이들을 대상으로 교육을 한다는 것이다. 안내를 맡은 교사는 이 학교는 다른 학교보다 훨씬 많은 독서를 하고 있다고 말했다. 교실에는 덴마크어교사와

1 2013년 8월에 개교한 국제학교
2 3년제 유치원과 5년제 초등학교가 병설되어 있다.
3~6 교재로는 레고가 자주 사용된다.

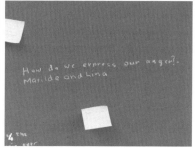

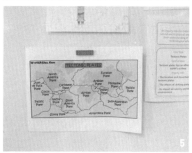

1~2 각 교실의 접합부분은 도서코너로 되어 있고 영어도서만 진열돼 있었다.
3 혼자서 자습하는 아이도 있다. 공통작업을 마치고 숙제를 하고 있는 모습이다.
4 '어떻게 화를 표현하면 좋을까' 마틸다와 리나 작품_'그렇구나' 게시판
5 전체 학년 공통의 테마가 '지각변동'이었다. 인터넷으로 검색한 영어로 된 그림이 벽에 걸려 있다.
6 초등학생들은 화산의 노래를 작사·작곡해서 합주하고 있다.

1 선생님이 기타를 치면서 반주하고 있다.
2 학교 바로 밖으로 자연이 펼쳐진다.
3 학교에서 도보로 3분 거리에 문화센터가 있다.
4 그곳에는 도서관도 있어서 덴마크어로 된 도서가 많았다. 아동전용 코너도 있다.
5 카페도 있어서 아이들은 시민으로서 도서관을 이용한다.

영어교사 두 명이 나란히 서 있다. 이중언어(bilingual)를 사용하는 교육체제인 것이다.

빌룬트 국제학교에는 덴마크의 일반적인 학교와는 달리 학교급식이 있다. 집단생활을 우선시한다는 것일까? 이것이 국제표준으로 인정받았기 때문일까? 북유럽 국가들은 복지국가로 알려져 있지만 덴마크에는 급식제도가 없다. 식사를 개인의 생활범위에 속하는 것으로 간주하고, 무엇을 언제 먹을지는 개인의 판단에 맡길 정도로 자유와 책임이 철저하게 개인에게 부여되고 있는 것이다.

초등학교 담당교사 니스(Nis) 선생의 설명에 따르면, 이 학교에서는 실천을 중시하는 수업을 구성하고 있다고 한다. 그녀는 학습한 내용의 기억률을 나타낸 학습 피라미드를 프로젝터로 비추면서, 이 학교에서는 그림 4-1의 위에서 3~5번째 줄에 있는 시청각-실연(実演)-토론-실천행동의 단계로 수업을 진행하고 있다고 설명했다.

그룹워크의 장점은 아이들끼리 서로를 통해 학습할 수 있다는 것으로, 공동작업을 하면 혼자 학습하는 것보다 좋은 학습성과가 나온다. 이것이 니스 선생이 설명하는 빌룬트 국제학교의 학습스타일이다. 덴마크에서는 협동학습이 전통적으로 이뤄져왔다. 그러나 25개국 출신의 아이들을 관찰해보면 나라마다 고유한 학습방법이 있어서 협동학습으로 무엇을 하면 좋을지 모르겠다는 아이도 있다. 예를 들면, 독일에서는 지면(紙面)을 통해 학습하기 때문에 몸을 움직이는 활동이 거의 없다(책상에서 학습할 뿐이다). 협동학습을 하면 아이들의 자질도 더 잘 알 수 있다. 아이디어를 내서 다른 아이들을 설득하고 그룹 전체를 움직이는 힘, 소위 말하는 리더십을 발휘하는 아이도 드러난다.

그림4-1 학습 피라미드(니스 선생이 보여준 그림)

니스 선생의 설명에 따르면, IBPYP(초등학교용 프로그램)의 커리큘럼과 덴마크의 국가커리큘럼은 손을 사용해서 학습하는 등 학습방법이 매우 유사해서 덴마크에서 IB커리큘럼을 실천하는 것은 그다지 어렵지 않다고 한다. 그렇다면 왜 굳이 IB를 채택했는지 질문하자 "지멘스와 같은 다국적기업의 사원은 모두 타국으로 이주합니다. 그때 아이들이 그 나라의 IB학교를 다니면 원활하게 전학절차를 밟을 수 있어요."라고 답했다. "아이들의 탐구를 우선으로 둔다면, 교사가 아이에 대해 모든 것을 파악하고 있지 않을 경우 혹시 난처해지지는 않을까요?"라는 질문에 대해서는 니스 선생은 "아이들에 대한 정보는 전부 알아두는 편이 좋지만 그것은 불가능합니다. 모르는 부분이 나왔을 때 함께 탐구하려는 자세만으로도 괜찮아요. 그래도 교사가 아이보다는 훨씬 더 많은 탐구를 해야 하지요."라고 답변했다. 또 교실에는 '궁금증 게시판(Wonder

Wall)'이 있어서 아이들이 무엇이든 질문이나 느낀 점을 써서 붙여놓고 때로는 아이가 답을 찾아 오기도 한다며 해결법 한 가지를 소개해주었다. 니스 선생은 유명한 학습 피라미드(그림 4-1)를 프로젝터로 보여주면서 IB학습과 전통적인 지식암기형 교육을 부정하는 신교육의 입장에서 볼 때 '스스로 생각해서 행동한 뒤 얻은 지식은 아주 값진 결과물'이라고 설명했다.

빌룬트 국제학교의 탐구단원(UOI)이라 불리는 여섯 가지 테마는 표 4-4와 같이 나타나 있다. 3, 4세 아동에게는 여섯 가지 테마 중 '자기 자신에 대해서'와 '우리가 살고 있는 장소와 시대에 대해서'의 둘을 포함한 네 가지 테마로 수업을 편성하고 있음을 확실하게 알 수 있다. 이 학교의 테마를 보면 알 수 있듯이 교과지식보다도 개념을 우선적으로 가르치는 IB의 기법이 사용되고 있다. 덴마크학교에서 핵심개념과 관련 개념으로서 다뤄지고 있는 것은 표 4-4의 내용과 같다. 이 표에는 중심이념과 탐구방향에서 다루어지고 있는 개념도 표시되어 있다.

덴마크의 고등학생들과 이야기를 나눠보면 하나같이 '덴마크는 작은 나라여서 영어를 할 줄 아는 것이 중요하다' '개인은 창조성과 혁신을 바탕으로 자립적으로 살아가는 수밖에 없다' '덴마크는 디자인의 나라다' 등을 이야기한다. 어른들도 그렇게 말한다. 그러한 것들은 교육을 통해 전달되고 있으며, 사회의 커뮤니케이션에 의해 확인되고, 사람들이 살아가는 방식이나 이상적인 사회의 모습을 결정한다. 이는 개별적인 지식내용이 아니라 각각의 지식을 서로 연결한 총체로서의 이상적인 상태와 관련한 문제가 제대로 학습되고 있다는 의미일 것이다. 덴마크에서는 초등학생들도 영어를 능숙하게 구사한다.

표 4-4 빌룬트 국제학교의 PYP 교과통합적 테마(2014년)

	PYP K1, K2 3-4세	PYP K3, G1, G2 5-7세	PYP G3, G4, G5 8-10세
자기 자신에 대해서 (Who we are)	자신(Me) 중심이념: 자신은 많은 다른 부분으로 이루어져 있음 핵심개념: 형태와 기능 관련개념: 유사점과 차이점 탐구방향: 신체부위, 우리의 능력, 좋아하는 것과 싫어하는 것	가족(Family) 중심이념: 가족에는 각각 다른 형태와 구성원 수가 있음 핵심개념: 형태, 전망, 성찰 관련개념: 정체성, 문화, 영향 탐구방향: 다양성이 하나의 가족을 형성하고 있음. 가족 내에서 자신의 역할과 문화적 가치는 가족에게 어떻게 영향을 미칠까	사회(Society) 중심이념: 사회는 우리가 어떤 개인이 될지에 대해 영향을 끼쳐왔음 핵심개념: 결합, 성찰 관련개념: 문화, 라이프스타일, 영향 탐구방향: 우리의 신념, 가치, 문화적 배경
우리가 있는 장소와 시대에 대해서 (Where we are in place and time)	게임과 장난감 (Games and Toys) 중심이념: 아이가 가지고 노는 게임과 장난감은 오랜 시간 동안 변해왔음 핵심개념: 형태, 결합, 전망 관련개념: 문화, 커뮤니케이션, 예측, 혁신 탐구방향: 부모가 가지고 놀았던 게임과 장난감, 우리가 가지고 노는 게임과 장난감, 미래의 게임과 장난감	가정 (Homes) 중심이념: 입지조건, 재료, 문화가 어떤 가정을 만들어내는지에 영향을 미침 핵심개념: 형태, 결합, 전망 관련개념: 문화, 요구, 소유, 지역성 탐구방향: 가정의 성격, 세계 속 가정의 유사점과 차이점	탐험 (Exploration) 중심이념: 탐험은 새로운 발상과 기회로 이끔 핵심개념: 변화, 결합 관련개념: 탐험, 역사, 혁신 탐구방향: 탐험에 대한 역사적 욕구, 탐험에 대한 현재의 욕구, 계속적인 탐험의 중요성

	PYP K1, K2 3-4세	PYP K3, G1, G2 5-7세	PYP G3, G4, G5 8-10세
자신의 표현 방법에 대해서(How we express ourselves)	예술(Arts) 중심이념: 예술은 우리가 스스로를 표현할 수 있는 수단임 핵심개념: 기능, 결합, 전망 관련개념: 상상, 창조성, 커뮤니케이션 탐구방향: 우리가 예술을 통해 스스로를 표현하는 다양한 방법, 우리의 정서가 어떻게 예술을 통해서 표현될까, 개인의 활동에 대한 존중을 어떻게 보여줄까	디자인(Design) 중심이념: 덴마크는 디자인으로 유명함 핵심개념: 디자인, 목적, 문화 탐구방향: 덴마크인 디자이너(과거와 현재), 디자인의 목적, 자신의 디자인을 실현	스토리(Stories) 중심이념: 스토리텔링에는 여러 방법이 있음 핵심개념: 전망, 기능 관련개념: 스토리, 전통, 창조성 탐구방향: 스토리의 구조, 스토리텔링의 전통적인 방법, 스토리텔링의 현대적 방법
만물이 기능하는 방식에 대해서(How the world works)		라이프사이클 (Life Cycles) 중심이념: 살아있는 것의 재생은 종의 존속에 공헌함 핵심개념: 형태, 변화, 인과관계 관련개념: 재생산, 선택, 지속가능성 탐구방향: 라이프사이클의 일부로서의 재생산, 라이프사이클의 선택은 라이프사이클에 어떻게 영향을 받을까	변동하는 지각 (Tectonic Plates) 중심이념: 변동하는 지각은 지구의 표면에 영향을 끼침 핵심개념: 변화, 인과관계, 형태 관련개념: 환경, 지리, 대형(隊形) 탐구방향: 입지조건과 변동하는 지각의 움직임, 이동하는 지각의 효과, 사회와 환경에 미치는 영향

	PYP K1, K2 3-4세	PYP K3, G1, G2 5-7세	PYP G3, G4, G5 8-10세
사회를 체계화하는 방법에 대해서 (How we organize ourselves)		기호 (Signs) 중심이념: 기호와 상징은 주위를 이해하는 데 도움이 됨 핵심개념: 형태, 기능, 결합 관련개념: 커뮤니케이션, 요구, 시스템 탐구방향: 기호와 상징의 물질적 특징, 기호와 상징의 근거, 존재하게 하는 시스템	인권 (Human Rights) 중심이념: 정부의 시스템과 결정은 인권과 자유를 촉진하는 것도 부정할 수 있음 핵심개념: 책임, 성찰 관련개념: 시스템, 자유, 선택 탐구방향: 다른 유형의 정부, 정부의 결정과 사람들에 대한 영향, 인권을 이해
지구에 공존하는 것들에 대해서 (Sharing the planet)	음식 (Food) 중심이념: 음식은 장소마다 다름 핵심개념: 형태, 변화, 결합 관련개념: 문화, 관계, 생산 탐구방향: 음식의 문화적 차이, 음식이 생산되는 다양한 방법	물 (Water) 중심이념: 물은 생명을 유지시킴 핵심개념: 인과관계, 관점, 책임 관련개념: 원천, 보전, 상호의존 탐구방향: 물의 원천, 물의 중요성, 수질보전	천연자원(Natural Resources) 중심이념: 지구의 천연자원은 한정되어 있음 핵심개념: 관점, 인과관계 관련개념: 부족, 자원, 불평등 탐구방향: 입지조건과 천연자원의 이용, 천연자원에 대한 접근의 영향

테마의 기준에 따라 구체적으로 어떤 테마를 정할지의 문제는 학교에 맡겨진다. 빌룬트 국제학교에서는 표 4-4와 같이 7년 동안 한 사이

클을 돌 수 있도록 구체적인 테마를 세우고 있고, 7년이 지나면 전체를 다시 바꿀 예정이라고 한다. 이 7년이란 기간은 빌룬트 국제학교가 지원하고 있는 PYP의 학년과 유치원에서 초등학교까지의 연수에 맞춰서 정해졌다.

시간표(표 4-5 ~ 표 4-12)를 살펴보자.

조식클럽은 다음과 같다. 6시 30분에서 7시 30분 사이에 도착한 아이들이 음악교실에 집합한다. 그리고 지참한 아침을 함께 먹는다. 7시 55분 이후에 도착한 아이는 교실 밖에서 8시 종이 울릴 때까지 논다. 부모는 그때까지 아이를 데리고 와서 필요한 물건을 아이의 사물함에 둔다.

탐구단원에서는 IBPYP의 교육과정이 언어, 산수, 이과, 사회과, 예술, 체육의 요소를 통합해서 몇 가지의 교과통합적인 테마에 따라 실시한다. 이 학교에서는 산수를 중요시하고 있음이 학교소개 책자에 나와 있다. 특별교과로는 소위 국어에 해당하는 덴마크어를 학습한다. 반 아이들은 소그룹으로 나뉘어 지도를 받는다. 음악수업은 학급담임이 진행한다. 체육은 체육관에서 진행한다. 덴마크 교육제도가 유아기에는 창조활동과 놀이에 초점을 맞추고 있다는 사실은 세계적으로도 잘 알려져 있다. 빌룬트 국제학교도 이를 중시하는 방침을 취하고 있다.

'조용히 자습'이라는 것은 자고 싶은 사람은 낮잠을 자도 좋고, 조용하게 독서를 하거나, 아직 끝나지 않은 개인작업을 해도 된다는 뜻이다. 0학년(준비반)에 해당하는 6세 아동부터는 서클시간이 사라지고 연극(Drama)시간이 생긴다.

방과 후 클럽은 유아기의 창조활동과 놀이를 실외에서 진행한다.

이때, 계절에 적합하고 날씨에 맞는 복장을 착용한다. 예를 들어, 비오는 날은 비에 젖지 않는 복장을 준비시키는 것과 같은 것이다. 덴마크 학교는 실내에도 놀이도구가 있고 레고를 많이 사용하고 있었다. 미국에서 온 빅토리아 콜버거(Virtoria Kohlberger) 교사는 높은 미끄럼틀을 보여주며 다음과 같이 말한다. "제가 자란 미국에서는 부모님이 위험하다면서 이런 놀이도구를 못 쓰게 하셨지만 여기 덴마크에서는 많이 쓰고 있어요. 미국에서는 안전을 중시하지만 덴마크에서는 어느 정도의 리스크를 감수하는 것 같아요." 즉, 인생에는 어느 정도의 리스크가 따르므로 적극적으로 나서서 리스크나 사회적 책임을 지라는 국가적 분위기 같은 것을 말하고 있다. 또 콜버거 교사는 "아이가 밑으로 떨어질 수도 있어서 걱정했는데 생각과 달리 떨어지지 않더라고요. 제가 걱정한 것보다도 훨씬 안전하게 놀고 있어요."라고도 말한다. 아이들은 놀이도구가 있으면 어른이 의도한 것보다 더 다양한 놀이를 생각해내는 것 같다고 한다. "지금까지 다치지 않고 잘 놀고 있어요. 하지만 이런 모습은 미국에서는 상상할 수 없는 일이에요."라고 말하는 것이었다.

초등학생이 되면 낮잠시간이 사라지고, 무엇을 어떻게 배울 것인지가 미리 체계적으로 정해진 공부(学修)가 시작된다. 덴마크에서는 초등학교 3학년부터 시작하는 영어를 이 학교에서는 1학년부터 가르치고 있다. 영어수업 시수가 많은 초등학교에는 덴마크어가 주당 5시간, 영어는 주당 4시간이 할당되어 있다. 탐구단원 수업에서는 연간스케줄에 따라 테마학습이 이루어진다. 그러나 교과 중에서 산수는 특별한 과목이기 때문에 테마학습과는 별개로 탐구의 순서가 정해져 있다.

표4-5 빌룬트 국제학교 PYP K1(4세 아동) 시간표(2014/15년)

	월	화	수	목	금
6:30-8:00	조식클럽(Breakfast Club)				
8:00-8:30	도입(Setting In)				
8:30-9:00	간식(Snack)				
9:00-9:20	서클시간(Circle Time)				
9:20-10:00	탐구단원	탐구단원	탐구단원	탐구단원과 음악	탐구단원
10:00-11:00	체육	탐구단원과 산수	덴마크어	음악	덴마크어
11:00-11:30	점심(Lunch) 및 자유시간				
11:30-12:15	실내 또는 실외 놀이(Indoor/Outdoor Play)				
12:15-13:00	조용히 자습 (Quiet Time)	조용히 자습	조용히 자습	조용히 자습	조용히 자습
13:00-13:45 13:45-14:30	방과 후 클럽(After School Club)				
14:30-14:45	간식				
14:45-17:00	방과 후 클럽				

표4-6 빌룬트 국제학교 PYP K2a(5세 아동) 시간표(2014/15년)

	월	화	수	목	금
6:30-8:00	조식클럽				
8:00-8:30	도입				
8:30-9:00	간식				
9:00-9:20	서클시간				
9:20-10:00	탐구단원	탐구단원	탐구단원	탐구단원	음악
10:00-11:00	탐구단원과 산수	탐구단원	탐구단원과 산수	덴마크어	체육
11:00-11:30	점심 및 자유시간				
11:30-12:15	실내 또는 실외 놀이				
12:15-13:00	덴마크어	조용히 자습	조용히 자습	조용히 자습	조용히 자습
13:00-14:30	방과 후 클럽				
14:30-14:45	간식				
14:45-17:00	방과 후 클럽				

표4-7 빌룬트 국제학교의 PYP K2b(5세 아동) 시간표(2014/15년)

	월	화	수	목	금
6:30-8:00	조식클럽				
8:00-8:30	도입				
8:30-9:00	간식				
9:00-9:20	서클시간				
9:20-10:00	탐구단원	탐구단원	탐구단원	탐구단원과 음악	음악
10:00-11:00	탐구단원과 산수	덴마크어	탐구단원과 산수	탐구단원	체육
11:00-11:30	점심 및 자유시간				
11:30-12:15	실내 또는 실외 놀이				
12:15-13:00	조용히 자습	조용히 자습	조용히 자습	덴마크어	조용히 자습
13:00-13:45 13:45-14:30	방과 후 클럽				
14:30-14:45	간식				
14:45-17:00	방과 후 클럽				

표4-8 빌룬트 국제학교 PYP K3(6세 아동) 시간표(2014/15년)

	월	화	수	목	금
6:30-8:00	조식클럽				
8:00-8:30	도입				
8:30-9:00	탐구단원	탐구단원	탐구단원	덴마크어	덴마크어
9:00-9:20	간식				
9:20-10:00	탐구단원과 산수	음악	덴마크어	실내 또는 실외 놀이	연극
10:00-11:00	덴마크어	탐구단원과 산수	탐구단원과 산수	탐구단원과 산수	실내 또는 실외 놀이
11:00-11:30	점심 및 자유시간				
11:30-12:15	실내 또는 실외 놀이				
12:15-13:00	체육	조용히 자습	조용히 자습	덴마크어	조용히 자습
13:00-13:45 13:45-14:30		방과 후 클럽			
14:30-14:45	간식				
14:45-17:00	방과 후 클럽				

표 4-9 빌룬트 국제학교 PYP G1(7세 아동) 시간표(2014/15년)

	월	화	수	목	금
6:30-8:00	조식클럽				
8:00-9:30	탐구단원	탐구단원	탐구단원 탐구단원과 산수	탐구단원과 산수 음악	탐구단원
9:30-10:00	간식				
10:00-10:45	덴마크어	체육	영어	탐구단원	디자인
10:45-11:30	탐구단원과 산수	체육	덴마크어	탐구단원	디자인
11:30-12:15	점심 및 자유시간				
12:15-13:00	연극	탐구단원과 산수	체육	영어	덴마크어
13:00-13:45	영어	덴마크어	체육	덴마크어	영어
13:45-14:30	공부	공부	초보 레고 (Junior First LEGO League)	공부	공부
14:30-14:45	간식		초보 레고 (Junior First LEGO League)	간식	
14:45-15:30			초보 레고 (Junior First LEGO League)		
15:30-17:00	방과 후 클럽				

표 4-10 빌룬트 국제학교 PYP G2(8세 아동) 시간표(2014/15년)

	월	화	수	목	금
6:30-8:00	조식클럽				
8:00-9:30	탐구단원	탐구단원	탐구단원	디자인	탐구단원
9:30-10:00	간식				
10:00-10:45	덴마크어	체육	영어	탐구단원과 산수	탐구단원과 산수
10:45-11:30	연극	체육	덴마크어	탐구단원	음악
11:30-12:15	점심 및 자유시간				
12:15-13:00	탐구단원과 산수	탐구단원과 산수	체육	영어	덴마크어
13:00-13:45	영어	덴마크어	체육	덴마크어	영어
13:45-14:30	공부	공부	초보 레고	공부	공부
14:30-14:45	간식		초보 레고	간식	
14:45-15:30			초보 레고		
15:30-17:00	방과 후 클럽				

표4-11 빌룬트 국제학교 PYP G3(9세아동) 시간표(2014/15년)

	월	화	수	목	금
6:30-8:00	조식클럽				
8:00-9:30	탐구단원과 산수 탐구단원	탐구단원	덴마크어 탐구단원과 산수	탐구단원	체육
9:30-10:00	간식				
10:00-10:45	영어	탐구단원과 산수	체육	음악	탐구단원과 산수
10:45-11:30	덴마크어	연극		덴마크어	
11:30-12:15	점심 및 자유시간				
12:15-13:00	디자인	덴마크어	탐구단원	탐구단원과 산수	영어
13:00-13:45		영어		영어	덴마크어
13:45-14:30	기술과 로봇 (Tech and Robots)	공부	공부	공부	공부
14:30-14:45		간식			
14:45-15:30		방과 후 클럽			
15:30-17:00					

표4-12 빌룬트 국제학교 PYP G4-5(10-11세아동) 시간표(2014/15년)

	월	화	수	목	금
6:30- 8:00	조식클럽				
8:00 -9:30	탐구단원	디자인	덴마크어 탐구단원과 산수	탐구단원	체육
9:30-10:00	간식				
10:00-10:45	영어	탐구단원	체육	탐구단원과 산수	탐구단원
10:45-11:30	덴마크어			덴마크어	탐구단원과 산수
11:30-12:15	점심 및 자유시간				
12:15-13:30	탐구단원과 산수	덴마크어	탐구단원	음악	영어
13:30-13:45	연극	영어		영어	덴마크어
13:45-14:30	기술과 로봇	공부	공부	공부	공부
14:30-14:45		간식			
14:45-15:30		방과 후 클럽			
15:30-17:00					

표4-13 탐구단원 2014-15년도 연간달력 PYP K1, K2

주	시작일	월	화	수	목	금
32	2014년 8월4일					
33	11일					
34	18일					
35	25일					
36	9월1일					
37	8일		자기 자신에 대해서(Who we are)			
38	15일					
39	22일					
40	29일					
41	10월6일					
42	13일	가을방학	가을방학	가을방학	가을방학	가을방학
43	20일					
44	27일					
45	11월3일					
46	10일					
47	17일		자신의 표현방법에 대해서(How we express ourselves)			
48	24일					
49	12월1일					
50	8일					
51	15일					
52	22일	크리스마스 연휴	크리스마스 연휴	크리스마스 전날	크리스마스 당일	크리스마스 연휴
1	29일	새해 연휴	새해 연휴	새해 전날	새해 당일	새해 연휴
2	2015년 1월5일					
3	12일					
4	19일		우리가 사는 장소와 시대에 대해서(Where we are in place and time)			
5	26일					
6	2월2일					
7	9일	겨울방학	겨울방학	겨울방학	겨울방학	겨울방학
8	16일					
9	23일					
10	3월2일					
11	9일		우리가 사는 장소와 시대에 대해서(Where we are in place and time)			
12	16일					
13	23일					
14	30일	부활절 연휴	부활절 연휴	부활절 연휴	성목요일	성금요일

주	시작일	월	화	수	목	금
15	4월6일	부활절 다음 월요일				
16	13일					
17	20일					
18	27일	지구와 공존하는 방법에 대해서(Sharing the planet)				기도일
19	5월4일					
20	11일				승천일 연휴	
21	18일					
22	25일	성령강림절 월요일				
23	6월1일					제헌절
24	8일					
25	15일					
26	22일					
27	29일	여름방학	여름방학	여름방학	여름방학	여름방학

표4-14 탐구단원 2014-15년도 연간달력 PYP K3, G1, G2

주	시작일	월	화	수	목	금
32	2014년 8월4일					
33	11일					
34	18일					
35	25일					
36	9월1일					
37	8일	자기 자신에 대해서(Who we are)				
38	15일					
39	22일					
40	29일					
41	10월6일					
42	13일	가을방학	가을방학	가을방학	가을방학	가을방학
43	20일					
44	27일					
45	11월3일					
46	10일					
47	17일	우리가 사는 장소와 시대에 대해서(Where we are in place and time)				
48	24일					
49	12월1일					
50	8일					
51	15일					

52	22일	크리스마스 연휴	크리스마스 연휴	크리스마스 전날	크리스마스 당일	크리스마스 연휴
1	29일	새해 연휴	새해 연휴	새해 전날	새해 당일	새해 연휴
2	2015년 1월5일	자신의 표현방법에 대해서(How we express ourselves)				
3	12일					
4	19일					
5	26일					
6	2월2일					
7	9일	겨울방학	겨울방학	겨울방학	겨울방학	겨울방학
8	16일					
9	23일					
10	3월2일					
11	9일					
12	16일					
13	23일					
14	30일	부활절 연휴	부활절 연휴	부활절 연휴	성목요일	성금요일
15	4월6일	부활절 다음 월요일				
16	13일					
17	20일					
18	27일	만물이 기능하는 방법에 대해서 (How the world works)				기도일
19	5월4일					
20	11일					승천일 연휴
21	18일					
22	25일	성령강림절 월요일				
23	6월1일					제헌절
24	8일	지구와 공존하는 방법에 대해서(Sharing the planet)				
25	15일					
26	22일					
27	29일	여름방학	여름방학	여름방학	여름방학	여름방학

표 4-15 탐구단원 2014-15년도 연간달력 PYP G3, G4, G5

주	시작일	월	화	수	목	금
32	2014년 8월4일					
33	11일					
34	18일					
35	25일					
36	9월1일		만물이 기능하는 방법에 대해서(How the world works)			
37	8일					
38	15일					
39	22일					
40	29일		우리가 사는 장소와 시대에 대해서(Where we are in place and time)			
41	10월6일					
42	13일	가을방학	가을방학	가을방학	가을방학	가을방학
43	20일					
44	27일					
45	11월3일					
46	10일					
47	17일					
48	24일		지구와 공존하는 방법에 대해서(Sharing the planet)			
49	12월1일					
50	8일					
51	15일					
52	22일	크리스마스 연휴	크리스마스 연휴	크리스마스 전날	크리스마스 당일	크리스마스 연휴
1	29일	새해 연휴	새해 연휴	새해 전날	새해 다일	새해 연휴
2	2015년 1월5일					
3	12일		자기 자신에 대해서(Who we are)			
4	19일					
5	26일					
6	2월2일					

7	9일	겨울방학	겨울방학	겨울방학	겨울방학	겨울방학
8	16일					
9	23일					
10	3월2일	사회를 체계화하는 방법에 대해서(How we organize ourselves)				
11	9일					
12	16일					
13	23일					
14	30일	부활절 연휴	부활절 연휴	부활절 연휴	성목요일	성금요일
15	4월6일	부활절 다음 월요일				
16	13일					
17	20일					
18	27일					기도일
19	5월4일	자신의 표현방법에 대해서(How we express ourselves)				
20	11일				승천일 연휴	
21	18일					
22	25일	성령강림절 월요일				
23	6월1일					제헌절
24	8일					
25	15일					
26	22일					
27	29일	여름방학	여름방학	여름방학	여름방학	여름방학

그림 4-2와 같이 초등학교 교실은 도서공간으로 둘러싸이도록 배치돼 있다. 도서공간은 개방되어 있고 벽이 없다. 이 공간에는 영어책만 있다. 그 이외의 책은 걸어서 5분 거리에 있는, 자연으로 둘러싸인 산책로를 지나면 나오는 시립문화센터에 있다. 아이들은 주 1회 수업 중에 공공도서관을 방문해서 덴마크어 책이나 그 밖의 문화를 접한다.

그림4-2 빌룬트 PYP학교의교실 배치도

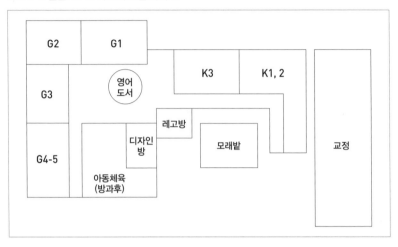

테마 '변동하는 지각'에서 작년에는 화산에 대해 배웠기 때문에 이날 아이들은 방문객들 앞에서 화산에 대해서 노래하는 공연을 선보였다. 학교 측은 아이들이 어떻게 화산을 주제로 다양한 지식을 학습했는지에 대해서 설명해주었다. 이 테마는 6주간에 걸쳐 학습된다. 레고를 사용해서 지각(地殼)을 표현하고 5주 후에 같은 작업을 한 번 더 시킨 결과 아이들의 발달정도를 파악할 수 있었다고 한다. 인터넷에서 찾은 그림을 프로젝터로 스크린에 즉시 투영시키거나 모조지를 펼쳐서 사인펜으로 그대로 따라 그린 학생도 있었다. '화산은 왜 있는 것일까?'라는 테마의 핵심이 되는 이러한 이해는 지식이 없으면 결코 도달할 수 없다. 교사는 아이가 이해의 핵심에 도달할 수 있도록 조력자(진행자)의 역할을 수행한다. 필요한 지식은 다양한 방법으로 얻을 수 있다. 아이들은 필요한 지식을 스스로 많이 발견해내고 있었다.

도쿄 국제학교

도쿄 국제학교(도쿄도 미나토구 미나미아자부)는 표 4-16에서부터 표 4-22와 같은 시간표로 수업이 진행되고 있었다. 표 안에 집회/기도/일본인 학생집회(Assembly/ Pastral/ Bi-Weekly Japanese Team Meeting)라고 표기된 것은 종교의 차이로 모이는 장소를 바꾸기 위함이다.

표4-16 도쿄 국제학교의 시간표 2014-15 K1

	월	화	수	목	금
8:30- 9:20					
9:20-10:10					일본어
10:10-10:30	쉬는 시간	쉬는 시간	쉬는 시간	쉬는 시간	쉬는 시간
10:30-11:20	일본어				음악
11:20-12:10		체육	음악	체육	
12:10-12:30	쉬는 시간	쉬는 시간	쉬는 시간	쉬는 시간	쉬는 시간
12:30-12:50	중식	중식	중식	중식	중식
12:50-13:40	예술				
13:40-14:30					
14:30-15:20			예술	음악	

표4-17 도쿄 국제학교의 시간표 2014-2015 K2

	월	화	수	목	금
8:30- 9:20					
9:20-10:10					일본어
10:10-10:30	쉬는 시간	쉬는 시간	쉬는 시간	쉬는 시간	쉬는 시간
10:30-11:20		일본어	일본어	일본어	음악
11:20-12:10		음악 (K2A)		음악 (K2B)	
12:10-12:30	쉬는 시간	쉬는 시간	쉬는 시간	쉬는 시간	쉬는 시간
12:30-12:50	중식	중식	중식	중식	중식
12:50-13:40					체육 (K2A)
13:40-14:30	음악 (K2B)				체육 (K2B)
14:30-15:20	음악 (K2A) 체육 (K2B)		체육 (K2A)		

표4-18 도쿄 국제학교의 시간표 2014-2015 G1

	월	화	수	목	금
8:30- 9:20					
9:20-10:10					체육(GIA) 예술(GIB)
10:10-10:30	쉬는 시간	쉬는 시간	쉬는 시간	쉬는 시간	쉬는 시간
10:30-11:20					
11:20-12:10	체육(GIA) 음악(GIB)		음악(GIA) 체육(GIB)		예술(GIA) 체육(GIB)
12:10-12:30	쉬는 시간	쉬는 시간	쉬는 시간	쉬는 시간	쉬는 시간
12:30-12:50	중식	중식	중식	중식	중식
12:50-13:40	일본어	일본어	일본어	일본어	일본어
13:40-14:30					
14:30-15:20					

표4-19 도쿄 국제학교의 시간표 2014-2015 G2

	월	화	수	목	금
8:30- 9:20			체육(G2A) 음악(G2B)	체육(G2A) 예술(G2B)	
9:20-10:10			음악(G2A) 체육(G2B)	예술(G2A) 체육(G2B)	
10:10-10:30	쉬는 시간	쉬는 시간	쉬는 시간	쉬는 시간	쉬는 시간
10:30-11:20					
11:20-12:10					
12:10-12:30	쉬는 시간	쉬는 시간	쉬는 시간	쉬는 시간	쉬는 시간
12:30-12:50	중식	중식	중식	중식	중식
12:50-13:40					
13:40-14:30	일본어	일본어	일본어	일본어	일본어
14:30-15:20					

표4-20 도쿄 국제학교의 시간표 2014-2015 G3

	월	화	수	목	금
8:30- 9:20	체육(G3A) 음악(G3B)				
9:20-10:10	음악(G3A) 체육(G3B)				
10:10-10:30	쉬는 시간	쉬는 시간	쉬는 시간	쉬는 시간	쉬는 시간
10:30-11:20					
11:20-12:10					

12:10-12:30	쉬는 시간	쉬는 시간	쉬는 시간	쉬는 시간	쉬는 시간
12:30-12:50	중식	중식	중식	중식	중식
12:50-13:40		체육 (G3A) 예술 (G3B)			
13:40-14:30		예술 (G3A) 체육 (G3B)			
14:30-15:20	일본어	일본어	일본어	일본어	일본어

표 4-21 도쿄 국제학교의 시간표 2014-2015 G4

	월	화	수	목	금
8:30- 9:20		체육 (G4A) 음악 (G4B)			
9:20-10:10		음악 (G4A) 체육 (G4B)			
10:10-11:00				연극	
11:00-11:20	쉬는 시간	쉬는 시간	쉬는 시간	쉬는 시간	쉬는 시간
11:20-12:10	일본어	일본어	일본어	일본어	일본어
12:10-12:30	중식	중식	중식	중식	중식
12:30-12:50	쉬는 시간	쉬는 시간	쉬는 시간	쉬는 시간	쉬는 시간
12:50-13:40			체육 (G4A) 예술 (G4B)		
13:40-14:30			예술 (G4A) 체육 (G4B)		
14:30-15:20					

표 4-22 도쿄 국제학교의 시간표 2014-2015 G5

	월	화	수	목	금
8:30- 9:20	일본어	일본어	일본어	일본어	
9:20-10:10		연극			
10:10-11:00		연극			일본어
11:00-11:20	쉬는 시간	쉬는 시간	쉬는 시간	쉬는 시간	쉬는 시간
11:20-12:10					
12:10-12:30	중식	중식	중식	중식	중식
12:30-12:50	쉬는 시간	쉬는 시간	쉬는 시간	쉬는 시간	쉬는 시간
12:50-13:40	체육 (G5A)			체육 (G5A) 음악 (G5B)	
13:40-14:30	체육 (G5B)		예술 (G5B)	음악 (G5A) 체육 (G5B)	
14:30-15:20			예술 (G5A)		

핀란드의 초등학교

핀란드의 초등학교 시간표에는 모든 곳에 표 4-23과 같이 이상한 x표가 붙어있다. 2006년 9월에 필자가 방문한 곳은 프레네교육을 실천하는 스트론베리초등학교였다.[14] 이 학교는 프랑스에서 실행하고 있는 문집 만들기, 야외관찰 및 체험, 주도성(이니셔티브, initiative) 등 아이의 적극적인 교내활동을 특징으로 하는 프레네교육을 학교차원에서 전체적으로 실행하고 있다. 또한 특별히 복식학급(複式学級)의 2년 단위로 초등학생의 성장에 유연하게 대처할 수 있도록 연구하고 있다. 단, 표 4-23과 4-24에서와 같이 시간표에 x표시를 해서 교사의 판단에 맡기는 방식은 핀란드 초등학교에서만 이루어지고 있다.

하마라이넨(Johanna Hamalainen) 선생님은 3학년 16명과 4학년 8명을 담임한다. 반 애칭은 바다표범(Nolpa)이다. 선생님은 호주에서 2년 동안 유학한 경험이 있어서 영어실력이 뛰어나며, 호주유학 시절 동양인과 친하게 지냈다면서 일본인인 필자에게도 적극적으로 말을 걸어왔다.

헬리오(Tiina Herlio) 선생님은 6학년 담임이다. 학급은 전체 25명으로 A그룹 13명과 B그룹 12명으로 나눠져 있는데, 이것은 작년부터 계속 담임을 맡아온 것과 관계가 있다. 반 애칭은 나리(여우를 닮은 이리 같이 아주 큰 환상의 동물)이다. 헬리오 선생님은 지적이고 차분한 성격으로 목소리가 낮고 조용하다. 그는 수업속도를 천천히 여유롭게 진행했다. 그 때문인지 교실에는 차분하고 지적인 분위기가 흐르고 있다.

표 4-24의 시간표에서 영어 1/2이 의미하는 것은 A그룹은 다른 교실에서 다른 교사에게 영어수업을 받고, B그룹은 헬리오 선생님에게 영어

표4-23 핀란드 스트론베리초등학교 바다표범학급의 시간표(3학년)

	월	화	수	목	금
8:15-9:00	A 그룹 B 그룹 (이과나 산수)	체육	x		x
9:00-9:45			x		전교활동
10:15-11:00	x	x	3학년 영어 4학년 영어	3학년 영어 4학년 영어	A 그룹 B 그룹
11:00(급식)-12:30	x 주간계획		x	미술	(다른 활동)
12:30-13:15	x		A 그룹		x 주간총괄
13:15-14:00	B 그룹				B 그룹

표4-24 핀란드 스트론베리초등학교 나리학급의 시간표(6학년)

	월	화	수	목	금
8:15-9:00	영어 1/2 (절반은 영어, 나머지는 x)	공예	미술	체육	x
9:00-9:45					전교활동
10:15-11:00	x	x	x	환경	x
11:00(급식)-12:30	x	x	x	환경	x
12:30-13:15	음악	x	영어 1/2 (절반은 영어, 나머지는 x)	역사	x
13:15-14:00					
				체육 (홀수달)	

수업(x표)을 받은 후 다음 시간에는 서로 수업을 바꿔서 듣는 방식이다.

핀란드의 교육원리는 사회구성주의이다. 아이가 스스로 알고 싶어 하는 의욕을 가지고, 그 이유를 탐구해서 다양한 사고를 통해 확인한 뒤

자기 나름대로 납득한 것이 그 사람의 지식이라는 것이다. 이것을 지식에 관한 구성주의(constructivism)라고 한다. 홀로 생각하지 않고 다른 사람들과 소통하고 사회의 사물과 상호작용을 하면 그 지식은 더욱 확실하고 내용이 풍부해지는데, 여기에 사회적 구성주의라는 명칭을 붙여 일본어로 사회구성주의로 번역하고 있다. 교육학에서는 경험주의나 활동주의로 불리지만 핀란드에서는 사회구성주의로 부르고 있으며 교사가 학습의 조건을 체계적으로 조성한다. 교사는 이와 같이 개개인에 맞는 맞춤(order-made)교육을 실천하기 위해 대학교에서 이와 관련된 교육을 받고 학교에서 매일같이 학습하고 실천하고 있다.

현실적인 문제점

액티브러닝(active learning, 능동적 학습)은 개개인에게 맞춘 맞춤커리큘럼의 연장선에서 학습(learning)으로 인식되고 있다. 일본은 아직 모든 학생이 같은 커리큘럼, 같은 트랙을 달리는 공부(스터디)에서 벗어나지 못하는 반면, 핀란드에서는 모든 학교에서 액티브러닝(능동적 학습)이 가능하다. 그만큼 교육 인프라가 잘 정비되어 있는 것이다.

핀란드는 세계의 여러 연구자들로부터 특히 교사의 질이 높다는 평가를 받고 있다. 핀란드의 교사는 의사와 마찬가지로 한 명 한 명의 학생에게 맞게 맞춤식 수업을 설계하고 학습시킬 수 있는 힘이 있다. 그래서 학생도 그런 식으로 능동적 학습이 가능한 것이다. 핀란드에서 유학한 한 미국인 대학생은 다음과 같이 말하고 있다. "핀란드의 학교는 학생들에게 시설이나 교사에 대한 존중의 개념을 키우고 있었어요. 교사가 되기까지 오랜 시간을 공들여 힘든 공부를 해왔다는 사실이 그 이유 중 하나일지도 모르겠어요. 교사가 어느 정도로 힘든 공부를 해왔는지를 학생들도 잘 알고 있는 것 같아요."[15]

교사양성연구의 세계적 권위자인 앤디 하그리브스(Andy Hargreaves)와 마이클 풀란(Michael Fullan)은 교육비는 인적 자본 개발을 위한 장기적인 투자라는 점과 교육선진국에서는 질 높은 교사와 수업에 투자의 대부분이 이루어지고 있다는 점을 지적한다. 핀란드의 예를 통해 알 수 있듯이 교육효과를 높이기 위해서는 교사라는 전문성 자본에 투자해야 한다고 주장하고 있는 것이다.[16]

그에 반해 미국은 교사의 전문성이 낮다고 비난 받아왔고, 이 문제가 오랫동안 반복적으로 정치적 쟁점이 되어왔다. 미국에도 IBPYP(IB초등학교용 프로그램)가 보급되어 있고 현재 400개 이상의 학교가 있으며 그 중 30%는 공립학교이다. 이들 학교는 IB커리큘럼의 기준을 충족시키는 동시에 미국의 표준도 충족시켜야 한다. 이는 지극히 어려운 일이다. 왜냐하면 2001년에 채택돼서 2002년에 시행된 아동낙오방지법(No Child Left Behind, NCLB)[17]은 주(州)마다 학력테스트를 의무화하는 것이었다. 미국의 IB인정 공립학교로서는 서로 다른 것을 요구하는 국가의 표준과 IB의 기준을 모두 고려해야 한다. 따라서 IB의 기준과 더불어 국가로부터의 규정과 지시도 따라야 한다는 긴장감이 계속 이어질 게 분명하다.[18] 이와 같이 미국에서는 IB가 일본과 마찬가지로 국가표준(state standards)을 바탕으로 하는 고부담시험(high stakes testing, 사회적으로 주목받는 테스트)으로 평가되는데도 불구하고, 100개가 넘는 공립초등학교에서 IB커리큘럼이 실시되고 있다는 사실은 그저 놀라울 따름이다.

5장

MYP
(중학교용 커리큘럼)

International Baccalaureate

PYP와 MYP는 IB와 비교하면 명확한 정의가 거의 없다. IB가 표준 고등학교와 구별되는 것이 미국의 표준 초등학교나 표준 중학교와 구별된다는 뜻은 아니다. MYP는 2002년에 미국 교육부로부터 확대 지원을 위한 자금을 확보했지만 이렇다 할 급속한 성장은 없었다. 그래도 북미 IB의 직원은 PYP와 MYP 모두 각각 2010년까지는 IB학교를 능가할 정도로 늘어날 것이라고 예측하고 있다.[1]

—제이 매슈스, 아이언 힐 『슈퍼 테스트』

어떻게 PYP와 MYP가 미국의 공립학교에 도입될 수 있었을까? 아마도 북미의 교육정책과의 강한 결속력이 형성된 점과 북미학교에는 그다지 위화감이 느껴지지 않는 방법이었기 때문일 것이다. 인용문 속에서 IB란 IBDP(학위과정)를 의미한다고 나와 있다. 그러나 최근 들어 IB는 PYP(초등학교용 프로그램), MYP(중학교용 프로그램), DP(고등학교용 프로그램)와 일체화된 커리큘럼으로는 인식되지 않고 있다.

MYP란

MYP는 11세에서 16세를 대상으로 하는 중학교용 교육과정이다. 보통 5년 과정이지만 4년 과정으로 이루어질 수도 있다. 이 단계에서 국제적인 공용어는 정해져 있지 않으며 어떤 언어로 학습하든 상관없다. 교과 규정도 엄격하지 않기 때문에 각국의 교육제도에 맞춰 그 나라의 학습지도요령을 운용하는 것이 허용되고 있다. IB중학교용 교육과정(MYP)은 국외에서 학습하는 학생에 대해 국제적으로 인지도가 높은 대학입학 자격을 제공하는 IB학위에 접속하는 것을 전제로 개발된 시스템이다.

원래 IB는 국경을 초월해서 통용되는 대학입시제도를 만들 목적으로 만들어졌다. 이 움직임은 1960년대 후반에 결실을 맺어 1970년에 최초의 통일된 테스트가 실시되었다. 그러나 IB시험 전(前) 단계의, 학교교육을 국제적으로 통일시키고자 했던 움직임은 1990년대에 시작되었다. 근대국가의 원칙이라는 것은 교육을 국가의 중요한 내정(內政)으로 다루었기 때문에 국제적으로 문제가 되는 경우는 없었다.

그러나 대학입학이라는 학교교육의 출구문제는 결국 학교교육의 내용과 연관된다. IBDP커리큘럼(고등학교용 프로그램-학위과정)이 다양한 나라에서 인정되고 개발될수록 각국에서는 국내 중등교육프로그램과의 부조화(mismatch)가 두드러지기 시작했다. 그래서 국제학교협회를 중심으로 1980년대 말에 국제학교협회커리큘럼(ISAC)이 개발되었다.[2] 1988년에 이 커리큘럼은 유럽과 북미, 라틴아메리카의 학교에 시범적으로 도입될 정도로 발전했다.[3] 게다가 1990년대 초반에는 본격적으로 실시되어 그 경과를 확인했으며, 1994년에는 11~16세 대상의

IB중학교용 프로그램인 IBMYP(IB Middle Years Programme)가 되었다.

르노의 판단

이 프로그램이 구성된 바로 그때 IB학위의 커리큘럼을 결정했던 중심 인물인 제럴드 르노(Gérard Renaud)가 교육사의 인터뷰에 응했다. 〈교육의 국제철학〉이라는 제목의 인터뷰 기사는 MYP를 작성한 지침을 잘 보여주고 있다.

르노는 IBDP가 '목전의 시험'과 '대학의 요청에 의거'라는 두 가지 제약을 받고 있다고 생각했다. 이것은 교육의 국제시스템 철학에 부합되는 커리큘럼의 운용에 심각한 제약이 가해져있다는 의미이다.

한편으로는 IBDP에 비해 MYP는 시험으로 직접 연결되지 않으므로 교사에게 더 큰 자율을 허용하고, 전(前) 국제학교협회 회장인 로버트 베르아일(Robert Belle-Isle)이 '국제휴머니즘'으로 정의한 국제교육의 정신을 '국제학교협회커리큘럼(ISAC)'으로 발달시킬 수도 있다고 생각했다.[4]

국제학교협회커리큘럼(ISAC)의 3원칙

르노는 국제학교협회커리큘럼 작성의 가이드라인에는 '국제성' '커뮤니케이션' '이(異)문화 이해'라는 3원칙이 있다고 한다.

첫째, 국제성과 관련해서 학교는 학생에게 사춘기 청년이 직면하게 될 복잡한 세계에 관한 상황이나 문제의 글로벌한 관점을 부여해서 학습분야를 상호 연관시키거나 서로 보완적으로 이해시켜야 한다. 단,

'교수의 영역'에서 내적으로 연결시킬 수 있도록 각 영역의 교육에는 특별한 방법론(specific methodology)이 필요하다고 지적했다. IBDP는 교과로 수업이 나눠지기 때문에 그 전에 학습대상을 전체적으로 파악할 수 있도록 한다는 의도이다.

둘째, 국제학교협회커리큘럼에서는 '커뮤니케이션 스킬'이 중시된다. "예전에는 학습자가 <u>지식</u>을 받아들이는 입장으로 여겨졌지만 점점 <u>행위자</u>로 변하고 있다."(밑줄은 르노가 강조한 부분)라고 르노는 분명하게 지적한다. 커뮤니케이션 능력은 다양한 교과를 효과적으로 학습하기 위해서, 사회적 교류를 발전시키기 위해서, 조화로운 성격, 즉 자기 확립의 수단을 위해서 필요하다. 또한 그 밖에 모든 형태의 표현과 커뮤니케이션, 특히 예술이 이 과정에 포함된다.

셋째, 국제학교협회(ISA)의 역사에서도 볼 수 있듯이 국제학교협회의 기본 사명은 미래사회를 살아가야 할 청년들 사이에 서로 다른 문화에 대한 국제적 이해를 촉진시키는 것이다. 국제학교협회커리큘럼의 국제적인 성격은 언어, 인문학, 예술이라는 특정 실러버스의 내용 속에 반영되어 있을 뿐만 아니라 동일한 문제나 화제에 대해서도 각각 다른 접근방법을 학생들이 깨닫게 하는 등 <u>방법론</u> 속에도 반영되어 있다. 공통가치의 경우에도 차이를 인정한다는 의미이기도 하다.[5](밑줄은 르노가 강조한 부분) "앞으로 청년들이 살아갈, 일을 할 수밖에 없는 세상은 반드시 상호이해와 협동이 필요한 세상이 될 것이다."[6]라고 르노는 확신에 찬 목소리로 말했다.

국제학교협회 커리큘럼의 구조

MYP는 2층식 커리큘럼을 취하고 있어 일반적으로 알려져 있는 학습 계획도(그림 5-1)에는 바깥쪽에 교과를 나타내는 다각형이 배치되어 있다. 르노의 설명에 따르면 교과는 중학생에게는 커리큘럼의 전통적인 기본 요소이지만, 이것을 교수·학습과정 전체에서 가장 근본적인 요소로 생각해서는 안 된다고 한다. 학습계획도의 안쪽에는 다섯 개의 상호

그림 5-1 학습계획도

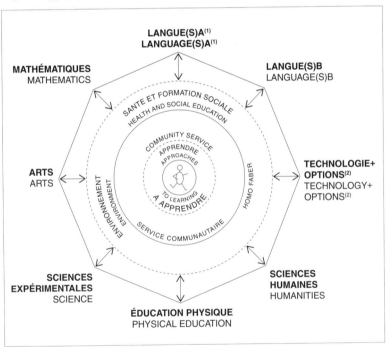

Gérard Renaud. The International Schools Association(ISA): Historical and Philosophical Background. In World Year Book 1991, London: Kogan page. 1991, 11

교류 영역이 세 개의 동심원으로 배치되어 있다. 이 내용에 대해 르노는 "다양한 과목의 교사들에 의해서 각기 교사 자신의 프로그램으로 나눠져야 한다."[7](밑줄은 르노가 강조한 부분)라고 주장한다. 즉, 교과부분은 전통적인 지식의 습득을 지향하고 있지만, 안쪽에 그려진 상호교류 영역이라는 정신발달 부분은 학습자 스스로의 활동에 대한 개별 작용을 전제로 하고 있는 것이다. 세 개의 동심원(그림 5-1) 각각에 대해 르노는 다음과 같이 설명하고 있다.[8]

첫 번째 동심원인 '학습에의 접근법(approaches to learning)'은 방법 전체, 그리고 교육활동 전체의 효과를 좌우하는 조건의 핵심이다. 교사들은 함께 일하면서 학교의 활동에 어떻게 접근하는가의 방법으로 학생들을 가르친다. 이 작용은 분석 및 종합의 정신작용과 독자적인 활동에 대한 흥미를 불어넣으면서 개념적인 측면으로 서서히 이끌어간다. 이것은 최종적으로는 IB가 의도하는 대로 지식론(TOK)으로 도입될 것이다.

두 번째 동심원인 '지역서비스(community service)'는 국제학교협회가 지적(知的) 훈련만을 교육으로 여기지는 않고 있음을 보여준다. 학생들은 학교의 안팎에서 마주하는 사회환경에 대응하도록 교육받아야 한다. 이와 같은 경험을 통해 학생 자신의 책임을 발견할 수 있을 것이다. 그러나 이때 주의할 점은 이러한 활동이 학생의 다양한 정신발달 단계에서 우주나 사회의 구조에 관한 그들의 인식을 존중하는 동시에 개별적으로 다뤄져야 한다는 것이다.

세 번째 동심원인 '건강 및 사회교육, 환경, 호모 파베르(Health and Social Education, Environment, Homo Faber)'는 서로 긴밀하게 연결되어 있다. 상

호교류 영역의 일반 원리에 따르면 학생들에게 인류의 여러 국제적인 문제와 국제연대에 대해 알려주는 이 화제를 교실에서 반드시 특별교과로 제시해야 하는 것은 아니다.

르노의 이와 같은 설명들을 이해하면 IB커리큘럼이 '경제인'이 아닌 '공작인(工作人, Homo Faber 호모 파베르, 도구의 인간)'이라는 인간상(像)에 기반하고 있음을 알 수 있다.

국제학교협회커리큘럼의 학습성과 평가

르노는 평가 절차에 대해서도 자신의 확고한 견해를 밝히고 있다. 즉, 어떤 교육과정이든 그것이 효과적으로 실행되기 위해서는 또한 교사 · 부모 · 학생에게 다음 교육단계에 관한 방향제시를 하기 위해서는 측정될 필요가 있다(need to be measured)는 것이다. 이와 같은 목적으로 국제학교협회(ISA)는 특히 정기적인 '시험'은 피하면서 평가를 최종목적으로 여기지 않는다고 한다.[9]

창조적인 학습을 위해서

IBMYP에서는 구성주의적인 교육접근[10]이 강하게 요구되고 있다. IB교사인 에안나 오보일(Eanna Oboyle)은 MYP 학생의 학습형태를 표 5-1과 같이 정리했다. '협동은 하되 경쟁은 하지 않는다(collaborate and not compete)'라는 지적은 매우 흥미롭다.

표 5-1 MYP 학생의 학습형태

MYP의 요소	창조성을 육성하기 위해 학생에게 권장되는 것
구성주의적 학습접근	의미가 깊은 환경에서 학습한다. 불확실성을 관리한다. 학생의 흥미를 탐구한다.
교류영역, 중요개념, 질문단위	탐구에 대한 교과통합적인 접근을 취한다. 초과시간이 걸리는 개방형 질문을 탐구한다. 교사가 계획한 것 중에서 교사가 설정한 창조성 모델을 발견한다.
사고기술	교과 간의 결합형태를 발견한다. 효과적인 탐구를 위해 기술뿐만 아니라 목표지향적 태도를 발달시킨다. 질문을 일반화하여 발전시키고 문제를 설정하며 새로운 해결을 창조한다.
평가	평가작업을 할 때에는 창조적이어야 한다. 질문을 재편성해서 창조적인 해결을 발전시킬 수 있도록 자신의 생각을 분석하고 비판해본다. 협동은 하되 경쟁은 하지 않는다. 자기평가와 성찰을 자주 시행한다.
창조성의 사회화	집단 속에서 학습한다. 자신이 학습하고 있는 것에 대해 다른 사람과 커뮤니케이션을 한다.
특정화된 지식	지식을 발견해내기 위해서 각 교과는 특정한 방법과 기능을 사용하고 있다는 점을 이해한다. 다양한 분야의 지식에 대해서 전문성과 창조성을 발전시킨다.

Éanna O'Boyle. Creativity and the MYP. In Mary Hayden and Jeff Thomson (eds) *Taking the MYP Forward*. John Cat Educational Ltd., 2011, 84.

오늘날의 IBMYP 철학

IBMYP의 철학은 다음 3가지 기본 개념으로도 불린다.

첫 번째 철학은 IBMYP에서는 '통합적 학습'이 존중된다는 것이다. 지식과 기능을 배타적으로, 즉 중복되지 않도록 분리해서 가르치는 것이 지금까지의 전통적인 교과형 커리큘럼 이론의 편성방침이었다. IB 는 이를 부정하면서 가능한 한 많은 다른 교과 · 기능 · 경험을 학생들 이 접할 수 있도록 함으로써 지식을 내적인 관계를 갖는 하나의 전체로 여길 수 있게 하는 학습기회를 제공하고 있다. 이렇게 함으로써 학생들 은 다양한 능력을 발휘하고 개인적인 성취감을 얻게 된다. 지식과 기능 을 빠짐없이 모두 중복되지 않게 배치하는 교과형 커리큘럼이 아니라 개념중심의 커리큘럼 원칙에 의해 가르치는 것도 이 전체적 학습이라 는 철학에 바탕을 두고 있기 때문이다.

두 번째 철학은 IBMYP에서는 '이(異)문화에 대한 지식과 이문화 간 커뮤니케이션이 강조된다'는 것이다. 다문화사회에서 모든 학생을 대 상으로 하는 커리큘럼은 아이들의 저마다 다른 관점(perspectives)을 반영하고, 그에 따른 책임을 질 수 있게 하는 것이 이상적이다. 이러한 토대 위에서 학생 자신의 관점은 물론 국제적 관점을 형성하도록 이끌 어줘야 하는 것이다. 따라서 여기에서는 복수의 언어 간 혹은 복수의 교 과를 교류(交流)시키는 기능이 강조된다.

세 번째 철학은 IBMYP는 '학생중심주의'여야 한다는 것이다. 이는 '아동중심주의'라는 1920년대 국제신교육운동을 관통하는 철학이며 오늘날의 구성주의로 이어지는 철학이다. 아이 한 명 한 명에게 초점을 맞춘 학교별 커리큘럼을 작성하는 것이 보통이다.

그러나 전통적인 학교교육은 이와는 대조적으로 개별 학생의 조건이 나 상황을 무시하고 획일적인 문제상황을 설정해서 모든 아이에게 똑 같이 지정된 지식이나 기능을 가르쳐왔다. 이것을 교육사에서는 '계통 학습'이라고 부르는데 교과의 계통이나 학문의 계통이라는 주형(鑄型)

에 아이의 발달을 맞춘다는 의미이다. 이러한 전통적인 방법으로는 혁신이 일어나기 힘들다.

IBMYP에서는 학생이 자신의 학습과정을 알고 평생에 걸쳐 학습을 계속 이어나갈 수 있도록 필요한 기능을 발달시키는 것이 결정적으로 중요하다고 본다. 바꿔 말하면, IBMYP에서는 학습방법을 배우는 것과 계속 배워나가는 힘 자체가 요구되고 있으며, 평생학습사회에서 능력이 꽃을 피울 것이라는 전망을 갖고 있다. 이상에서 말한 것이 르노가 말한 IB교육의 원리에 관한 역사적인 고찰이다.

개념기반 커리큘럼

지식습득을 목표로 하지 않는다면 도대체 무엇을 수업의 목표로 하는 것일까? 이것이 바로 개념기반 커리큘럼이라는 수업이다. 이 개념은 개개인의 지식과 기능을 넘어선 원칙과 이해를 제공한다는 것이다. IBMYP에서는 핵심 개념이나 관련된 개념을 특정하고 있다. 개념이 있다면 각국의 엄격한 커리큘럼에도 대응할 수 있고, 학교별 커리큘럼을 취한다고 해도 IB학교끼리 국제적인 가치를 공유할 수 있다는 것이다.

개념기반 커리큘럼은 교과 및 전공과 관련된 개념을 공부하는 것으로, 이는 복잡하고 국제적인 과제의 분석을 통해 더 깊은 교과의 이해를 촉진하여 비판적·창조적·개념적인 사고를 높은 수준으로 달성할 수 있도록 학생들을 참여시키는 것이라고 할 수 있다. 예를 들어, 2013년 11월 28일에 방문한 도쿄학예대학 부속국제중학교에서는 '물'을 개념으로 하여 화학수업에서는 DHMO(Dihydrogen monoxide, 다이하이드

로젠 모노옥사이드, 일산화 이수소)라는 H₂O의 결합특성을 배우고 있었고, 생물수업에서는 현대사회의 과제인 환경문제에 대해 개발이라는 정치적인 문제까지 포함시켜서 교과통합적으로 학습하고 있었다.

글로벌 컨텍스트

각 교과지도 상의 관점이나 교과내용은 테마의 틀 내지 글로벌 컨텍스트(Global Context)라 불리는데 이것이 교과의 상위개념이다. 수업은 글로벌 컨텍스트라 불리는 테마 혹은 관점에 따라 편성된다. 즉, 교과내용이 미끼가 되어 수업이 되는 것이 아니라 그보다는 학생들이 현실세계와 교실 안에서의 학습 간에 의미 있는 연관관계를 맺을 수 있도록 북돋우기 위해서 설정된 것이 수업이다.

2013년도까지 상호작용 영역(AOI, Area of Interaction)이라고 불렸듯이 이 글로벌 컨텍스트는 PYP(초등학교용 프로그램)의 교과통합적 테마에 해당한다. 글로벌 컨텍스트의 내용으로는 학습의 자세, 지역과 봉사활동, 건강과 사회교육, 환경(다양한 환경), 인간의 창조성이라는 5가지가 있었다.

교사가 글로벌 컨텍스트를 설정할 때에는 다음 질문에 대답할 수 있도록 학생들을 준비시킬 필요가 있다.

(1) 이 탐구에 왜 몰두하는가?
(2) 이러한 개념들이 왜 중요한가?
(3) 자신이 이해하는 것이 왜 중요한가?
(4) 사람들이 이 화제에 주목하는 이유는 무엇인가?

표 5-2 교과통합적 테마와 글로벌 컨텍스트의 대응

PYP의 교과통합적 테마	MYP의 글로벌 컨텍스트
(a) 우리는 어떤 존재일까(자기 자신에 대해서)	(a) 정체성과 관계성
(b) 우리는 어떤 장소와 시대에서 살아가고 있는 것일까 (우리가 있는 특정 장소과 시대에 대해서)	(b) 장소와 시대의 특정
(c) 우리는 어떻게 자신을 표현할까 (자신의 표현방법에 대해서)	(c) 개인적 표명과 문화적 표현
(d) 세상은 어떻게 움직이고 있을까 (만물은 어떻게 기능하고 있을까)	(d) 과학과 기술의 혁신
(e) 우리는 어떻게 자신을 조직할까 (사회를 체계화하는 방법에 대해서)	(e) 공평성과 발전
(f) 지구를 공유하는 것(지구에 공존하는 것들에 대해서)	(f) 세계화와 지속가능성

International School of Paris. *IB Middle Years Programme: MYP Handbook 2014-2015*, 2014, 8.

현재는 글로벌 컨텍스트가 6가지로 구성되어 있어서 PYP의 6가지 교과통합적 테마에 대응할 수 있다. 그러나 대응할 수 있다고 해도 표 5-2와 같이 IB편성 절차의 측면에서는 약간의 차이가 있다.

학습접근 스킬

IB의 학습접근(Approach to Learning, ATL)스킬은 표 5-3과 같이 정리되어 있다. IB의 특징적인 학습접근이 MYP에서는 학습접근스킬로 확대되고 있음을 알 수 있다. 이러한 접근은 평생학습을 해나가는 데 필요한 개인적인 지식과 기능을 발달시키도록 학생들을 지원하는 것에 그 초점이 맞춰져 있다. 학습접근은 MYP 교과그룹이 과제의 대상으로 하는 학생들이 잘 대응할 수 있도록, 더 나아가 IBDP에 진학했을 경우에 잘 대처할 수 있도록 학생들을 준비시키게 된다.

표5-3 IBMYP 학습접근스킬(파리 국제학교)

커뮤니케이션	1. 커뮤니케이션스킬 사고, 의사표명, 정보를 상호 간에 효과적으로 교환하는 것 언어를 읽고, 쓰고, 정보를 수집해서 커뮤니케이션하는 것
사회적 관리	2. 협동스킬 타인과 함께 효과적으로 활동하는 것
자기관리	3. 조직스킬 시간과 작업을 효과적으로 관리하는 것
	4. 정서스킬 마음상태를 관리하는 것 혈기왕성, 강한 인내심, 감정관리, 의욕, 회복력
	5. 성찰스킬 학습과정에 대해 여러 번 생각하는 것 학습접근 스킬을 선택하고 사용하는 것
탐구	6. 정보활용스킬 정보를 찾고 해석하고 판단하고 창조하는 것
	7. 미디어활용스킬 생각이나 정보를 사용하고 창조하기 위해 미디어와 상호 교류하는 것
사고	8. 비판적 사고스킬 문제나 사고를 분석하고 평가하는 것
	9. 창조적 사고스킬 새로운 사고를 만들어내고 새로운 관점을 생각해내는 것
	10. 응용스킬 기능과 지식을 병렬적으로 사용하는 것

International School of Paris. *IB Middle Years Programme: MYP Handbook 2014-2015*, 2014, 8.

표 5-4 도쿄학예대학 부속국제중등학교의 교과대조표(2013년)

IBMYP 교과그룹명	학습지도요령 교과(중학교)	학습지도요령 교과(고교)
언어 A	국어	국어
언어 B	외국어	외국어
인문학	사회	지리역사, 공민
수학	수학	수학
과학	이과	이과
예술	음악, 미술	예술
체육	보건체육	보건체육
기술	기술, 가정	정보

MYP의 교과그룹

MYP에는 8개 교과그룹이 설정되어 있다. 학생들은 이 8개의 교과그룹에서 적어도 1교과씩 선택한다. 일본의 학교교육제도를 바탕으로 하는 정규학교(1条校)에서는 국내 교과에 대응시켜서 수업이 진행되고 있다. 도쿄학예대학 부속국제중등학교에서는 2013년 시점에 학습지도요령의 교과와 IBMYP의 교과그룹을 서로 대응시키고 있었다. 파리 국제학교 각 교과의 내용과 평가는 표 5-5와 같이 정의되고 있으며, 프랑스 국내의 교과와 IBMYP의 대응은 표 5-6에 다음과 같이 나타나 있다.

표5-5 교과의 틀 구성(파리 국제학교)

그룹1: 언어와 문학 (언어A)	**과목 영어, 프랑스어, 한국어, 힌디어, 말레이어, 기타 언어** 언어A는 학생들의 모국어 또는 모국어에 가깝게 숙달한 언어. 언어적, 분석적, 또 커뮤니케이션을 할 수 있는 스킬의 습득을 목적으로 하는, 언어와 문학의 양쪽과 관련된 학문중심적 엄격한 공부이다. **주요 목표** MYP의 언어A는 (1) 사상, 창조성, 성찰, 학습, 자기표명, 사회관계의 수단이다. (2) 문학작품과 비문학작품을 학습하고 분석하는 비판적, 창조적, 개성적인 접근을 발전시킨다. (3) 광범위한 독서에 평생 관심을 갖고 언어스킬을 다양한 현실상황에 응용한다.
그룹2: 언어 획득 (언어B)	**과목 영어, 프랑스어, 스페인어, 중국어** 현대어 공부의 목적은 무엇보다도 커뮤니케이션 수단의 기초 및 그 언어가 사용되는 지역의 언어적, 문화적, 사회적인 요소를 획득하는 것이다. **참고** 학습단계는 연령이나 학년으로 조직되지 않는다. 언어B에서부터 DP의 제2그룹으로, 그리고 다수의 학생들이 제1그룹으로 자연스럽게 이행하는 것이다. 언어의 MYP 틀 구성은 DP과정에 필요한 개념과 기능을 반영한다.
그룹3: 개인과 사회 (통칭 '인문학')	**과목 인문종합, 역사, 지리, 환경시스템과 사회, 프랑스의 문화와 사회** MYP의 개인 및 사회의 목적은 학생들의 전인적인 발달에 공헌하기 위해 지식과 이해에 사용되는 개념, 연구하는 스킬, 분석하고 해석하는 스킬, 커뮤니케이션 스킬을 학생들이 획득하여 이를 발전시킬 수 있도록 돕는 것이다. 인문학은 학생들이 자신의 주변세계를 존중하고 이해할 수 있게 하고, 추가적인 학습을 지원하는 기초기능을 제공하는 것을 목적으로 한다. 이 목적은 역사, 현대, 지리, 정치, 사회, 경제, 종교, 기술, 문화라는 폭넓은 맥락에서 개인, 사회, 환경에 관한 공부를 통해 달성된다.
그룹 4: 실험과학	**과목 종합과학, 생물학, 화학, 물리학, 환경시스템과 사회** 과학 및 과학적인 방법은 분석적이고 비판적으로 사고하는 기능을 발달시키는 데 기여하는 학습방법을 제공한다. MYP의 과학은 자기 자신과 타인, 사회환경과 자연환경에 영향을 미치는 문제를 해결하고 결정을 내리는 것에 해당하며 이로써 비판적이고 창조적으로 사고할 수 있다. 과학적인 활용 및 탐구자가 학생들을 발달시키는 것을 목적으로 한다.

그룹5: **수학**	**과목 발전수학, 표준수학** MYP의 수학은 자신의 활동상황이나 일상생활에서 수학을 사용할 수 있고 좀 더 전문적인 수학의 과정으로 나아갈 수 있도록 학생들을 준비시킨다. 지식과 이해라는 지적 능력을 모든 학생에게 익히게 하는 것이다.
그룹6: **예술**	**과목 비주얼아트, 무대, 음악** 예술은 인간 표현의 보편적인 형태이고 감동적, 사상적, 생산적인 활동에 우리가 참여하고 있음을 아는 독특한 방법이다. 예술을 통한 학습은 자기신뢰, 회복력, 적응력을 발달시킬 기회를 제공하는 것으로 자기의식을 발견하고 형성하며 커뮤니케이션하는 데 도움이 된다.
그룹7: **디자인** **(옛 명칭** **'기술')**	**과목 디지털디자인, 디자인제작** MYP의 디자인은 6~10학년 전체 학생에게 필수과목이다. 디지털디자인과 디자인제작의 두 영역을 다룬다. 6~9학년 학생은 단기과제를 포함해서 1년 동안 2개의 프로젝트를 완성시킨다. 10학년은 디지털디자인을 디자인제작의 한 가지로 완성시킨다. 디자인제작에는 텍스타일이 새로 추가되었다.
그룹8: **체육**	**과목 체육** 파리 국제학교의 IBMYP에서는 세계적으로 중요한 스포츠체험을 통해 멀티기능을 습득할 수 있도록 학생들에게 균형 잡힌 체육과 건강교육 커리큘럼을 제공하고 있다. 집단스포츠 활동의 사회적 측면은 학생들의 자율성과 책임의식을 발달시킨다는 것이다. 개인스포츠는 학생들에게 자신의 세부적인 한계를 이해하고 최선을 다할 기회를 부여한다. 집단스포츠는 환경이나 스포츠 기구에 적용시킬 수 있는 신체적 노력을 존중하는 것으로 학생들이 자신의 스트레스나 감정을 관리하는 법을 배우도록 돕는다. 체육프로그램에서 학생의 학습체험은 환경과 상황의 한계 속에서 학생이 지식과 경험을 얻도록 허용하므로 다양하고 폭이 넓다. 체육커리큘럼은 커리큘럼을 통해 휘트니스관리와 평생학습 제공과 같은 학습접근기술이 되는 감정적·신체적 컴피턴시(역량)와 마찬가지로, 학생이 스스로에 대한 자신감과 그룹(집단)에 대한 자신감을 발달시키는 길안내를 한다.

International School of Paris. *IB Middle Years Programme: MYP Handbook 2014-15*, 2014, 11-22.

표 5-6 국내교과와 IB커리큘럼의 교과대조표(파리 국제학교, 2014년)

	6-7학년(MYP)	8-9학년(MYP)	10학년 (MYP)	11-12학년(DP)
그룹1 제1언어	영어, 언어A 또는 언어B	영어, 언어A 또는 언어B	언어A	언어A
그룹2 제2언어	프랑스어, 언어A 또는 언어B	프랑스어, 언어A 또는 언어B	언어A 또는 언어B	언어A 또는 언어B
그룹3 인문학	인문학종합 (Integrated Humanities)	인문학종합	역사, 지리, 인문학종합, 프랑스의 문화와 사회(Fr.) 중 1교과	역사, 지리, 경제, 환경시스템과 사회(표준) 중 2과목
그룹4 과학	과학종합 (Integrated Sciences)	과학종합	생물, 화학, 물리, 과학종합 중 1교과	생물, 화학, 물리, 디자인, 기술, 환경시스템과 사회(표준) 중 1교과
그룹5 수학	수학	발전수학(Extended Mathematics) 또는 표준수학 (Standard Mathematics)	발전수학 또는 표준수학	수학 또는 수학연구(표준)
그룹 6 예술	비주얼아트, 음악, 연극	비주얼아트, 음악, 연극		비주얼아트, 음악, 연극, 그룹 1~4 중 1과목 중에서 1교과
그룹 7 디자인	디자인종합 (Integrated Design)	디자인종합		
그룹 8 체육	체육	체육	체육	
MYP 옵션A	모국어, 스페인어A, 일본어A, 한국어A, 힌디어A, 스페인어B, 중국어B, 프랑스어 기초, 프랑스의 문화와 사회 중 1교과	모국어, 스페인어A, 일본어A, 한국어A, 힌디어A, 스페인어B, 중국어B, 프랑스어 기초, 프랑스의 문화와 사회 중 1교과		
MYP 옵션B			비주얼아트, 음악, 디자인(텍스타일), 화학, 역사, 프랑스어B, 스페인어B 중 1교과	
MYP 옵션C			비주얼아트, 극장아트, 미디어와 필름, 디자인종합, 통계학, 환경시스템과 사회(표준) 중 1교과	
학교 추가	개인과 사회의 교육, 지역과 봉사활동	개인과 사회의 교육, 지역과 봉사활동	개인과 사회의 교육, 지역과 봉사활동, 개인프로젝트	지역과 사회의 교육, 지역활동과 봉사, 과제논문, 지식론(TOK)

International School of Paris. *IB Middle Years Programme: MYP Handbook 2014-2015*, 2014, 10.

개인프로젝트

MYP 최종학년에는 개인프로젝트(Personal Project, PP)가 추가된다. 여름방학 중에 테마를 시작하는 학생도 있다. 대략 10월 중순부터 다음 해 5월 초까지 개인프로젝트가 수행된다. 이는 테마가 있는 개인학습으로 창조기능 및 탐구기능이 평가되고 자신의 개인적인 관심을 성찰하는 시간이다.

지역과 봉사활동

6학년부터 10학년은 지역의 일원으로서 활동하고 봉사활동에 참가하도록 권장된다. 이 봉사활동은 직업적인 전문성이 요구되지 않기 때문에 무상으로 진행되는 것을 의미한다. 9, 10학년이 되면 지역봉사활동을 통해 자신의 적극성을 발휘해야 한다.

평가

다음의 5가지 관점으로 평가된다.

① 학습에 대한 접근 - 어떻게 학습했고 또 정보를 커뮤니케이션했는가?
② 지역과 봉사활동 - 타인과의 관계와 타인에 대한 책임감은 어떠했는가?
③ 인간적인 솔직함 - 무엇을 어떻게 만들어냈고 그 효과는 어떠했는가?
④ 환경 - 주변세계와의 관계와 그에 대한 책임감은 어떠했는가?

⑤ 건강체육과 사회체육 - 신체적 · 사회적 · 정서적 건강은 어떠했는가?

평가는 일반적으로 정해져 있는 바와 같이 파리 국제학교에서도 60% 는 과제물로 40%는 시험으로 이루어진다. 교과그룹마다 각기 다른 평가척도가 있다. 교과의 담당교사는 연간종합평가를 7점 만점으로 해서 점수를 매긴다. MYP 5학년은 교과마다 2점 이상의 성적, 개인프로젝트에서 3점 이상의 성적, 평균4점, 합계63점 만점 중 36점 이상으로 MYP 자격증명서(MYP Certificate)를 취득하게 된다.

MYP 수료자격은 8개 교과와 개인프로젝트의 성적이 63점 만점 중 36점 이상, 전체 교과가 7점 만점 중 2점 이상, 개인프로젝트가 7점 만점 중 3점 이상, 지역과 봉사활동에서 기준 이상의 활동을 수행하는 동시에 각 수업에 90% 이상 출석을 한 경우에 취득할 수 있다. 재학년(在學年) 수에 따른 자격은 학습활동 및 그 성과로 결정되는 자격과는 따로 구분되어 있는 것 같다.

도쿄 국제학교의 발표회

2014년 6월 16일에 도쿄 국제학교를 방문했다. 마침 MYP 학생들의 발표회 직전의 전시작품이 소개되고 있었다. 사진을 보면 구체적인 모습을 알 수 있을 것이다.

1~2 2014년 6월_체육관 그룹발표회
3~4 츠보야 이사에게 설명을 듣고 있는 필자
5   6학년 외국인 아이들이 일본어를 학습한 성과

1 7학년_인간이란 무엇인가
2 7학년_디자인과 기술
3 솔라카(solar car, 태양광을 이용한 전기자동차)를 만든 그룹도 있었다.

228

6장

DP
(고등학교용 커리큘럼 -학위과정)

International Baccalaureate

글로벌한 시민, 커뮤니티에의 참여, 글로벌한 이해를 키울 필요성이 점점 커지고 있음에도 불구하고 미국이나 영국과 같은 국가들은 이제는 '뒤쳐졌고', 최소한 중국과 인도에게 '따라잡혔다'고 느끼고 있다. 이러한 이유로 지금까지보다 더욱 경쟁과 협동의 필요성이 커지고 있다. '처음 떠오르는 이미지는 글로벌한 무대에 새롭게 등장하는 세계의 많은 선수들이 서로 경쟁이 아닌 협동을 하고 있는 모습이다.'[1] 이러한 발전으로 이(異)문화 이해역량과 글로벌 감각을 갖춘 노동인력 양성의 필요성이 강조되었다. 이와 동시에 노동유연성(네오포디즘, neo-Fordism)을 지향하는 정책과 국가경쟁력의 촉진을 지향하는 정책이 합류해왔다. 학교, 정책입안자, 커리큘럼기획자는 아이들을 다른 '국민'을 넘어 문화 이해력(또는 활용력)이 있고, 타문화와 경쟁하면서도 동시에 협력하는 역량을 지닌 '글로벌한 시민'으로 (단기간에) 양성하라는 압력을 받고 있다. 바꿔 말하면, 교육은 지식을 전파할 뿐만 아니라 아이들을 변화시키도록 압력을 받는 영역으로 간주되고, 오늘날의 학교는 국민을 교화시키는 차원을 넘어서 국제감각을 갖춘 글로벌한 노동자를 양성하는

것과 더욱 밀접한 관련성을 갖게 되었다.[2]

-트리스턴 버넬, 2012년

국제학교의 교육을 연구하고 있는 덴마크인 트리스턴 버넬은 호주의 교육개혁을 연구한 스나이더의 말을 인용하면서 현재 여러 선진국의 교육방향은 세계화에 대응할 수 있는 노동자 양성으로 변해가고 있다고 지적했다. 왜 지금 IB(국제바칼로레아)일까? 그것은 근래 20년 동안 여러 선진국에서 교육계가 크게 변했기 때문이다.

IB의 역사로 말하면 DP(Diploma Programme, 학위과정)라 불리는 단계가 가장 먼저 국제표준으로 인정되었다. 학외(学外외부)평가(IB시험응시)는 북반구는 5월, 남반구는 11월에 실시된다. 여섯 개 교과그룹 중에서 여섯 과목을 2년 동안 이수하고, 각 과목의 내부 득점으로도 평가되며, 이에 학내평가를 더해 IBO가 성적을 재점검하는 방식이다. 또한, 학위과정의 수료(Full diploma)에는 교과에 관한 일상적 평가를 시작으로 지식론(Theory of Knowledge, TOK), 과제논문(Extended Essay, EE), 창조성·행동·봉사(Creativity·Action·Service, CAS)라는 세 코스의 활동이 필수적이다.

IB커리큘럼의 매력은 비록 대학입시에 상응하는 IB시험에 맞춰 과목이 설정되어 있긴 하지만, 학습의 목적은 대학입시 합격이 아니라 대학입학 후 전문성을 탐구하고 장래의 직업이나 사회생활에서 그 능력을 발휘한다는 전망을 갖게 된다는 데 있다. 또한, 학습과정에서는 개개인의 자립을 염두에 두고 탐구적 학습이 추구된다는 점, 그리고 그 탐구적 학습이 몇몇 교과 이외의 활동으로 보증된다는 점을 들 수 있다. 이러한 교육을 각 교사가 확실하게 실행할 수 있도록 담당교사는 모두 국제기관의 연수를 받아야 하며 이것이 의무사항이다. 즉, 시험공부에서 벗어나지 않는 선에서 세계적인 장치가 마련되어 있는 것이다.

일본 정부는 1979년에 스위스 제네바의 IBO(국제바칼로레아기구)를 공식적으로 인정하고, 지금은 IB를 대학입학자격으로 인정하고 있다. 그러나 지난 40여 년 동안 지속되어온 유명무실한 상황은 거의 변화가 없었다. 문부과학성은 2013년 3월 IBO와 함께 16~19세 전용 일본어 학위프로그램의 실시에 대해 합의하고, 아홉 과목군 중 여섯 과목군을 일본어로 응시할 수 있도록 했다. 이에 따라 일본어는 IB공용어인 영어, 프랑스어, 스페인어를 제외하고, 독일어, 중국어와 함께 특별한 사례로 다뤄지게 되었다. 즉, 일본 IB학위과정(DP)이 완성됐을 때 다음과 같은 것들이 가능해진다.[3]

(1) 수업언어는 이전에는 기본적으로 영어였으나 일본어로 수업하는 과목도 설정할 수 있다.

(2) 실시학교는 일본 국제학교에서 일본의 정규학교(1条校)로 확대된다.

(3) 취득 후의 진로는 해외대학 진학부터 일본대학 진학까지 가능해진다.

아베정권은 민주당정권 시절부터 추진되어온 교육정책을 이어나가면서 IB인정학교를 2018년까지 200개로 늘리기로 한 계획을 승인했다. 문부과학성도 IB의 취지를 고려한 교육추진계획을 내세우며 다음과 같은 설명을 덧붙인다. "IB의 취지에 맞는 커리큘럼은 사고력·판단력·표현력 등의 육성을 시작으로 학습지도요령이 지향하는 '살아가는 힘'

의 육성과 일본재생전략(平成24년, 즉 2012년 7월 31일 내각회의 결정)이 내세우는 과제발견 및 해결능력과 논리적 사고력, 커뮤니케이션 능력 등의 중요한 능력 및 스킬의 확실한 습득에 도움이 된다."⁴

또한 문부과학성에 제출된 전문가 자료에 의하면 다음과 같이 평가되고 있다. '아이들에게는 스스로 과제를 발견해서 해결하는 힘, 커뮤니케이션 능력, 사건을 다양한 관점에서 비판적으로 고찰하는 힘(critical thinking), 다양한 정보를 취사선택하는 힘 등이 요구된다.'

국제적인 학력조사에서는 이 내용을 개선시키고자 하는 경향이 있는데, 특히 독해력에 대해서는 필요한 정보를 발견해서 추려내는 능력은 뛰어나지만, 그 정보들의 관계성을 이해하고 해석하거나 자신의 지식이나 경험과 연관시키는 능력은 부족하다는 결과를 보이고 있다. 또 학습의욕, 배움에 대한 의욕 등에 대해서도 국제적인 관점으로 보자면 뒤떨어지는 상황이다.

다가올 미래사회를 이끌어갈 인재에게 공통적으로 요구되는 자격으로는 폭넓은 교양과 깊은 전문성, 과제발견 및 해결능력, 팀워크와 (이질적인 사람들로 구성된 집단을 정리하는) 리더십, 공공성 및 윤리관, 미디어 활용능력 등이 거론되고 있다.⁵

IB학위과정의 커리큘럼

현행 커리큘럼은 표 6-1에 나와 있다. 제1언어라고 불리는 각각의 모국어로 배우는 교과는 1990년경에는 그 안에 약 40개 언어가 있었다고 한다.⁶ 국제표준커리큘럼은 일본어 도입에 따라 표 6-2와 같이 변화한다.

그룹1에서 그룹5까지 각 1교과씩, 그리고 그 이외의 1교과 또는 그룹6의 예술과목을 선택해서 총 여섯 과목을 2년 동안 이수한다. 그중 3~4과목은 고급레벨로, 2~3과목은 표준레벨로 이수한다. 고급레벨은 240시간, 표준레벨은 150시간을 이수한다.

득점은 과목당 7점 만점으로 여섯 교과이고 여기에 지식론(TOK), 과

표6-1 현행 IBDP 커리큘럼

여섯 교과 그룹		과목
그룹1	제1언어	모국어 또는 그에 준하는 세계문학 학습 (World Literature in Language A)
그룹2	제2언어	제1언어에 준하는 높은 수준의 이중언어(bilingual)능력, 기존에 배운 외국어(중~상급), 아직 배우지 않은 외국어(초급)의 3레벨 이외에 라틴어, 고전 그리스어 선택도 가능
그룹3	개인과 사회	역사, 지리, 경제학, 철학, 심리학, 문화 및 사회인류학, 비즈니스와 경영학, 이슬람세계의 역사, 글로벌사회의 정보기술
그룹4	실험과학	생물, 화학, 물리, 환경시스템, 디자인기술
그룹5	수학과 컴퓨터과학	수학, 고등수학, 수학적 방법, 수학적 연구, 컴퓨터과학 (수학을 이수한 뒤 그룹6으로 선택 가능)
그룹6	예술 또는 선택과목	미술 및 디자인, 음악, 연극, 또는 상기의 과목 중 1과목을 더 선택

국제바칼로레아 학위프로그램의 'TOK'에 관한 조사연구협력자회의 「국제바칼로레아 학위프로그램의 Theory of Knowledge(TOK)에 대해서」(2012년 8월), 기타

제논문(EE), 창조성·활동·봉사(CAS)의 3점이 가산돼 45점 만점이 된다. IBDP(국제바칼로레아 학위과정)는 여섯 코스 전체 과정을 모두 수료하고, 최종 시험에서 45점 만점 중 24점 이상을 취득해야 한다. 영국과 미국에서는 국내 표준테스트의 득점이 IBDP 득점으로 환산돼서 대조가 가능하다. 각 교과의 평가는 7(아주 뛰어나다), 6(아주 좋다), 5(좋다), 4(충분하다), 3(노력이 필요하다), 2(나쁘다), 1(아주 나쁘다), N(평가가 불가능하다)으로 구성되어 있다.

또 한 가지 특징은 IBDP는 일본의 고등학교 과목보다 내용의 수준이

표6-2 교과 및 시험언어별 IBDP의 과목예시

교과 그룹	IB공용어로 수업하는 과목	일본어로도 수업 가능한 과목
1 모국어: 언어와 문학		문학, 언어와 문학, 문학과 연극
2 외국어: 언어습득	영어, 프랑스어, 스페인어	
3 개인과 사회	비즈니스, 지리, 정보기술, 철학, 심리학	경제, 역사
4 실험과학	디자인기술, 환경시스템	생물, 화학, 물리
5 수학과 컴퓨터과학	수학, 컴퓨터과학	수학(표준), 수학(고급)
6 예술	음악, 미술, 댄스, 필름, 연극	
기타		지식론, 과제논문, 창조성·활동·봉사

문부과학성「수업 및 시험언어별 국제바칼로레아 과정의 과목예시」를 개편

높아 대학의 일반과목 수준과 맞먹는다는 것이다. 따라서 미국에서는 IBDP의 과목이 고교는 물론 대학 졸업에 필요한 학점을 동시에 취득할 수 있도록 설정되어 있다. 예를 들어, UCLA(미국의 명문 주립대학교로 University of California, Los Angeles를 말함-옮긴이)는 DP점수가 높은 학생에게는 입학할 때 대학에서 취득해야 하는 필요단위인 30학점을 면제해준다. 브리티시 콜롬비아대학도 처음 1년간은 월반을 인정해준다고 한다.[7] 이와 같이 미국에서는 현실적인 고대(고교-대학)연계가 이루어져 있으며, 쓸데없는 시험공부를 줄여서 의욕적으로 학습할 수 있도록 유도하고 있다고 한다. 이와 같은 고교-대학연계가 앞으로 일본에도 확대될 전망이다.

교과커리큘럼만으로는 부족하다

이와 더불어 IB학위에는 지식론(TOK), 과제논문(EE), 창조성 · 활동 · 봉사(CAS)라는 세 코스가 설정되어 있다. 미국의 국제학교 연구자인 엘리자베스 폭스(Elisabeth Fox)는 이들의 의미를 다음과 같이 설명하고 있다.

- 제6그룹은 예컨대 과학에 높은 관심을 보이는 학생은 추가적인 과학교과를 고급레벨로 학습하고, 사회과학에 관심이 있는 학생은 역사와 경제의 두 코스를 선택하거나 언어학 또는 제3언어를 선택한다든지 미술을 선택할 수 있다. 학교별로 컴퓨터연구, 환경교육, 평화연구, 지방의 요청을 받아들인 지역연구, 조형예술에 대해 배우는 프로그램 등의 특별 실러버스

를 기획하는 것이 허용된다. 이렇게 다양한 특별 실러버스는 '정규' 시험 과목으로 인정된다. 예를 들어, 사회인류학은 UN국제학교가 제6군에서 가장 먼저 만든 과목으로 현재는 제3군의 '인간연구'라는 선택과목이다. 최근 IB커리큘럼 개발은 교과통합적 연구를 목표로 하고 있으며, 과학에는 기술과 사회변화, 사회예술이라는 두 개의 새로운 실러버스를 추가했다. 이들은 제3군이라든지 제4군의 선행코스가 된다.

• 제6그룹의 각 과목을 시험 보는 것 외에도 IB학위과정의 학생들은 필요 조건이 세 가지 더 있다. 지식론(TOK)이라는 공통과정과 창조적·미적·사회봉사활동(CASS) 그리고 과제논문(EE) 형태의 독립활동이 그것이다. 학생들이 창조적·미적·사회봉사활동에 참여한다는 것은 학문적(아카데믹) 교육만으로는 불충분하다는 것을 의미한다. 이 프로그램들을 계획하고 실행하는 것은 학교의 책임이다. 이러한 활동의 영향을 측정하는 것이 쉽지는 않지만…[8]

즉, 학문적 교과만으로는 인간을 형성하는 데 부족하고 이에 더해서 어떠한 형태의 심적 교육이 필요하다는 것이다. 그러나 이를 어떤 활동으로 어떻게 시간을 분배해서 시행할 것인지는 딱히 규정하고 있지 않다.

1990년 당시 IB와 관련된 설명은 다음과 같이 나와 있다.

• 커리큘럼은 여섯 교과그룹으로 구성되고, IB학위를 취득하기 위해서는 여섯 교과군의 모든 과목 중 한 과목에 합격해야 한다. 그러나 IB시험에서는 한 과목만 응시하는 것도 가능하다. IBO의 공용어는 영어, 프랑스어,

스페인어의 세 개 언어이다. 모든 교과는 이 세 언어로 시험이 치러진다. IB학위의 세 교과는 고급레벨, 다른 세 교과는 표준레벨로 되어 있다. 여기에 더해 4,000자의 과제논문, 지식론 코스의 이수, 주 3~4일의 창조활동이나 봉사활동 혹은 지역봉사활동도 있다.

여섯 그룹이라는 학문적(아카데믹) 교과의 깊이 있는 내용과 그 절묘한 구성, 이에 더해 이것들을 연결하는 교과통합적 능력형성코스, 이것이야말로 IB커리큘럼의 진수인 것이다. 하지만 이는 교사들의 높은 수준의 교양, 다양한 교수법(pedagogy라 불리는 교육학)의 개발, 그리고 실천력이 있어야만 가능한 교육의 질(質)이다. 교사에게 이러한 지도력이 없다면 각 교과의 틀 속에서만 가르치게 될 것이고 교과통합적인 코스도 유명무실해질 것이다. 이는 커리큘럼을 고안할 당시부터 우려했던 상황들이다.

CAS(창조성·활동·봉사)가 학문적 과목을 연결하는 역할을 수행하지 않고, 오히려 학문적 과목에서 도피할 수 있는 기회[9]가 되었다는 우려도 제기되어왔다. IB커리큘럼의 변질은 교사만의 문제에 그치지 않는다. 학교의 방침이 IB커리큘럼을 단순히 대학입시대책으로만 취급한다면 필연적으로 그렇게 될 수밖에 없다.

지식론(Theory of Knowledge, TOK)이란

IB커리큘럼의 개발을 처음 시작하던 당시 중심인물이었던 제럴드 르노에 따르면 지식론은 다음과 같이 설명되고 있다.

- 교육과정 전체를 철학적으로 성찰할 시간을 갖는 데 매우 중요하다.
- 이 코스의 목적은 지식을 많이 습득하는 것도 아니고, 다른 여러 교과에서 이미 획득한 지식을 종합하는 것도 아니며, 오히려 자신이 계속 학습해온 지식, 좀 더 일반적으로 말하면 자신이 경험해온 것들에 대해 의문을 품거나 성찰할 수 있도록 하는 것이다.
- 지식론은 다양한 유형의 지식의 기본적인 성질에 대해 의문을 갖도록 학생과 교사를 안내한다. 수학적인 진리의 기반은 무엇일까? 과학적인 본성의 진리나 역사적 본성의 진리, 도덕적 판단이나 정치적 판단을 정면으로 마주하고 있는 학생들에게는 이들 각각의 주장이 어떤 기반에 의거하고 있는 것일까?[10]
- 이러한 성찰을 통해 모든 지식에는 서로 관련성과 제한이 있다는 사실을 알게 되며, 뛰어난 학생들은 지적 겸허함을 배울 수 있다.
- 지식론은 IB교육에서 시금석이라고도 할 수 있다.[11]

요컨대, 본 코스의 목적은 학생들이 수업에서 배우는 지식을 동일한 성격의 것으로 파악하지 않고, 교과나 학문마다 각기 독특한 특성이 있고, 지식의 조립방식이 다르며, 각각에 한계가 있다는 사실을 배우는 것이다. 이러한 사고방식이야말로 구성주의를 전제로 하는 논리가 된다. 즉, 수업이란 올바른 지식이나 해답을 단순히 전달하는 것이 아님을 의미한다.

현재와 같은 형태가 된 「과목용 지도서」(1985년판)에서 지식론(TOK)은 표 6-3과 같이 기재되어 있다. 이는 오래 전에 설정된 코스인데 1985년에는 철학과 구분해서 지식론이 매우 명확하게 다시 정의되었다. 이 코스의 목적은 지식을 근원적으로 되묻는 것이며, 각 학문분야의 지식체계를 돌아보고 이성적인 사고방식과 객관적인 비판정신을 키워나가려는 것이다.

일본어로 '사상(思想)'이라고 하면 이와 같은 '지식론'이라든지 '철학'은 일반인과는 관계가 없다고 오해하기 쉽다. 그러나 지식론에서 말하는 '사상'이란 '사고(思考)'가 체계화된 것, 그리고 사고의 일관성(이치)이 있다는 정도의 의미로 누구에게나 필요한 개념이다.

또한, 목적을 나타내는 항목에서 설명하고 있는 것처럼 '개인의(personal)'란 본인이 갖고 있는 특성이라는 의미로 속인적(屬人的)이라고도 한다. 타인과 달리 고유하게 갖고 있는 특성이나 개인이 독립적인 상태에서 지닌 특성이라는 의미로 사용되는 '개인적'과 이 책에서는 구별해서 해석하고 있다.

성적기준에 '언어를 명료하게'라고 적혀 있는 것과 같이 '언어의 명료함'은 독일과 프랑스 문화의 특징이다. 애매한 언어, 암시적인 언어를 많이 사용하는 일본의 문화와는 크게 다른 문화라고 봐야 할 것이다. 그렇다면 지식론 자체도 일본의 문화를 기반으로 재해석할 필요가 있을 것이다.

본래 지식론의 목적은 지식의 구성주의적 입장에 서서 각각이 지식을 조립해나가는 것과 이때 조립방식에 규칙이 있다는 것을 이해하는 데에 있다. 즉, 자연과학의 지식은 사실로 검증되어서 진위로 판단된다는 것이다. 따라서 검증기술의 발달정도에 따라 진위의 판정이 뒤집히는 경우도 발생한다. 따라서 자연과학적 지식도 일정한 조건부 하에서만 진리로 인정할 수밖에 없다는 것이다.

표 6-3 지식론의 정의(1995)

과목의 성격

본 코스는 IB의 교육철학에서 핵심이 되는 요소이므로 학위과정을 지원하는 모든 이에게 필수이다. 그 목적은 교실 안팎에서 학생들의 지식과 경험에 대해 비판적인 성찰을 하도록 하려는 것이다. 본 코스는 개념을 분석하거나 검토한다는 면에서, 또한 전체 인류가 만들어낸 가치판단을 바탕으로 자신 및 타인이 알고 있는 것에 대해 비판적으로 인식할 수 있도록 학생들을 유도한다는 측면에서는 철학적이라고 할 수 있다. 본 코스의 여러 목적(및 하나의 성적기준)은 IB 교과의 제3군에 있는 선택교과 '철학'의 여러 목적과 동일하다. 다만, 지식론과 철학의 주요한 차이는 지식론이 모든 사람의 철학인 데 비해 철학은 이 교과에 특히 흥미를 갖는 사람을 위한 교과라는 점이다.

그럼에도 불구하고 본 코스의 명칭과 IB에서 말하는 철학 사이에 명칭의 유사성은 엄밀한 인식론 중 하나의 코스를 의미하는 것이 아니라, 특정한 인식론적 문제들은 자신의 지식과 경험에 대해 성찰하는 모든 사람이 대면해야 한다는 것이다. 이는 또한 (경험주의, 합리주의라는) 다양한 주의(主義)나 위대한 사상가들을 개관(槪觀)하는 것이 아니라 오히려 거기에서 고심하여 선택한 문헌을 통해 자신이 공부한 여러 테마에 주목할 수 있을 것이다. 본 코스가 다양한 과목에 적합한 사고양식인지를 검토할 필요는 있겠지만, 앞서 말한 것과 같은 인식론의 공부(學修)를 의도하는 것은 아니다. 시사문제가 적당히 논의되는 것은 바람직하지만 다양한 주제를 화제로 삼아 제대로 된 준비도 없이 논의하는 시리즈로 본 코스를 변질시키는 것은 옳지 않다.

학생들은 지식에 관한 자신만의 질문을 만들 수 있도록 자극을 받아야 마땅하지만, 분명한 것은 탐구와 성찰의 프로세스를 확립하고 이를 이끌어가는 주요 책임은 교사에게 있다는 것이다. 교사의 또 다른 주요한 역할은 비판적으로 성찰하는 사고능력이 학생들에게 자연스럽게 흡수될 수 있도록 적당히 넓은 범위의 독서를 바탕으로 구체적 예시를 제공하는 것이다. 본 코스를 담당하는 교사라고 해서 반드시 철학학부를 졸업해야 하는 것은 아니지만, 적어도 철학적인 인문강좌를 익히고는 있어야 한다(졸업 후에 철학을 공부하는 것이 권장된다). 본 코스는 한 명의 교사가 가르치지 않아도 괜찮다. 만약 몇 명의 교사가 협동하는 경우에는 개인적인 공헌은 적절하게 통합되어야 한다. 즉, 코스의 형태와 협동활동 전체의 최종 책임을 한 사람이 맡아야 한다는 것이다. '교사용 지도서'는 지식론이라는 코스를 기획하는 데 필요한 시사점을 제공하고 있다. 본 코스는 최저 100시간(1시간=60분의 수업시간)에 맞추어야 한다. 또한, 학위를 준비하는 데에는 보통 2년이라는 시간을 공들여야 한다.

목적

지식론 교과과정의 목적은 다음과 같이 학생들을 지도하는 것이다.

1. 지식과 경험이라는 기반을 성찰하고 이에 대해 되물을 것
2. 주관적·이데올로기적 편견이 개입되지 않도록 유념할 것
3. 근거와 토론이라는 비판적 검증을 기반으로 개인의 사고방식을 발달시킬 것
4. 합리적인 검토를 조직할 것

성적기준

학생들은 다음의 기준을 충족시켜야 한다.

1. 언어를 명료하고 일관되고 적절하게 사용할 것
2. 다양한 종류의 지식이 가진 힘과 한계에 대해, 또 이러한 지식 사이의 유사점이나 차이점에 대해 명확하게 이해할 수 있는 근거를 제시할 것
3. 공부한 교과를 상호 간에 혹은 일반적인 지식이나 생활체험과 연관시킬 것
4. 학생 개인의 견해나 지역사회와 문화의 공통된 견해에 대해 그 가치와 한계를 이해할 수 있도록 현장지도를 할 것
5. 이성(理性)이 지닌 가능성과 한계를 인식하고, 무지와 편견을 극복하며, 학술적인 지식과 개인·지역사회·국가·문화 간의 실제적인 이해도를 전진시킬 수 있는 이성의 힘에 관해 올바른 이해를 제시할 것

교육과정의 요지

1. 지식에 관한 언어와 사상의 역할
2. 지식에 대한 논리적인 엄격함의 필요성
3. 지식의 체계
   (a) 수학
   (b) 자연과학
   (c) 미적 판단
   (d) 역사학
4. 가치판단과 지식
   (a) 도덕적 판단
   (b) 정치적 판단
   (c) 미적 판단

A.D.C. Peterson. *Schools Across Frontiers: The Story of the International Baccalaureate and the
United World Colleges.* La Salle, Illinois: Open Court, 1987, 221-224.

다음으로 사회과학적 지식은 약속된 사항이며 이 지식은 사회적 타
당성에 의해 선악으로 판정된다. 사회의 어떤 집단의 의식을 바탕으로
하는지에 따라 사회과학적 지식은 다르게 구성된다.

인문학적 지식은 가치의 체계이며 개개인마다 평가가 다르다. 어느
쪽이 더 훌륭한 가치인지 결정하기는 힘들다. 인문학적 지식의 평가는
훌륭한 가치를 서로 인정하는 활동에 맡길 수밖에 없다.

2012년 덴마크의 IB학위코스에 진학한 한 일본인 유학생이 "가장
어려웠던 과목은 지식론이다. 무엇을 말하고 있는지 도통 모르겠다."라
고 말했다. 그 고등학교에서 사용하고 있었던 교과서 내용은 표 6-4와
같은 내용이었다.

Richard van de Lagemaat, *Theory of Knowledge for the IB Diploma*. Cambridge University Press, 2005.

과제논문(Extended Essay, EE)이란

세브르 국제회의에서는 과제논문이 아직 확실하게 자리 잡은 모습은 아니었지만 그 교육적 가치에 대해서 논의했다고 전해진다. 르노의 다음 지적에 따르면 이미 이 당시에 교육과제로 확실히 자리를 잡았던 것으로 생각된다.

- 과제논문은 수준 높은 프로그램으로서 몇 개의 교과 중 지원자가 자유롭게 선택한 한 교과에 대해 담당교사와 상담을 거친 개인적인 연구를 포함한다.
- 과제논문의 목적은 자료를 비교해서 이용하거나 일관된 논의를 구성하고 최종적으로 세련된 활동작품을 제시함으로써 고등교육에 대한 준비과정으로서의 독립활동을 장려하는 데 있다.
- 학생 자신의 능력과 교사의 조언을 바탕으로 한 편 이상의 논문을 제시하는 것은 학생이 자유롭게 선택할 수 있다.[12]
  과제논문은 각자 장래에 대해 생각하면서 자신이 전공할 분야에 대해 깊게 알아본다는 의미가 있다. 단, 자유롭게 작문하는 것이 아니라 교사의 지도에 따라 자신이 배우고 싶어 하는 영역의 전문화를 도모하는 것이며, 현재는 이 과목이 대학진학 후의 연구활동에 도움이 된다는 평가를 받고 있다.
- IB졸업생들은 과제논문에 대해 '비록 벅차기는 했지만 대학에 대해 지적 자극을 불러일으키는 준비를 할 수 있었다.'라고 평하며 특별한 찬사를 보내고 있다.[13]

이와 같이 IB커리큘럼이 추구하는 과제논문은 현재 교육계에서 논의되고 있는 종합학습이나 테마학습과는 달리 지극히 개인적인 테마나 학생 개인의 관심을 바탕으로 하는 탐구활동인 것이다.

창조성·활동·봉사(Creativity·Activity·Service, CAS)란

지식론과 함께 학위에서 중요하게 다뤄지는 요소는 신체활동과 사회활동(physical and social activities)인데, 명기된 것에 비해 교육과정은 그만큼 확실하게 자리 잡지 못했다. 옛날 명칭은 CASS이다. 현재 IB공식홈페이지를 보면 그 역사가 나와 있으며[14] 내용은 다음과 같다.

- CASS의 형태는 오랫동안 학위의 일부로 유지되어왔다. 그 시작은 1968년 '미술에 대한 이론적·실천적 입문'이라는 의무적인 코스였다.
- 1970년에는 '신체활동과 사회봉사활동의 분야가 추가될 수 있다.'로 나와 있다.
- 1970년대에 이 코스는 컬트 한(Kurt Hahn)의 의견을 수용해서 발전했다. 그의 철학의 중심에는 '학생들은 직접적인 경험으로부터 가장 큰 이익을 얻고 학습한다.'라는 이념이 있다. 그는 인지발달에 이어 인격이 형성된 다음에는 신체활동과 사회활동이 필요하다고 믿었다. IB는 이에 따라 학위프로그램의 커리큘럼으로 모든 IB학생의 전인적 발달을 위해 창조적·미적·사회봉사 활동(CASS)을 실행하기로 결정했다.

1989년이 되자 CASS는 세 개 영역이 동시에 평가되는 창조성 · 행동 · 봉사 (Creativity, Action, Service, CAS)로 바뀌었다고 설명되고 있다. 이러한 변경 이유에 대해 IBO는 '학교에 따라 여러 가지 이유로 지역사회와 교류하는 것이 불가능하기 때문이다.'라고 설명하고 있다. 또한 그 활용에 대해 '1990년대 초반에는 CAS의 충실한 이수가 학위취득의 조건이 되었다.'라고 기술하고 있다. 따라서 CAS는 경험을 중시하고 사회적 존재를 자각하기 위한 코스라고 볼 수 있다. CAS는 2015년에 '창조성 · 활동 · 봉사(Creativity · Activity · Service)'로 변경되었다.

일본의 현재 상황

IB커리큘럼을 채택하고 있는 일본의 국제학교는 표 6-5와 같다. 표에 나와 있는 '1条校'란 학교교육법 제1조에 규정되어 있는 정규 학교를 일컫는 것으로 일본 국내에서 통용되는 법적인 졸업자격을 얻을 수 있는 학교를 말한다. 그렇지 않으면 일본학교에 진학할 때 경우에 따라서 검정시험을 봐야 할 수도 있다. 또한, 일본의 법률에서 규정하는 기초자격, 즉 학력으로 인정되지 않는 경우도 있다.

군마(ぐんま) 국제아카데미

군마 국제아카데미는 2011년 10월 20일에 IB학교로 인정을 받았으며 일본에서는 다섯 번째로 IB학위를 실시한 학교이다. 2012년 4월에 IB학위프로그램이 실시된 덕에 학생들은 일본의 고교졸업자격과 IB학위를 동시에 취득할 수 있게 되었다.

표 6-5 일본의 IB인정학교(인정날짜 순서)

학교 명칭	행정구역	IB 인정날짜	PYP	MYP	DP	1条校
세인트메리즈 국제학교	도쿄	1979년 9월	-	-	O	
카네디언 아카데미	효고	1980년 9월	O	O	O	
생모르 국제학교	가나가와	1984년 7월	-	-	O	
요코하마 국제학교	가나가와	1984년 10월	O	O	O	
세이센 국제학원	도쿄	1986년 1월	O	-	O	
간사이학원 오사카 국제학교	오사카	1990년 10월	O	O	O	
가토학원 교슈 고등학교 및 중학교	시즈오카	2000년 1월	-	O	O	O
케이 국제학교 도쿄캠퍼스	도쿄	2002년 1월	O	O	O	
히로시마 국제학교	히로시마	2005년 4월	O	-	O	
도쿄 국제학교	도쿄	2005년 12월	O	O	-	
고베 독일학원	효고	2006년 6월	O	-	-	
교토 국제학교	교토	2006년 12월	O	-	-	
후쿠오카 국제학교	후쿠오카	2007년 4월	O	-	O	
나고야 국제학원	아이치	2008년 5월	O	-	O	
다마가와학원 중학부 및 고등부	도쿄	2009년 3월	-	O	O	O
AICJ 중학교 및 고등학교	히로시마	2009년 6월	-	-	O	O
리쓰메이칸우지 중학교 및 고등학교	교토	2009년 9월	-	-	O	O
카네디언 국제학교	도쿄	2009년 12월	O	-	-	
도쿄학예대학 부속 국제중등교육학교	도쿄	2010년 2월	-	O	O	O
오키나와 국제학교	오키나와	2011년 7월	O	-	-	
군마 국제아카데미	군마	2011년 10월	-	-	O	O
츠쿠바 국제학교	이바라키	2011년 11월	O	O	-	
도시샤 국제학원	교토	2012년 3월	O	-	O	
일본 호라이즌 국제학교	가나가와	2013년 6월	-	-	O	
오사카 YMCA 국제학교	오사카	2012년 6월	O	-	-	
일본 인디언 국제학교	도쿄	2013년 6월	-	-	O	
린덴홀스쿨 중등·고등학부	후쿠오카	2013년 10월	-	-	O	O
나고야 국제중학교 및 국제고등학교	아이치	2014년 12월	-	-	O	O
센다이 육영학원 고등학교	미야기	2015년 2월	-	-	O	O
오키나와 쇼가쿠 고등학교	오키나와	2015년 2월	-	-	O	O
아시아 가루이자와 국제학교	나가노	2015년 3월	-	-	O	O
간사이 국제학교	오사카 / 효고	2015년 4월	O	-	-	
진구우마에 국제학교 및 교환학교	도쿄	2015년 4월	O	-	-	
도쿄도립국제고등학교	도쿄	2015년 5월	-	-	O	O
일본 아오바 국제학교	도쿄	2015년 6월	O	-	O	
합계 35교			19	9	26	12

2015년 10월 20일 http://www.ibo.org/programmes/find-an-ib-school/

표6-6 군마 국제아카데미 IB코스의 교육과정(2014년도)

교과	과목	표준단위	단위수 10학년	11학년	12학년	비고
국어	국어종합	4	4			
	현대문B(IB고급)	4				
	고전B(IB고급)	4				
지리역사	일본사A	2	2			
	세계사B(IB고급)	4		5 (e)	6 (e)	또는 수학연구
	세계사B(IB표준)	4		3 (e)	4 (e)	또는 수학연구
공민	현대사회	2	4 (j&e)			
수학	수학1	3	3 (j&e)			
	수학A	2	2 (j&e)			
	수학연구(IB고급)			5 (e)	6 (e)	또는 세계사B
	수학연구(IB표준)			3 (e)	4 (e)	또는 세계사B
이과	물리기초	2	2 (j&e)			
	화학기초	2	2 (j&e)			
	생물기초	2	2 (j&e)			
	물리연구(IB표준)			4 (e)	3 (e)	또는 생물연구
	화학연구(IB표준)			4 (e)	3 (e)	또는 음악연구
	생물연구(IB표준)			3 (e)	4 (e)	또는 물리연구
보건체육	체육	7~8	2 (e)	2 (e)	3 (e)	
	보험	2	1 (e)	1 (e)		
예술	음악1		2 (e)			
	미술1		2 (e)			
	음악연구(IB표준)			3 (e)	4 (e)	또는 화학연구
	미술연구(IB표준)			3 (e)	4 (e)	
외국어	커뮤니케이션 영어1	3	4 (e)			
	영문법		1 (j&e)			
	영어연구(IB고급)			5 (e)	6 (e)	
가정	가정기초	2	1 (e)	1 (e)		
정보	정보과학	2		2 (e)	2 (e)	
지식론	지식이론		1 (j&e)			
지구	학교설정과목		1 (e)	1 (e)	1 (e)	
특별활동	홈룸(homeroom) 활동		1 (e)	1 (e)	1 (e)	
종합적인학습시간	창조성·활동·봉사			75시간	75시간	이중언어
	과제논문			Extended Essay	Extended Essay	이중언어

단위수 표기가 없는 것은 일본어로, j&e는 일본어와 영어로, e는 영어로 수업이 진행된다.

표6-7 군마 국제아카데미의 수업언어 흐름도

초등부 G1-G6	일본어로 학습하는 수업 (국어와 사회과)	영어로 학습하는 수업 (전 교과의 70%가 영어집중수업)
중등부 G7-G9	일본어로 학습하는 수업 (국어 100%, 사회과 75%, 수학 및 이과 25%)	영어로 학습하는 수업 (전 교과의 70%가 영어집중수업)
고등부 G10	일본어로 학습하는 수업 (국어 50%, 사회과 50%, 수학 및 이과 25%)	영어로 학습하는 수업
고등부(국내진학코스) G11-G12	일본어로 학습하는 수업 (국어, 수학, 이과, 지리·역사의 100%, 영문법은 이중언어)	영어로 학습하는 수업
고등부(IB코스) G11-G12	일본어로 학습하는 수업 (국어만)	영어로 학습하는 수업 (IBDP, 국어를 제외한 모든 수업)

표6-8 군마 국제아카데미 고등부 10학년 시간표(2014년)

	월	화	수	목	금
8:40-9:30	수학	수학	국어	수학	영어
9:35-10:25	일본사	수학	영어	영어	영어
10:35-11:25	이과/IB	체육	수학	체육	수학
11:30-12:20	국어	국어	체육	일본사	이과/IB
12:20-12:45	급식				
12:45-13:00	청소				
13:20-14:10	사회	화학	화학	화학	사회
14:15-15:05	음악/미술	사회	화학	음악/미술	체육
15:10-16:00	정보	HR	영문법	국어	종합학습
16:00-16:10	HR	HR	HR	HR	HR

표6-9 군마 국제아카데미 고등부 11학년 시간표(2014년)

	월	화	수	목	금
8:40-9:30	음악/미술/ 과학	영어B	음악/미술/ 과학	영어B	영어
9:35-10:25	역사(고급)/ 수학(고급)	역사(고급)/ 수학(고급)	역사(고급)/ 수학(고급)	역사(고급)/ 수학(고급)	역사(고급)/ 수학(고급)
10:35-11:25	영어B	생물(표준)/ 물리(표준)	영어B	생물(표준)/ 물리(표준)	가정과
11:30-12:20	보건/체육	생물(표준)/ 물리(표준)	역사(표준)/ 수학(표준)	생물(표준)/ 물리(표준)	가정과
12:20-12:45	급식				
12:45-13:00	청소				
13:20-14:10	정보	국어	보건/체육	국어	영어B
14:15-15:05	역사(표준)/ 수학(표준)	지식론	화학	지식론	음악/미술/ 과학
15:10-16:00	국어	HR	국어	역사(표준)/ 수학(표준)	종합학습
16:00-16:10	HR	HR	HR	HR	HR

표6-10 군마 국제아카데미 고등부 12학년 시간표(2014년)

	월	화	수	목	금
8:40-9:30	체육	역사(고급)/ 수학(고급)	역사(표준)/ 수학(표준)	역사(고급)/ 수학(고급)	문학·일본어 (고급)
9:35-10:25	역사(표준)/ 수학(표준)	체육	지식론	문학·영어 (고급)/ 영어B(고급)	문학·일본어 (고급)
10:35-11:25	문학·일본어 (고급)	지식론	문학·일본어 (고급)	체육	문학·영어 (고급)/영어 B(고급)

11:30-12:20	화학(표준)	문학·영어(고급)/영어 B(고급)	문학·일본어(고급)	화학(표준)	역사(표준)/ 수학(표준)
12:20-12:45	급식				
12:45-13:00	청소				
13:20-14:10	미술(표준)/ 음악(표준)			미술(표준)/ 음악(표준)	
14:15-15:05	문학·영어(고급)/ 영어B(고급)	역사(표준)/ 수학(표준)	문학·영어(고급)/영어 B(고급)	생물(표준) / 물리(표준)	미술(표준)/ 음악(표준)/ 화학(표준)
15:10-16:00	역사(고급)/ 수학(고급)	문학·영어(고급)/영어 B(고급)	역사(고급)/ 수학(고급)	생물(표준)/ 물리(표준)	미술(표준)/ 음악(표준)/ 화학(표준)
16:00-16:10	역사(고급)/ 수학(고급)	HR	생물(표준) / 물리(표준)	역사(표준)/ 수학(표준)	종합

이(異)문화 이해와 비판적 사고능력의 육성을 중시하고 있으며, 10학년까지 예비 IB수업과 함께 IB코스에서는 2년에 걸쳐 학위수준의 학습을 시행하고 있다. IB교과그룹은 일본어 고급, 영어B 고급, 세계사 고급 및 표준, 수학 고급 및 표준, 생물 표준, 물리 표준, 음악 표준, 미술 표준으로 이루어져 있다. IB커리큘럼에 기반한 수업은 2년밖에 없지만 영어 집중수업을 초등학교부터 진행하고 있으며 11, 12학년에는 영어로 이과계열 수업까지 받을 수 있다. 또한, 대학입시도 영어시험에 대해서는 특별한 준비가 필요 없이 응시할 수 있을 정도로 갖춰져 있다고 한다.

핀란드의 IBDP학교

핀란드는 IBPYP(초등학교용 프로그램)인정학교 3개교, IBMYP(중학교용 프로그램)인정학교 4개교, IBDP(고등학교용 프로그램-학위과정)인정학교 16개교로 IB인정학교는 총19개교이다. 일본의 IB인정학교는 그 수가 각각 19개교(IBPYP), 9개교(IBMYP), 26개교(IBDP)로(표6-5 참조) 총35개교이다. 핀란드 인구가 일본의 약 22분의 1임을 감안하면, 핀란드의 IB인정학교는 많은 편이라고 할 수 있다. 게다가 사립학교에서도 수업료를 받지 않고, 공립학교와 똑같이 예산운영을 하고 있기 때문에 각 가정에 학비로 인한 경제적 부담은 전혀 없다. 덴마크의 IBDP가 유학생을 유치하고 덴마크 국내에서 엘리트교로 발전한 것과는 달리 핀란드의 IBDP는 핀란드어가 모국어가 아닌 학생들이 불이익을 받지 않는 우회로로 활용되고 있다.

예를 들어, 2014년 10월 30일에 필자가 방문한 헬싱키의 수오마라이넨 종합학교에서는 보통과(普通科)고등학교에 IBDP클래스가 병설되어 있다. 이 학교는 그 설립연도가 1886년으로 역사가 매우 오래된 핀란드 최초의 남녀공학이다. 이러한 경위로 독립학교, 즉 일본 사립학교의 모델이 되었다. 참고로 일본의 사립학교에는 IBDP클래스가 1990년에야 개설되었다. 헬싱키의 수오마라이넨 종합학교는 초·중·고교가 다 같이 있는 학교로 초등학교 3학년부터 입학한다. 입학 시에 핀란드어로 된 테스트가 있고 올해는 250명이 지원해서 100명이 합격했다.

보통과(普通科)고등학교 단계는 핀란드의 대학입학자격시험을 목표로 하는 학생이 80%, IBDP를 희망하는 학생이 20%이다. 올해 12학년

중 IB클래스에는 30명의 학생이 있고, 국적은 12개로 나눠진다. 이들은 난민, 이민, 국제결혼 등의 이유로 영어를 제1언어(언어A)로 대학입학준비를 하는 학생들이다. 엘리트교육이라는 측면보다는 핀란드어가 시험에 불리하기 때문에, 대신 영어를 사용해서 불이익을 받지 않도록 대학시험을 포기하지 않게 만드는 기회를 제공하고 있는 것이다. IB클래스의 학생 대부분은 졸업 후에 외국대학 진학을 희망하지만 미국이나 영국은 수업료가 비싸기 때문에 결국 수업료가 무료인 핀란드의 대학교로 진학하는 경우도 많다고 한다.

실제로 11학년의 수업을 살펴보면 언어A의 영어와 문학 고급레벨(English A Language & Literature HL) 수업에는 14명의 학생들이 있었고, 인도인이 2명, 소말리아인이 1명, 나머지는 유럽계 학생들로 이루어져 있었다. 수업은 한 시간을 꽉 채워서 진행되었고, 교사는 미국인 여자였으며, 학생들은 모두 영어로 대답하고 있었다. 테마는 텍스트(text)와 컨텍스트(context)로 작가 3명의 작품을 바탕으로 각 작품의 배경에 대해서 의견을 주고받고 있었다. 등장인물의 이름에 어떤 메시지와 작가의 주장이 내포되어 있다는 것에 관해 논의하고 있었다.

모든 학생은 저마다 해외경험을 바탕으로 자신이 직접 보고 들은 것을 연달아 발표하고 있었다. 예를 들면, 여자이름이 유행했을 때 지은 이름이라는 주장과, 잡지가 페미니즘을 양산했다는 내용으로까지 논의가 전개되고 있었다. 또한, 각자의 책상 위에는 찰스 디킨즈의 『Hard Times(어려운 시절)』라는 두꺼운 원서가 펼쳐있었다.

보통과고등학교의 수업은 5학기제로 6주간 수업을 받고 7주차에는 테스트를 받는다. 과목은 표 6-11과 같이 여러 코스로 분할되어 있다.

표 6-11 헬싱키 수오마라이넨 종합학교 일반클래스의 교과

교과명	필수코스 수	선택코스 수
모국어로서의 핀란드어	6	4
언어A	6	4
스웨덴어	5	3
언어B	3	8
수학(고급)	10	8
수학(기초)	6	3
물리	1	9
화학	1	5
생물	2	4
지리	2	3
역사	4	7
사회학	2	5
철학	1	4
심리학	1	5
종교 또는 윤리	2	4
건강	1	2
비주얼아트	2	4
음악	2	3
스포츠	2	4
연극	0	5
지도상담	1	
합계	60 또는 64	

1코스는 38시간의 구성으로 졸업 최저학점은 75코스로 정해져 있다. 그중 47~51코스가 필수 이수학점으로 정해져 있다. 게다가 보통과고등학교의 수업은 전체코스가 영어로 수강할 수 있도록 되어 있어서 IB클래스 학생들은 영어로 수업을 받고 있다고 한다.

대체로 학생들은 1학기에 5~7코스를 수강하기 때문에 IB시험이나 대학입학자격시험에 합격하면 2학년 때 조기졸업하는 것도 가능하다. 하지만 조기졸업하는 학생들은 그렇게 많지 않으며 졸업까지 대부분 3년이 걸린다. 한편, 연주나 선수활동으로 바쁜 음악 및 스포츠 계열 학생은 졸업까지 4년의 시간이 소요된다. 이런 경우에 부족한 수업시간을 보충하기 위해 도시에서는 예비학교가 만들어지기 시작했다. 예비학교는 유료로 진행되기 때문에 핀란드에서는 이를 불공평하다고 비난하는 여론도 있다. 그러나 고등학교는 의무교육이 아니라는 점에서, 개인사정으로 수업에 출석하지 못하는 학생들에게까지 무료로 보충수업을 제공해야 할 것인지를 두고 지금까지 논의가 이어지고 있다.

최저코스의 수는 1교과마다 성적이 산출되는 단위를 말한다. 또한, 추가코스에 의해 장래의 전공에 대비하여 대학입학자격시험 대책이 가능해지는 구성으로 되어 있다. 코스 수는 연간 38주의 수업시간으로 이는 주당 몇 시간씩 수강할 것인지를 결정하는 기준이 된다.

고등학교 1학년, 즉 10학년에서는 IB클래스 학생도 핀란드의 국가 커리큘럼에 따라 일반클래스와 똑같이 대부분 필수과목 29코스의 수업을 듣는다. 고등학교 1학년 말에 IB시험의 시험과목인 교과를 정하고 6교과 중 3~4교과를 고급레벨로 배운다.

수강모델은 문과계열에서는 A언어(핀란드문학(고급)), A언어(영어와 문

표6-12 헬싱키 수오마라이넨 종합학교 IB클래스의 교과(O표시는 개강, △표시는 2014년도 휴강)

그룹	교과명	보통레벨	고급레벨
그룹1 (언어A)	영문학	O	△
	영어와 문학	O	O
	핀란드문학	O	O
	자습문학	O	O
그룹2 (언어B)	영어	O	O
	핀란드어	O	O
	프랑스어B	O	△
	스웨덴어B	O	△
그룹3	역사	O	O
	경제	O	O
	세계정치	O	O
그룹4	생물	O	O
	화학	O	O
	물리	O	O
그룹5	수학	O	O
그룹6	그룹 1~4 중 추가 1과목	O	O
기타	지식론, 창조·활동·봉사, 과제논문		

학(고급)), B언어 및 프랑스어(표준), 역사(고급), 생물(표준), 수학(표준)이
다. 글로벌인재(Global Thinker)에 지망하는 학생은 A언어(핀란드문학(고
급)), A언어(영어와 문학(고급)), 경제(고급), 세계정치(고급), 화학(표준), 수
학(표준)을 듣는다. 두 언어 모두 고급레벨의 A언어로 업그레이드된 점
이 특징이다. 이과 계열에서는 A언어(영어와 문학(표준)), B언어(핀란드어
(고급)), 생물(고급), 화학(고급), 물리(고급), 수학(고급)을 듣는다고 한다.

역량기반의 이른바 '생각하는 수업'은 유치원에서부터 있었기 때문
에 IBDP클래스와 핀란드의 대학입학자격시험클래스 모두 수업내용

과 학습방법이 크게 다르지 않은 것으로 보이며, 따라서 핀란드에서는 IB커리큘럼이 별 위화감 없이 학교교육에 자연스럽게 스며들었다.

이와 관련해서 설명해준 교사는 "IB클래스는 여섯 교과만 들으면 졸업할 수 있으니까 더 쉽지 않나요?"라고 물었다.

사진의 앞부분은 헬싱키 수오마라이넨 종합학교의 모습이다. 이 학교는 6세아동 준비반부터 12학년까지 있는 통합학교이다.

1 핀란드 2014년 10월 30일_역사가 오래 된 전통적인 초·중·고등학교가 함께 있는 헬싱키의 수오마라이
   넨 종합학교
2 IB클래스_세계문학수업
3 자료와 노트를 가져와서 오로지 영어로 의견을 교환하고 있었다.
4 이 날은 3명의 작가가 정한 테마에 대해 의논하고 있었는데 그중 한 명은 『어려운 시절』의 찰스 디킨스
   였다. 학생들은 영어로 책을 읽고 토론에 참여한다.

1 보통과고등학교는 대학진학준비를 목적으로 한다. 대학에 진학하는 학생은 역사적으로는 소수의 엘리
   트였기 때문에 졸업식을 위한 사교댄스까지 연습해둘 필요가 있다.

2~3 홀 옆에서는 일본의 교육시찰단을 전혀 의식하지 않은 채 학생들이 서로 생각을 공유하며 학습하고
   있었다. 사용한 참고서는 『생물학 제4판』이었는데, 이것은 국제대학 검정시험(International AS)과 영
   국의 A레벨시험 전용 교과서이다. 이것으로 보아 이 학생들은 IB클래스가 아닌 것 같다.

1 덴마크 2013년 2월 20일_현관홀에는 종이학이 걸려있었다.
2~3 수업에서는 당연히 PC를 사용한다.
4 수학에서 계산은 함수기능이 있는 계산기를 사용한다.
5 교사는 분필을 사용해 칠판에 설명하고 있다.

덴마크의 IB학교

덴마크의 총 인구는 500만 명이고, 영어로 수업을 진행하는 IBDP(학위과정)학교는 총 14개교(2015년 10월 기준)로 알려져 있다. 필자는 코펜하겐 교외에 있는 비르케뢰드 보통과고등학교(Birkerod Gymnasium og HF)를 두 번 방문했다. 이 학교에는 IB클래스와 기숙사가 병설되어 있었고, IB클래스는 영어로 수업을 진행하기 때문에 여러 나라, 특히 중동에서 온 유학생이 많았다. 사진은 2013년 2월 20일의 모습을 찍은 것이다.

홍미로웠던 점은 유럽 각지의 IB학교로부터 온 학생들이 함께 모여서 모의국제연합(UN)을 실시하고 있는 모습이었다. 모의국제연합에는 시장(市長)과 교육부 고위관리의 인사말도 있었고 행정도 잘 보고 있었다. 또, 교사 두 명이 학생 한 명을 담당해서 학생의 학습계획을 점검하고 있었다. 학생 스스로 학습함으로써 학습방법을 배운다는 방침이 실제 교육으로 제대로 실현되고 있는 모습을 엿볼 수 있었다.

1 경제수업에서는 PC를 이용해서 정보를 수집한다. 스마트폰과 아이패드 등도 사용한다. 일어선 채로
   수업을 들으면서 이곳저곳 친구들의 모습을 들여다 볼 수도 있다.
2~3 교사는 설명을 마친 후 돌아다니면서 조언을 한다.
4 PC는 수업의 필수품으로 보인다. 학생 둘이서 PC를 같이 쓰기도 한다.
5 곳곳에 책상이 있어서 언제나 자습을 할 수 있다.

1 학생 각자 개인학습도 가능하도록 되어 있다.
2 교실 안에서는 수업이 계속 진행되고 있는데 이 학생들은 자유시간인 것일까?
3~5 이 날 오전에는 홀에서 학생 한 명당 교사 두 명이 붙어 이번 학기의 자기학습계획을 점검하고 있었다.

1~2 이 날은 유럽 각지의 IB스쿨에서 온 대표자가 모여서 '모의국제연합'이 열렸다. 오후 1시 개인면담이
　　끝나고 홀에서는 준비작업이 시작됐다.
3　각국의 학생들이 도착했다.
4　오후 4시 드디어 '모의국제연합'이 열렸다.

스터디(study, 学修, 공부)에서 러닝(learning, 学習, 학습)으로

"주체적으로 판단해서 행동하는 '자세'를 몸에 익힌 뒤에야 비로소 '가마이시(釜石)의 기적'이 일어났습니다."[1]

– 카타다 토시다카

2011년 3월 11일 동북지방에 대지진이 발생한 후 태평양 쪽에는 엄청난 쓰나미가 덮쳤다. 큰 피해 속에서 다행히도 이와테 현의 가마이시(釜石)초등학교는 전교생 184명 전원이 모두 대피할 수 있었다. 이것을 '가마이시의 기적'이라고 부른다.

무엇보다도 가마이시 시(市)에는 산의 경사면에 대피도로가 만들어져 있었고, 즉시 높은 곳으로 올라갈 수 있도록 곳곳에 계단이 설치되어 있었다. 이것이 바로 사회적 인프라였다. 또한 가마이시 시(市)는 위기의식이 강했고 '쓰나미 텐덴코(쓰나미가 덮치면 혼자서라도 고지대로 대피하라는 동북지방의 방언)'라는 구전(口傳)도 있었으며 사회의식도 높았다. 학교에서는 '큰 지진이 오면 곧장 높은 건물로 도망쳐야 해요' '자기 몸은 자기가 지켜야 해요'라며 쓰나미 텐덴코를 아이들에게 다시 전달했다. 이뿐만 아니라 가마이시만의 독특하고 독자적인 방재(防災)교육을 실시하고 있었다. 아이들은 방재교육을 유연하고 자연스러운 모습으로 익히고 있었다. 막상 지진이 발생했을 때 방재교육에서 들은 말을 곧바로 떠올릴 수 있다는 것은 규칙화된 퍼포먼스(performance, 수행)를 몸에 익히고 있다는 의미이다. 더욱이 그 날 아이들은 다양한 장소에서 저마다 다른 행동을 취하고 있었다.[2] 가마이시의 높은 교육의 질 덕분에 실천적인 힘에 해당하는 역량(competence, 컴피턴스)이 잘 함양되어 있었던 것이다.

우치카네자키 마나미 양(초등학교 3학년)은 할아버지와 할머니를 향해 "대피도로로 도망치세요."라고 소리쳤지만 할아버지와 할머니는 쓰나미 따위는 오지 않는다면서 지진으로 인해 바닥에 떨어진 물건들이나 정리해야겠다고 대답했을 뿐이었다. 아이는 "쓰나미 높이가 낮든 높든 일단 도망치세요."라고 몇 번이나 당부했다. 그렇게 말한 후에 마침 집의 상태를 확인하러 직장에서 돌아오신 부모님과 함께 대피하려고 하자 엄마는 새장에 먹이와 물을 넣어줘야 한다며 집에 남았다. 먼저 대피한 마나미 양이 "엄마가 죽으면 어떻게 해."하고 울부짖은 덕에 그제야 겨우 아빠의 문자메일로 엄마를 밖으로 불러낼 수 있었다. 엄마가 대피소에 도착하자마자 집에 쓰나미가 들이닥쳤다고 한다.

타마다 스케 군(초등학교 4학년)은 할아버지와 할머니에게 몇 번이나 호소하면서 같이 대피하자고 했다. 그러나 할머니는 앞을 거의 보지 못했다. 가마이시초등학교는 높고 안전하지만 가는 데만 최소 10분 이상이 걸려서 포기하고, 대신 절로 대피하기로 결정했다. 이렇게 학교에서 배운 대피장소를 떠올리면서 할머니의 손을 이끌고 절의 계단을 다 올라가자 그와 동시에 높은 쓰나미가 들이닥쳤다.

나가세 다이키 군(초등학교 3학년)은 게임을 하려던 순간 지진이 일어났고, 주변에 있는 가구에 머리를 숨길 만한 공간이 없어서 옆 침실로 가서 이불을 끌어당겨 머리를 숨기고 진동이 멈추길 기다렸다. 근처에 있을 엄마와 연락하기 위해 서둘렀지만 어느새 시간이 지나버려서 '이대로 엄마를 기다리고만 있을 수는 없다'고 판단한 뒤 서둘러 신발을 신고 대피장소인 '아오바공원'으로 도망쳤다. 엄마는 엄마대로 '우선 도망쳐야 해' '살아있다면 반드시 만날 수 있을 거야' '다이키도 분명 대피하고 있을 거야'라고 스스로를 다독이면서 도망치기 시작했다. 그리고 대피장소에서 서로 만날 수 있었다.

훗날 인터뷰에서 가마이시초등학교의 아이들은 "엄마와 아빠는 분명 대피하고 계실 거라고 생각했어요." "아빠와 엄마는 자기 목숨은 자기가 스스로 지켜야 된다고 하셨어요."라고 대답했다.

사와다 가즈키 군(초등학교 6학년)의 집에는 남동생 아오 군(초등학교 1학년)의 친구 10여 명이 모여 있었다. 대피장소와는 400미터 정도 떨어져 있었다. 6학년 아이들은 자전거가 있었지만 1학년 아이들은 자전거가 없었다. 1학년 아이들을 배려해 모두 함께 뛰어서 도망치기로 했다. 6학년이 선두와 끝을 맡아서 1학년을 그 사이에 두고 달리기로 했는데, 이유는 1학년이 게임기를 가지러 다시 집으로 돌아가지 않도록 6학년이 지켜야 한다고 생각했기 때문이라고 한다. 얼마쯤 달리자 가즈키 군이 뒤쳐지기 시작했다. 가즈키는 의족을 신고 있었다. 그때 슈 군(초등학교 6학년)은 가즈키 군을 업으려고 했다. 가즈키 군은 자기 때문에 슈 군까지 곤란에 빠뜨리고 싶지 않아서 일단은 거절했다. 하지만 틀림없이 슈 군이 받아들이지 않을 것이기에 가즈키 군은 슈 군에게 업혔다. 마지막 100미터는 슈 군이 가즈키 군을 업고 전원이 전력으로 뛰어올라갔다. 쓰나미는 대피장소 바로 근처까지 들이닥쳤다.

　나가타니 가와기 군(초등학교 6학년)과 나가이시 군(초등학교 2학년)은 게임을 하고 있었다. 지진발생 30분 뒤 대피를 알리는 사이렌이 울리기 시작하자 둘은 대피하기로 결정했다. 급하게 신발을 신고 밖으로 나와보니 이미 물이 흘러오고 있었다. 가와기 군은 높이 50센티미터 정도의 쓰나미에 성인이 힘없이 떠내려가는 실험영상을 초등학교에서 본 적이 있었다. 이 이상 물이 넘치면 동생 나가이시 군이 떠내려갈 것이기 때문에 대피도로보다 집의 지붕 위가 더 안전할 것이라고 가와기 군은 판단했다. 둘은 철근콘크리트로 된 지붕 위의 울타리에 필사적으로 매달리면서 물에 떠내려가지 않도록 버텼다.

　6학년 여학생 7명과 남학생 2명은 바다에서 고기잡이를 하고 있었다. 지진이 일어나자 먼저 웅크려서 손으로 머리를 보호했다. 50미터 정도 떨어진 곳에 8층으로 된 시(市) 소유의 건물이 있었는데, 그곳은 쓰나미 긴급대피 건물로 지정돼 있었다. 건물에 도착했을 때 어른들이 전혀 대피하지 않는 모습을 보고, 아이들 중에는 낚싯대를 가지러 다시 가자고 하기도 했다. 테라사키 코우키는 일단 지진의 규모가 그리 크지 않다는 점과 바닷물이 빠지면 쓰나미는 반드시 올 것이라 판단해 "어른들의 지시를 따르지 말고 우리는 다른 곳으로 대피하자."라고 제안했다. 야마모토 요스케 군은 "대피도로로 가자." "이 빌딩보다 높으니까 안전할 거야."라고 제안했다. '지금은 쓰나미가 오기 전에 아슬아슬하게 도망칠 수 있어' '이 건물은 외진 곳에 있어서 따로 대피할 수 있는 곳이 없어'라고 생각했기 때문이었다. 이 아이들은 일단 긴급대피장소로 대피했지만, 안전을 확보한 뒤에 곧바로 대처수준을 높여서, 한 단계 더 안전한 장소로 대피하려고 했던 것이다. 나중의 취재에서 야마모토 요스케 군은 "대피도로는 뒤에 산이 있어서 올라간 다음에 더 높은 곳으로 피할 수 있어요. 그렇게 여러 가지 방법을 생각한 후 대피도로로 가는 편이 안전하다고 판단했어요."라고 대답했다.

이 아이들처럼 현재 자신이 있는 장소, 목표지점까지의 거리, 함께 대피하는 사람의 유무, 남은 시간의 추정, 그 밖에 떠오르는 조건들을 합리적으로 판단해서 결심하고 실천하는 힘, 이것을 교육학에서는 '역량' 혹은 '지력(知力)'이라고 한다. 퍼포먼스(performance)는 예견된 상황에서 실천할 수 있는 힘인 반면, 컴피턴스(competence)는 예상치 못한 낯선 상황이나 예상을 뛰어넘는 복잡한 조건들이 서로 뒤얽혀 있을 때, 몸에 익힌 지식이나 기능을 종합적으로 적용해나가는 힘, 즉 역량을 뜻한다. 이러한 역량을 기르는 교육이 일본에 없었던 것도 아니고 사람들이 몰랐던 것도 아니었다.

컴피턴스(competence, 역량)를 기르기 위해 가마이시 시의 초·중등학교에서는 군마대학의 다카다 도시다카 교수의 도움을 얻어 '주체적으로 대피하는 힘'을 교육시켰다. 예를 들면, 아이들이 긴급대피 경로를 만들 때에도 다카다 교수는 '긴급대피 경로를 맹신하지 말라'고 가르쳤다. 긴급대피 경로는 어느 쪽 방향으로 대피할지 그 기준만 알려줄 뿐, 침수예상구역은 알려주지 않기 때문에 '이 정도면 안전하겠지?'라며 안심하지 말고 자신이 할 수 있는 최선의 길을 찾을 수 있도록 주의시킨

것이다. 또한, 학교는 아이들이 뿔뿔이 흩어져서 대피하는 대피훈련 등을 실시했다. 이것은 같은 건물에 모여 교사의 지시에 따라 다 함께 집단하교를 하거나 부모를 동행해서 하교하는 훈련이 아니다. 문부과학성이 학습지도요령에 내세운 '살아가는 힘'을 길러주는 훈련인 것이다. 그러나 이러한 힘을 제대로 길러주기 위해서는 NHK취재반이 지적한 바와 같이 무엇보다도 '가르치는' 입장인 교사들의 열의나 자세가 중요하다.[3] 일본을 대표하는 경영학자인 노나카 이쿠지로 히토쓰바시대학의 명예교수는 '가마이시의 기적'을 두고 가마이시초등학교에서는 '유명무실한 주입식 지식이 아닌 자신의 경험치를 바탕으로 판단하고 행동할 수 있게 하는 살아있는 교육을 시행했다.'[4]라고 평가하고 있다.

그렇다면 가마이시초등학교의 실천을 방재교육뿐만 아니라 교과교육에도 적용시킨다면 어떻게 될까? 예를 들어, 실제로 사용할 수 있는 영어를 목표로 한다면 어떤 수업이 펼쳐질까? 일본의 학교교육을 역량 기반으로 다시 만들면 어떻게 될까? 액티브러닝(Active Learning, 능동적 학습)을 초등학교부터 아니 유치원부터 시작하려면 어떻게 해야 할까? 아이들 한 명 한 명의 인생을 위한 교육을 실시한다면 교사는 어떤 일을 하게 될까?

우선은 학생 개개인의 진도와 진로에 맞게, 그리고 그 지역의 자연 및 사회환경, 또 아이의 가정환경이 가진 좋은 부분을 끄집어낼 수 있도록 표준커리큘럼을 다시 설계할 수 있는 유능한 교사를 양성해야 한다. 뛰어난 능력을 발휘할 수 있는 교사들을 유치할 수 있도록 좋은 근무환경을 조성하고, 교사들의 사회적 지위와 사회로부터의 기대와 존중을 실감할 수 있는 분위기를 만들어야 한다. 즉, 학교·가정·지역사회에서의 인간관계 등 아이들과 교사 모두 창조성을 발휘할 수 있는 교육적이고 교양 넘치는 사회를 만드는 것이다. 이렇게 함으로써 다양한 요소가 합쳐지고 질 높은 교육이 이루어진다.

일반적으로 국제학교는 연간 수업료 2만 달러와 기숙사비 1만 달러가 든다. 이렇게 되면 교육격차가 생기기 마련이다. 그러나 복지국가인 핀란드에서는 모든 학교의 수업료는 무료이고 미성년자에게는 무상급식을 실시하며 의무교육단계에서는 교재도 무료로 제공하는 식으로 학교교육을 운영하고 있다.

일본의 실정에 맞게 교육의 전체적인 구상을 한 후 국민의 공통적인 이해를 바탕으로 한 교육개혁을 추진해야 한다. 이제는 일본도 '따라가자, 앞지르자'라는 식의 개발도상국형 교육에서 개개인에게 맞춘 맞춤식 교육으로 변해가는 시기에 접어들고 있다. 이는 현재 세계화의 흐름 속에서 교육개방이 요구되고 있음을 의미한다. 어른들이 지혜를 발휘해서 교육제도를 바꾸어야만 일본이 '선진국'으로 살아남을 수 있을 것이다.

가마이시의 기적은 오오카와초등학교의 비극과 비교된다. 이 둘의 차이점이 바로 현재 일본교육의 갈림길이라고 생각한다. 이를 의식한다면 바로 지금 교육을 바꿔나갈 수 있는 많은 힘이 생길 것이다.

여러 선진국에서의 교육방향은 정해진 지식을 교과서로 암기하는 공부(study, 学修)에서 교과서를 사용해서 탐구하고 미지의 지식을 만들어가는 학습(learning, 学習)으로 변하고 있다. 이와 동시에 교사의 역할도 교과서를 가르치는 주입식 교육의 지식전달자에서 학습을 유도하고 지원하는 학습촉진자 역할로 바뀌어가야 한다. 그리고 대학의 교원양성은 폭넓고 깊은 교양을 바탕으로 익숙한 생활 속에서 학생 개개인에게 맞는 적절한 교재를 만들어내고, 또 학생 개개인의 이해수준에 따라 적절한 질문이나 학습을 지원할 수 있도록 그러한 능력을 길러줘야 한다. 기쁨이나 놀람 등 다양한 감동이 따르는 지식을 함께 만들어가는 탐구체험이야말로 대학교육이 추구하는 참다운 교육일 것이며 필자는 이를 실천으로 옮겨나가고자 한다.

현 교육의 당면과제를 잘 이해하고 있는 출판사와 오랜 시간 너그럽게 이해해주고 도와주신 편집자 기무라 다카시 씨에게 감사의 인사를 올린다.

본문주석

머리말

(1) Thomas L. Freidman. The Lexus And The Olive Tree: Understanding Globalization. Farrar Straus & Giroux, 1999, 302p. 토마스 프리드먼 저, 아가리에 카즈키, 핫토리 키요미 역 "렉서스와 올리브 나무 – 세계화의 정체" (하), 소시사, 2000, 157p.

(2) 아가리에 카즈키 "엘리트의 조건 – 세계의 학교 및 교육 최신 사정" 학습연구사, 2009, 13p.

(3) Leon Mann Creativity and Innovation: Principle and Policy Implications. In Leon Mann and Janet Chan (eds) Creativity and Innovation in Business and Beyond: Social Science Perspectives and Policy Implications. New York: Routledge, 2011, 259p.

(4) 동일서적, 14p.

(5) 동일서적, 149-150p.

(6) James Cambridge. Global Citizenship Education as Pedagogic Discourse. In Daphne P. Hobson and Iveta Silova (eds) Globalizing Minds Rhetoric and Realities in International Schools. Charlotte, NC: Information Age Publishing Inc., 2014, 17p.

(7) Thomas L. Friedman. The Lexus And The Olive Tree, OP. cit., 26. 토마스 프리드먼 저, 아 가리에 카즈키, 핫토리 키요미 역 "렉서스와 올리브 나무 – 세계화의 정체" (상), 소시사, 2000, 56p.

(8) 동일서적, 28p. 60p.

(9) Peter Ferdinand Drucker. Age of Discontinuity: Guidelines to our Changing Society. Butterworth-Heinemann Ltd, 1969. P. F. 드러커 저, 하야시 유우지로 번역 "단절된 시대 – 다 가올 지식사회의 구상" 다이아몬드사, 1969.

(10) Richard Florida. The Rise of the Creative Class. Basic Books, 2002. 리처드 플로리다 저, 이 구치 노리오 번역 "창조자본론 – 새로운 경제계급의 대두", 다이아몬드사, 2008.

(11) Tristan Bunnell. International Baccalaureate and its "Second Era" of Ambitious Rhetoric: Wider Access and Greater Impact. In Iveta Silova and Daphne P. Hobson (eds) Globalizing Minds Rhetoric and Realities in International Schools. Charlotte, NC: Information age Publishing Inc., 2014, 147p.

제1장

(1) '문부과학성' 홈페이지. '고대접속시스템 개혁회의'에 의사 요지, 의사록, 배부자료가 업로드되 어 있다. 또, 그 전반적인 역사는, 2014년 12월 22일의 "중앙교육심의회 총회 고대접속에 관한 답 신", 2015년 1월 16일 문부과학성 장관이 결정한 "고대접속개혁 실행플랜"이다.

(2) OECD. The Jobs Theory: Technology, Productivity and Job Creation: Vol.2 Analytical Report. Paris: OECD, 1996, 75p.

(3) 홈페이지. 「PISA: examples of computer-based items」에서 문제해결(Problem Solving)을
선택한다. 홈페이지.(http://cbasq.acer.edu.au/index.php?cmd=toProblemSolving)의 하
나인 「Japan Japanese」와 관련 있는 「CP002 Robot Cleaner」를 선택한다.

제2장

(1) lec D. Peterson. The Future of the Sixth Form. London: Routledge & Kegan Paul, 1973,
41p.

(2) Elisabeth Fox. International Schools and International Baccalaureate. Harvard
Educational Review, Vol.55, No.1,February 1985, 57p.

(3) David Finegold, Ewart Keep, David Miliband, David Raffe, Ken Spours and Michael
Young. A British 'Baccalaureat': Ending the Division between Education and Training.
Institute for Public Policy Research (IPPR), London, 1990, 5p.

(4) 제네바 국제학교 홈페이지. '우리의 역사'. http://www.ecolint.ch/about-ecolint/our-
history

(5) D. Cole-Baker. Towards an International University Entrance Examination:
Background: The Birth of an Idea. Comparative Education, Vol.2, Iss.1, 1965, 43p.

(6) A. D. C. Peterson. The Far East: A Social Geography. London: Gerald Duckworth, 1949.

(7) Bob Sylvester. The 'first' international school. In Mary Hayden, Jeff Thompson and
George Walker (eds) International Education in Practice: Dimension for National &
International Schools. London: Routledge, 2002, 21p.

(8) Marie-Thérèse Maurette. Educational Techniques for Peace: Do They Exist? Unesco/
SS/TAIU/9, Paris, 4 October 1948, 1.

(9) Ian Hill. International Education as Developed by International Baccalaureate
Organization. In Mary Hayden, Jack Levy and Jeff Thompson (eds) The SAGE Handbook
of Research in International Education. London: SAGE, 2007, 26.

(10) Council of Europe. Equivalence of Diploma leading to Admission to Universities:
Declaration of the Application of the European Convention of 11 December 1953:
Strasbourge, 1953.

(11) UNESCO. Textbooks and International Understanding: Unesco Meeting of Education
Publishers, Geneva, 11-14 July 1961, Unesco/EDPUB/61/5, 7 June 1961, 2p.

(12) 니시무라 슌이치 'EC의 유럽학교와 유럽바칼로레아' 니시무라 슌이치 편저 "국제학력의탐구 –
국제바칼로레아의 이념과 과제" 창우사, 1989년, 21p. '유럽학교 규약(Status of the European
School)' 제4조 교수언어는, 덴마크어, 네덜란드어, 영어, 프랑스어, 독일어, 그리스어, 이탈리아
어. 학교에서는 7언어 부문으로 나뉘어서 교수가 이루어지지만, 실러버스와 시간표는 동일하다.
상호 이해와 문화 교류를 촉구하기 위해서, 초등교육 단계에서는 '유럽의 시간', 중등교육 단계에
서는 실용언어(영어, 프랑스어, 독일어) 수업에서 교류수업을 시행한다. 학습하는 언어는, 초등교
육 단계에서는 교수언어 (언어 1)와 외국어(언어 2), 중등교육 단계 제2학년에서는 제2 근대어
(언어 3).

(13) UNESCO. International Understanding at School: Circular No.8, October 1964,
WS/0764.116(ED), 3. および Gérard Renaud. Experimental period of International
Baccalaureate: objectives and results. Paris: UNESCO Press, 1974, 4.

(14) Ministry of Education. 15 to 18: A report of the Central Advisory Council for Education (England). London: Her Majesty's Stationary Office, 1959. 클라우저 보고서(The Crowther Report)라 불린다. 담당자는 Geoffrey Crowther, Baron Crowther로, 비슷한 시기에 소련을 방문해서, 소련의 산업교육을 보고한 클라우저(James Gerald Crowther)와는 다른 인물이다.

(15) 동일서적, 223p.

(16) 동일서적, 258p.

(17) 동일서적, 262p.

(18) 동일서적, 263p.

(19) Oxford University, Department of Education. Arts and Science Sides in the Sixth Form: A Report to the Gulbenkian Foundation. Abingdon, Berkshire: Abbey Press, 1960, 25p.

(20) 동일서적, 37p.

(21) 동일서적, 13-14p.

(22) Ministry of Education. 15 to 18, Op. cit., 333p.

(23) Oxford University, Department of Education. Arts and Science Sides in the Sixth Form. Op. cit., 14p.

(24) A.D.C. Peterson. Schools Across Frontiers: The Story of International Baccalaureate and the United World Colleges. La Salle, Illinois: Open Court, 1987, 22p.

(25) D. Cole-Baker. Towards an International University Entrance Examination: Background: The Birth of an Idea. Comparative Education, Vol.2, Iss.1, 1965, 9p.

(26) A.D.C. Peterson. Schools Across Frontiers. Op. cit., 28p.

(27) A.D.C. Peterson. The Future of Education. London: Cresset Press, 1968, 48-49p.

(28) A.D.C. Peterson. The Future of Six Form. London: Routledge & Kegan Paul, 1973, 27p.

(29) 피터슨은 분명히 '유대' 라고 썼다. A.D.C. Peterson. Schools Across Frontiers. Op. cit., 1p.

(30) 홈페이지 '골든스톤스쿨' http://studyabroad.alc.co.jp/uk/gordonstoun-school/

(31) David Brooke Sutcliffe. The United World Colleges. In Patricia L. Jonietz and Duncan Harris (eds) International Schools and International Education. London: Kogan Page, 1991, 26p.

(32) A.D.C. Peterson. Schools Across Frontiers: The Story of International Baccalaureate and the United World Colleges. La. Salle, Illinois: Open Court, 1987, 4p.

(33) 동일서적, 3p.

(34) David Brooke Sutcliffe. The United World Colleges. Op. cit., 27p. 정식으로는, '북대서양조약(North Atlantic Treaty)'으로 '북대서양조약기구(NATO : North Atlantic Treaty Organization)' 성립의 근거가 되었다.

(35) A.D.C. Peterson. Schools Across Frontiers. Op. cit., 3p.

(36) 동일서적, 4p.

(37) David Sutcliffe. The First Twenty Years of the United World Colleges. 3p.

(38) A.D.C. Peterson. Schools Across Frontiers. Op, cit., 7p.

(39) David Sutcliffe. The First Twenty Years of the United World Colleges. 4p.

(40) A.D.C. Peterson. Schools Across Frontiers. Op. cit., 12p.

(41) 동일서적, 5p.

(42) Elisabeth Fox. The Emergence of International Baccalaureate as an Impetus for

Curriculum Reform. In Mary Hayden and Jeff Thompson (eds) International Education: Principles and Practice. London: Kogan Page, 1998, 70-71p.

(43) David Brooke Sutcliffe. The United World Colleges. In Patricia L. Jonietz and Duncan Harris (eds) International Schools and International Education. London: Kogan Page, 1991, 29p.

(44) A.D.C. Peterson. Schools Across Frontiers. Op. cit., 17p.

(45) D. Cole-Baker. Towards an International University Entrance Examinationa: Background: The Birth of an Idea. Comparative Education, Vol.2, Iss.1, 1965, 43p.

(46) UNESCO. Records of the General Conference Resolutions, Twelfth Session 1962. Paris, 1963, 13p.

(47) A.D.C. Peterson, International Baccalaureate: An Experiment in Education, London: George G. Harrap & Co. Ltd, 1972, 9p.

(48) A.D.C. Peterson, Schools Across Frontiers. Op. cit., 17p.

(49) D. Cole-Baker. Towards an International University Entrance Examination: Background: The Birth of an Idea. Comparative Education, Vol.2, Iss.1, 1965, 43p.

(50) A.D.C. Peterson, Schools Across Frontiers. Op. cit., 18p.

(51) A.D.C. Peterson, International Baccalaureate. Op, cit., 10p.

(52) 동일서적

(53) D. Cole-Baker. Towards an International University Entrance Examination: Background: The Birth of an Idea. Comparative Education, Vol.2, ISS.1, 1965, 43p.

(54) 데스몬드 콜 베이커와는 다른 인물이다. Jay Mathews and Ian Hill, Super test: How International Baccalaureate Can Strengthen Our Schools, Open Court Pub Co., 2005, 22p.

(55) A.D.C. Peterson. Schools Across Frontiers. Op. cit., 22p.

(56) Gerard Renaud. Experimental period of International Baccalaureate: objectives and results. Paris: UNESCO Press, 1974, 5p.

(57) UNESCO. Records of the General Conference Resolutions, Thirteenth Session 11964. Paris, 1965, 14p.

(58) Patricia L. Jonietz and Duncan Harris (eds). International Schools and International Education. London: Kogan Page, 1991, ixp.

(59) Gerard Renaud. Experimental period of International Baccalaureate: objectives and results. Paris: UNESCO Press, 1974, 4. 제네바 국제바칼로레아 사무소장 제럴드 르노가 유네스코 국제교육국에 제출한 문서. 프랑스 정부가 주최한 UNESCO 회의였다.

(60) Gerard Renaud. Experimental period of International Baccalaureate. Op. cit., 4p.

(61) D. Cole-Baker, Towards an International University Entrance Examination. Comparative Education, Vol.2, November 1965, 44p.

(62) Jay Mathews and Ian Hill. Super Test: How International Baccalaureate can Strengthen Our Schools. Chicago: Open Court, 2005, 66p.

(63) A.D.C. Peterson Schools Across Frontiers, Op, cit., 19p.

(64) Gerard Renaud. Experimental period of International Baccalaureate, Op, cit., 10p.

(65) A.D.C. Peterson Schools Across Frontiers, Op, cit., 28-29p.

(66) Gerard Renaud. Experimental period of International Baccalaureate, Op, cit., 6p.

(67) 동일서적, 10p.

(68) 동일서적, 6p.

(69) P. Tarc. Global Dreams, Enduring Tensions: International Baccalaureate in Changing World. New York: Peter Lang, 2009, 11p.

(70) A.D.C. Peterson Schools Across Frontiers, Op, cit., 36p.

(71) Banesh Hoffman The Tyranny of Testing. New York: Collier-Macmilan, 1964, 30. 단, Crowell-Macmilan 판은, 1962년에 출판.

(72) 오사코 히로카즈 "국제바칼로레아 입문 - 융합에 의한 교육 혁신" 학예미래사, 2013년, 85p.

(73) D.Cole-Baker, Toward an International University Entrance Examination. Comparative Education, Vol.2, No.1, November 1965, 44p.

(74) A.D.C. Peterson. Schools Across Frontiers: The Story of the International Baccalaureate and the United World Colleges. La Salle, Illinois: Open Court, 1987, 29p.

(75) 동일서적

(76) UNESCO. Records of the General Conference Resolutions, Fourteenth Session 1966. Paris, 1967, 24p.

(77) 동일서적, 170p.

(78) International Schools Examination Syndicate (ISES). International Baccalaureate: university entrance examination. Geneva, 1967, 36. 단, Gerard Renaud. Experimental period of International Baccalaureate. Op. cit., 12p.

(79) Gerard Renaud. Experimental period of International Baccalaureate. Op. cit., 12p.

(80) Ian Hill. History of the IB & issues for the future: IB AP Reginal Conference Singapore March 2010. 13. Pdf 슬라이드

(81) A.D.C. Peterson. Schools Across Frontiers. Op. cit., 34-36p.

(82) 동일서적, 34-41p.

(83) 동일서적, 43p.

(84) Gerard Renaud. Experimental period of International Baccalaureate. Op. cit., 5p.

(85) A.D.C. Peterson, International Baccalaureate: An Experiment in Education, London: George G. Harrap & Co. Ltd, 1972, 13-14p.

(86) International Baccalaureate Office. General Guide to International Baccalaureate, 5thed., Geneva: IBO, 1985.

(87) Elisabeth Fox. International Schools and the International Baccalaureate. Harvard Educational Review, 55, 53-68p.

(88) 동일서적, 53-68p.

(89) Elisabeth Fox. The Emergence of International Baccalaureate as an Impetus for Curriculum Reform. In Mary Hayden and Jeff Thompson (eds) International Education: Principles and Practice. London: Kogan Page, 1998, 70p.

(90) Ian Hill. International Baccalaureate: Pioneering in Education. Woodbridge, UK: John Catt Publication, 2010, 123p.

(91) IBO. General Guide to International Baccalaureate, Geneva: IBO, 1970.

(92) Gerard Renaud. Experimental period of International Baccalaureate. Op. cit., 13p.

(93) 동일서적, 13-14p.

(94) Eva Forsberg and Henrik Roman. The Art of Borrowing in Swedish Assessment Policies: More than a Matter of Transnational Impact. In Andreas Nordin and Sundberg Daniel (eds) Transnational Policy Flows in European Education: The Making and Governing of Knowledge in the Education Policy Field. Oxford: Symposium Books, 2014, 214p.

(95) Ralph Winfred Tyler. Education Curriculum Development and Evaluation: An Oral History Conducted 1985-1987 by Malca Chall. Berkeley: Regents of the University California, 1987, 272p.

(96) Gerard Renaud. Experimental period of International Baccalaureate. Op. cit., 14p.

(97) 동일서적

(98) 동일서적

(99) 동일서적, 35p.

(100) 동일서적, 43p.

(101) Elisabeth Fox. International Schools and the International Baccalaureate. Harvard Educational Review, Vol.55, No.1, February 1985, 60p.

(102) Anna M. Hahn. What Discursive Practices Can Reveal about "Being" Global. In Iveta Silova and Daphne P. Hobson (eds) Globalizing Minds Rhetoric and Realities in International Schools. Charlotte, NC: Information age PUBLISHING Inc., 2014, 290p.

(103) A.D.C. Peterson. Schools Across Frontiers., 141p.

(104) Jay Mathews and Ian Hill, Super test : How International Baccalaureate Can Strengthen Our Schools, Open Court Pub Co., 2005, 66p.

(105) 동일서적, 68p.

(106) A.D.C. Peterson. Second World Conference on International Baccalaureate: A Report, Comparative Education, Vol.14, No.2, June 1978, 163-165p.

(107) 마치다 미사코 "국경 없는 학교 - UN국제학교" 태류사, 1978년, 141p.

(108) C. Gellar. International Education: A Commitment to University Values. In Mary Hayden, Jeff Thompson and G. Walker (eds) International Education in Practice: Dimensions for National and International Schools. London: Kogan Page, 2002, 32p.

(109) A.D.C. Peterson. Schools Across Frontiers. Op. cit., 161-162p.

(110) Elisabeth Fox. The Emergence of International Baccalaureate as an Impetus for Curriculum Reform. In Mary Hayden and Jeff Thompson (eds) International Education: Principles and Practice. London: Kogan Page, 1998, 71p.

(111) A.D.C. Peterson. Schools Across Frontiers. Op. cit., 165. 이 밖에 미국의 중등교육개혁에 대한 내용은 137-138p.

(112) Ernest L. Boyer. High School: A Report on Secondary Education in America: The Carnegie Foundation for the Advancement of Teaching, New York: Harpner & Row, 1983, 237p.

(113) A.D.C. Peterson. Schools Across Frontiers. Op. cit., 147p.

(114) 동일서적, 162p.

(115) David Osborne and Ted Gaebler. Reinventing Government: How the Entrepreneurial Spirit is Transforming the Public Sector. Plume Book, 1993, 97. 데이비드 오즈본, 테드 개

블러 저, 노무라 다카시, 고우치 다카시 번역 "행정혁명" 일본능률협회 매니지먼트센터, 1995년, 99p.

(116) IBO. General Guide to International Baccalaureate, fifth edition: IBO, 1980.

(117) 미야코시 에이이치 '독립과목으로서의 "지식론" 니시무라 이치 편저 "국제적 학력의 탐구 – 국제바칼로레아의 이념과 과제" 창우사, 1989년, 21p.

(118) A.D.C. Peterson. Schools Across Frontiers. Op. cit., 221-224p.

(119) Jeff J. Thompson. Presentation at International Baccalaureate Seminar. University of London, 1988.

(120) 현재의 '국제바칼로레아' 공식 홈페이지. 'IB로부터 온 회답' 질문: CAS는 왜 있는 것인가? 왜 IB 학위프로그램 안에 포함된 것인가? http://ibanswers.ibo.org/app/answers/detail/a_id/4327/~/where-does-cas-come-from%3F-why-is-it-part-of-the-ib-diploma-programme%3F

(121) 2012 Garland Independent School District. All Rights Reserved. Garland, Texas (ttp://www/garlandisd.net/departments/advanced_academics/IB.asp)

(122) Jay Mathews and Ian Hill, Super test: How International Baccalaureate Can Strengthen Our Schools, Open Court, 2005, 69p.

(123) Patricia L. Jonietz and Duncan Harris (eds) International Schools and International Education. London: Kogan Page, 1991, 3p.

(124) Robert Blackburn. The International Baccalaureate: a curriculum at upper second level and a university entrance examination. In Patricia L. Jonietz and Duncan Harris (eds) International Schools and International Education. London: Kogan Page, 1991. 15p.

(125) 동일서적, 15p.

(126) H. Poelzer and J. Feldhusen. International Baccalaureate: A program for gifted children. Roper Review, 19)3), May 1997, 168-171p.

(127) European Commission. Com(93) 700: Growth, Competitiveness, Employment. The Challenges and Ways Forward in to the 21stCentury.WhitePaper.Brussel: Commission of the European Communities, 1993, 122. 출판은 1994년.

(128) European Commission. Com(95): Teaching and Learning. Towards the Learning Society. White Paper on Education and Training. Brussel: Commission of the European Communities, 1995.

(129) OECD. The Knowledge-based Economy. Paris: OECD, 1996. OECD. Measuring What People Know: Human Capital Accounting for the Knowledge Economy. Paris: OECD, 1996. Measuring What People Know: Human Capital Accounting for the Knowledge Economy. Paris: OECD, 1996.

(130) OECD. Dynamising National Innovation Systems. Paris: OECD, 2002. OECD. Competitive Cities in the Global Economy. Paris: OECD, 2006.

(131) Robert Bernard Reich. The Work of Nations: Preparing Ourselves for 21st-CenturyCapitalism,Knopf, 1991. 로버트 B. 라이시 저, 나카타니 이와오 번역 "국가의 과제 – 21세기 자본주의의 이미지" 다이몬드사, 1991년.

(132) Richard Florida. The Rise Work of the Creative Class. Basic Books, 2002. 리처드 플로리다 저, 이구치 노리오 번역 "창조 자본론 – 새로운 경제계급의 대두" 다이아몬드사, 2008

년. Charlotta Mellander, Richard Florida, Bjorn T. Asheim and Meric Gertler (eds) The Creative Class Goes Global. Routledge, 2013.

(133) R. H. Useem, R. D. Downie. Third-Culture Kids. Today, 56(3), 1976, 103-105p.

(134) David C. Pollock and Ruth E. Van Reken. The Third Culture Kid Experience. Yarmouth, MA: Intercultural Press, 1999, 22-23. 데이비드 C. 폴록, 루스 E. 반 리켄 저, 수많은 가납, 니치 부 야에코 번역 "제3문화 아이들 – 다문화 속에서 살아가는 아이들" 3A 네트워크, 2010년, 38-39p.

(135) California Postecondary Education Commission. International Baccalaureate Diploma Program. Higher Education Update, Number-up/99-5, October 1999, 2-4p.

(136) Tristan Bunnell. International Education and the 'Second Phase': a Framework of Conceptualizing its Nature and for the Future Assessment of its Effectiveness. Compare, Vol.38, no.4, 2008, 419p.

(137) Tristan Bunnell. International Baccalaureate and its "Second Era" of Ambitious Rhetoric: Wider Access and Greater Impact. In Iveta Silova and Daphne P. Hobson (eds) Globalizing Minds Rhetoric and Realities in International Schools. Charlotte, NC: Information age Publishing Inc., 2014, 144-145p.

(138) Tristan Bunnell. Global Education under Attack: International Baccalaureate in America. Frankfurt am Main: Peter Lang, 2012, 132p.

(139) M. C. Hayden and J. J. Thompson International Education: Flying Flags or Raising Standards? International Schools Journal, XIX(2), April 2000, 48-56p.

(140) Tristan Bunnell. International Baccalaureate and its "Second Era" of Ambitious Rhetoric. Op, cit., 145p.

(141) 동일서적, 145p. Bunnell, 2009.

(142) Craig Calhoun. Critical Social Theory: Culture, History, and the Challenge of Difference, John Wiley & Sons, 1995.

(143) Tristan Bunnell. International Baccalaureate and its "Second Era" of Ambitious Rhetoric. Op, cit., 141p.

(144) Eurydice European unit. Key Competencies: A Developing Concept in General Compulsory Education. Bussels, 2002.

(145) Jay Mathews and Ian Hill. Super test: How International Baccalaureate Can Strengthen Our Schools. Chicago: Open Court, 2005, 123-124p.

(146) 동일서적, 214p.

(147) Tristan Bunnell. International Baccalaureate and its "Second Era" of Ambitious Rhetoric. Op, cit., 142p.

(148) Tristan Bunnell. International Baccalaureate in the United States: From Relative Inactivity to Imbalance. The Education Forum, Vol.75, 2011, 71p.

(149) Thomas Friedman. The World is Flat: A brief history of the globalized world in the 21stcentury.Undatedandexpanded,AllenLane,2005.토마스 프리드먼 저, 후시미 이완 번역 "평평한 세계 – 경제의 대전환과 인간의 미래" (하) 일본 경제 신문사, 2006년, 45p.

(150) Tristan Bunnell. International Baccalaureate and its "Second Era" of Ambitious Rhetoric. Op, cit., 145p.

(151) EC. Presidency Conclusion: Brussels European Council 14/15 December 2006, 16879/1/06 Rev 1.13.

(152) Recommendation of the European Parliament and of the Council of 18 December 2006 on key competences for lifelong learning. 2006/962/Ec. Official Journal of the European Union, 30.12.2006, L394/10.

(153) European Commission, Directorate-General for Education and Culture. Working Group B. Imprementation of "Education and Training 2010" Work Programme: Key Competences for Lifelong Learning: A European Reference Framework. November 2004, Bruxelle, 2.

(154) America Competes Act. Public Law 110-69-AUG. 9, 2007, 55p.

(155) Susan Ledger, Lesley Vidovich and Tom O'Donoghue. Global to Local Curriculum Policy Process: The Enactment of International Baccalaureate in Remote International Schools. Switzerland: Springer, 2014, Ch.5-7.

(156) Nicholas Lemann. The Big Test: The Secret History of the American Meritocracy. New York: Farrar Straus & Giroux, 1999, 24-26. 니콜라스 레만 저, 히사노 하루야스 번역 "빅 테스트 - 미국 대학입시제도, 지적 엘리트는 어떻게 만들어졌는가?" 하야카와 책방, 2001년, 34-36p.

(157) 오사코 히로카즈 "국제바칼로레아 입문 - 융합에 의한 교육혁신" 학예미래사, 2013년, 86p..

(158) Tristan Bunnell. International Baccalaureate Middle Years Programme after 30 years: A Critical Inquiry. Journal of Research in International Education, 10(3), 2011, 261p.

(159) Neil Richards, A Question of Balance. In Mary Hayden and Jeff Thompson (eds) Taking the IB Programme Forward. John Catt Educational Ltd., 2011, 45p.

제3장

(1) 문부과학성 홈페이지. '국제바칼로레아의 취지를 고려한 교육의 추진' http://www.mext.go.jp/a_menu/shotou/kyoiku_kenkyu/index.htm?utm_medium=twitter

(2) Iveta Silova and Daphne P. Hobson. The Pedagogy and Politics of Global Citizenship in International Schools: Setting the Context. In Iveta Silova and Daphne P. Hobson (eds) Globalizing Minds Rhetoric and Realities in International Schools. Charlotte, NC: Information age Publishing Inc., 2014, 4p.

(3) Alec D. C. Peterson. The Future of Education. London: Cresset Press, 1968, 44.

(4) International Baccalaureate Organization. What is an IB education? Cardiff: International Baccalaureate Organization (UK), 2013.
http://www.ibo.org/globalassets/publications/what-is-an-ib-education-en.pdf
국제바칼로레아기구(IBO) "국제바칼로레아(IB) 교육이란?" 2014년.
http://www.ibo.org/globalassets/digital-tookit/brochures/what-is-an-ib-education-jp.pdf

(5) Shanda Drumm. International Baccalaureate: An Exploration of the Differences between the US and UK Implementation of IB Programme. Saarbrücken: LAP Lambert, 2014, 3.

(6) Lesley Snowball. The Learner Profile and the MYP Areas of Interaction: A Relationship

Explored. In Mary Hayden and Jeff Thompson (eds) Taking the MYP Foward. John Catt Educational Ltd., 2011, 131.

(7) 오사코 히로카즈 "국제바칼로레아를 알기 위해서" 수왕사, 2014, 141-142p.

(8) James Cambridge. International Curriculum. In Richard Bates (eds) Schooling Internationally: Globalization, Internationalization AND THE Future FOR International Schools. London: Routledge, 2011, 126p.

제4장

(1) 마치다 미사코 "국경 없는 학교 – UN국제학교" 태류사, 1978년, 67~68p.

(2) 동일서적, 68p.

(3) 동일서적, 69p.

(4) 동일서적, 64p.

(5) 동일서적, 65p.

(6) 동일서적, 66p.

(7) 동일서적, 69p.

(8) Dennison J. Mackinnon. Afterword. In Simon Davidson and Steven Carber (eds) Taking the PYP forward. John Catt Educational Ltd., 2012, 163p.

(9) Chris Charleson, Tracy Moxley and David Batten. 21stCenturyLearning:Communityand ServiceintheMYP.InMaryHaydenandJeffThompson(eds)Taking the MYP forward. John Catt Educational Ltd., 2011, 95p.

(10) 세 명이 지적한 국제적으로 영향력을 갖는 학력 규정은 이하의 내용과 같다.

Council Europe. Maastricht Global Education Declaration: Euro-wide Global Education Congress, Maastricht: Council of Europe, 2002.

Qualification and Curriculum Authority (QCA). A Curriculum for the Future: Subjects Consider the Challenge. London: Qualification and Curriculum Authority, 2005.

D. Salganik and L. Rychen. The Definition and Selection of Key Competencies: Executive Summary. Neuchatel: DeSeCo, 2005.

Oxfam. Education for Global Citizenship: A Guide for Schools Oxford, Oxfam, 2006.

CSCNEPA (Australian Curriculum Standing Committee of National Education Professional Associations) Developing a 21stCenturySchoolCurriculumforAllAustralia nStudents.CSCNEPA, 2007.

National Leadership Council for Liberal Education America's Promise (LEAP), College Learning for the New Global Century.

Washington, DC: Association of American Colleges and Universities, 2008.

IB, IB Learner Profile Booklet, Cardiff: International Baccalaureate, 2009.

Partnership for 21stCenturySkills,Framework for 21stCenturyLearning,2009.

(11) 츠보타 뉴웰 이쿠코 "세계 속에서 살아가는 힘 – 국제바칼로레아가 아이를 강하게 만든다." 다이 아몬드사, 2014년, 135p.

(12) Janet Field. Subject-Based, Interdisciplinary and Transdisciplinary Approaches to the MYP. In Mary Hayden and Jeff Thomson (eds) Taking the MYP Forward. John Cat Educational Ltd., 2011, 65.

(13) International School of Paris. Primary Years Programme Curriculum Gide 2013-14.お
よび International School of Paris. Primary Years Programme Curriculum Gide

(14) 후쿠다 세이지 "격차를 없애면 아이의 학력은 신장한다. - 놀라운 핀란드 교육" 아키 책방, 2007
년, 62-153p.

(15) Amanda Ripley. The Smartest Kids in the World: And How They Got That Way. Simon &
Schuster, 2013, 96. 아만다 리플리 저, 기타와 다케 번역 "세계 교육전쟁 - 우수한 아이를 어떻
게 키워낼까?" 중앙공론신사, 2014년, 142p.

(16) Andy Hargreaves and Michael Fullan. Professional Capital: Transforming Teaching in
Every School. London: Routledge, 2012, 2-3p.

(17) 진행상황과 그 문제점에 대해서는 이하를 참고하고자 한다. Diane Ravitch. Reign of Error: The
Hoax of the Privatization Movement and the Danger to America's Public Schools. New
York: Knopf, 2013. 다이앤 라비치 저, 스에후지 미츠코 번역 "미국, 바람잘 날 없는 시대 - 공립
학교의 기업형 개혁에 대한 비판과 해결법" 동신당, 2015년.

(18) Dennison J. Mackinnon. Afterword. In Simon Davidson and Steven Carber (eds) Taking
the PYP forward. John Catt Educational Ltd., 2012, 164p.

제5장

(1) Jay Mathews and Ian Hill, Super test: How International Baccalaureate Can Strengthen
Our Schools, Chicago: Open Court, 2005

(2) Mary Hayden and Jeff Thompson. The Middle Years Programme. In Mary Hayden Jeff
Thompson (eds) Taking the MYP Forward. John Cat Educational Ltd., 2011, 13p.

(3) Maurice Carder. Language(s) in International Education: A Review of Language Issues
in International Schools. In Tove Skutnabb-Kangas (Eds) Multilingualism for ALL. Lissa,
Netherlands: Swets & Zeitlinger B. V., 1995, 124p.

(4) Gerard Renaud. The International Schools Association (ISA): historical and
philosophical background. In Patricia L., Jonietz and Duncan Harris (eds) International
Schools and International Education. London: Kogan Page, 1991, 7p.

(5) 동일서적, 9p.

(6) 동일서적, 10p.

(7) 동일서적, 10p.

(8) 동일서적, 12p.

(9) 동일서적, 13p.

(10) Eanna O'Boyle. Creativity and the MYP. In Mary Hayden and Jeff Thompson (eds)
Taking the MYP Forward. John Catt Educational Ltd., 2011, 85p.

제6장

(1) Karolyn J. Snyder, Michele Acker-Hocevar and Kristen M. Snyder. Living on the Edge of
Chaos: Leading Schools into the Global Age, Second Edition Hardcover. ASQ Quality
Press, 2008, 9p.
Karolyn J. Snyder, Michele Acker-Hocevar and Kristen Snyder. Living on the Edge of

Chaos: Leading Schools into the Global Age. Amer Society for Quality, 1999.

(2)　　Tristan Bunnell. Global Education under Attack: International Baccalaureate in America. Frankfurt am Main: Peter Lang, 2012, 22p.

(3)　　국제바칼로레아 학위프로그램의 "TOK"에 관한 조사연구 협력자회의 '국제바칼로레아 학위프로그램 Theory of Knowledge (TOK)에 대해서' (2012년 8월)

(4)　　문부과학성 홈페이지. '국제바칼로레아의 취지를 고려한 교육의 추진' http://www.mext.go.jp/a_menu/shotou/kyoiku_kenkyu/index.htm?utm_medium=twitter

(5)　　'국제바칼로레아 학위프로그램 Theory of Knowledge (TOK)에 대해서' (2012년 8월)

(6)　　Robert Blackburn. The International Baccalaureate: a curriculum at upper second level and a university entrance examination. In Patricia L. Jonietz and Duncan Harris (eds) International Schools and International Education. London: Kogan Page, 1991. 20p.

(7)　　국제바칼로레아기구 아시아태평양지구 이사, 츠쿠보 이쿠코, "일본경제신문" 2013년 7월, 29일 기사

(8)　　Elisabeth Fox. International Schools and the International Baccalaureate. Harvard Educational Review, Vol.55, No.1, February 1985, 59p.

(9)　　Nick Alchin. The Identity of the IB Diploma Programme core. In Mary Hayden and Jeff Thompson (eds) Taking the IB Diploma Programme Forward. John Catt Educational Ltd., 2011, 30p.

(10)　Gerard Renaud. Experimental period of the International Baccalaureate: objectives and results. Paris: UNESCO Press, 1974, 35p.

(11)　동일서적

(12)　동일서적, 38p.

(13)　In Elisabeth Fox. International Schools and the International Baccalaureate. Harvard Educational Review, Vol.55, No.1, February 1985, 60p.

(14)　현재의 '국제바칼로레아' 공식 홈페이지. 'IB로부터 온 회답' 질문: CAS는 왜 있는 것인가? 왜 IB학위프로그램 안에 포함된 것인가? http://ibanswers.ibo.org/app/answers/detail/a_id/4327/~/where-does-cas-come-from%3F-why-is-it-part-of-the-ib-diploma-programme%3F

맺음말

(1)　　NHK스페셜 취재반 "가마이시의 기적 – 어떤 방재교육이 아이들의 "생명"을 구할 수 있을까?" 이스트프레스, 2015년, 139p.

(2)　　동일기사, 제1장.

(3)　　동일기사, 157p.

(4)　　동일기사, 245p.

왜 세계는 IB에 주목하는가
국제바칼로레아의 모든 것

2019년 02월 26일 | 1판 1쇄 인쇄
2024년 05월 01일 | 1판 3쇄 발행

지은이 후쿠타 세이지(福田誠治)
옮긴이 교육을바꾸는사람들
감수자 박하식

펴낸이 이찬승
펴낸곳 교육을바꾸는책
책임편집 고명희
원고정리 김수진, 구수경
제작 류제양
디자인 김진디자인

출판등록 2012년 04월 10일 | 제313-2012-114호
주소 서울시 마포구 양화로 7길 76 평화빌딩 3층
전화 02-320-3600 (경영) 02-320-3604 (편집)
팩스 02-320-3611

홈페이지 http://21erick.org
이메일 gyobasa@21erick.org
유튜브 youtube.com/user/gyobasa
포스트 post.naver.com/gyobasa_book
트위터 twitter.com/GyobasaNPO
인스타그램 instagram.com/gyobasa

ISBN 978-89-966971-7-6 (93370)